全国“八五”普法推荐教材

新时代
宪法发展与依宪治国

（第二版）

胡锦光 著

法律出版社
LAW PRESS · CHINA

前言

习近平法治思想是全面依法治国的根本遵循和行动指南

党的十九大之后，中央成立全面依法治国委员会，至今召开了三次全面依法治国委员会会议。2020年11月召开的中央全面依法治国工作会议，是新中国历史上首次就全面依法治国召开的工作会议。会议的召开，意味着党对法治的重视达到新的高度，党对法治的领导进入新的阶段。会议的重要成果是明确提出了习近平法治思想，这是新时代中国特色社会主义法治建设具有里程碑意义的事件。习近平法治思想是顺应实现中华民族伟大复兴时代要求应运而生的重大理论创新成果，是马克思主义法治理论中国化最新成果，是习近平新时代中国特色社会主义思想的重要组成部分，是全面依法治国的根本遵循和行动指南。习近平总书记关于宪法的重要论述是习近平法治思想的重要组成部分，构成了一整套科学完备的宪法理论体系，丰富和发展了中国特色社会主义宪法理论和实践。

一、习近平法治思想的形成过程

党的十八大以来，习近平总书记高度重视全面依法治国，亲自谋划、亲自部署、亲自推动。在这一过程中，习近平总书记创造性地提出了关于全面依法治国的一系列新理念新思想新战略，形成了内涵丰富、科学系统的思想体系,为建设法治中国指明了前进方向,在中国特色社会主义法治建设进程中具有重大政治意义、理论意义、实践意义。

党的十八大以来,以习近平同志为核心的党中央强调依法治国是坚持和发展中国特色社会主义的本质要求和重要保障,是关系我们党执政兴国、关系人民幸福安康、关系党和国家长治久安的重大战略问题,更加重视充分发挥法治在治国理政和社会主义现代化建设中的作用,大力加强中国特色社会主义法治道路、法治体系和法治理论建设,全面推进依法治国、加快建设社会主义法治体系,努力把我国建设成为社会主义法治国家。

党的十八大提出,要全面推进依法治国,推进科学立法、严格执法、公正司法、全民守法,加快建设社会主义法治国家,到2020年,依法治国基本方略全面落实,法治政府基本建成,司法公信力不断提高,人权得到切实尊重和保障,国家各项工作实现法治化。

党的十八届三中全会决定,把全面深化改革与法治建设紧密结合起来,开创性地提出建设法治中国,必须坚持依法治国、依法执政、依法行政共同推进,坚持法治国家、法治政府、法治社会一体建设,努力推进国家治理体系和治理能力现代化。

党的十八届四中全会决定,进一步明确提出依法治国是党领导人民治国理政的基本方略,法治是党治国理政的基本方式,提出了全面推进依法治国的指导思想、基本原则、总目标、总抓手和基本任务、法治工作的基本格局,阐释了中国特色社会主义法治道路的核心要义,回答了党的领导与依法治国的关系等重大问题,制定了法治中国建设路线图。

党的十八届五中全会决定,以全面建成小康社会为主题,提出法治是发展的可靠保障。

党的十八届六中全会决定,以全面从严治党为主题,体现了依规治党与依法治国的深度结合,强化了全面依法治国在党领导人民治国理政中的战略定位和重要作用。

党的十九大报告、十九届四中全会决定,回顾党的十八大以来的法治工作,保证宪法全面实施的体制机制,实现国家治理现代化。

在新中国几代领导人探索治国理政基本方略和基本方式取得法治成果的基础上,在以习近平同志为核心的党中央领导人民全面推进依法治国的进程中,高举中国特色社会主义旗帜,坚持党的领导、人民当家作主、依法治国有机统一,坚持依法治国与依规治党紧密结合,坚持社会主义法治理论与法治实践紧密结合,坚持法治理论创新,不断加强具有中国特色、中国风格、中国气派的社会主义法治理论建设,深刻认识和把握共产党治国理政规律、社会主义法治建设规律、人类法治文明发展规律,创造性地提出了一系列中国特色社会主义法治的新论断、新观点、新战略,形成了习近平法治思想。

习近平法治思想是在历史实践中形成、完善的。早在 2018 年的中央全面依法治国委员会第一次会议上,就已经形成了习近平全面依法治国的新理念新思想新战略。主要内容包括十点:第一,坚持加强党对依法治国的领导。第二,坚持人民主体地位。第三,坚持中国特色社会主义法治道路。第四,坚持建设中国特色社会主义法治体系。第五,坚持依法治国、依法执政、依法行政共同推进,法治国家、法治政府、法治社会一体建设。第六,坚持依宪治国、依宪执政。第七,坚持全面推进科学立法、严格执法、公正司法、全民守法。第八,坚持处理好全面依法治国的辩证关系。第九,坚持建设德才兼备的高素质法治工作队伍。第十,坚持抓住领导干部这个“关键少数”。

从习近平全面依法治国新理念新思想新战略到习近平法治思想,是中国特色社会主义法治理论不断与时俱进、持续创新发展的过程。相较于习近平全面依法治国新理念新思想新战略,习近平法治思想(详见前言第二部分内容)更加精辟丰富。第一,在表述上去掉了之前的“第八,坚持处理好全面依法治国的辩证关系”。第二,增加了“第五,坚持在法治轨道上推进国家治理体系和治理能力现代化”。第三,增加了“第九,坚持统筹推进国内法治和涉外法治”。关于全面依法治国的辩证关系,比如依法治国与依规治党的关系、依法治国与以德治国的关系、法治与改革的关系,虽然不再单独表述,但辩证法的运用实际上已经贯穿于习近平法治思想。增加的"第五,坚持在法治轨道上推进国家治理体系和治理能力现代化"表明,法治不仅为社会主义现代化保驾护航,同时也是社会主义现代化的内在要求。增加的"第九,坚持统筹推进国内法治和涉外法治"表明,世界正经历百年未有之大变局,中国正日益走近世界舞台中央,中国参与国际治理需要法治,"一带一路"建设需要法治,构建人类命运共同体离不开法治。[1]

二、习近平法治思想的主要内容

习近平法治思想内涵丰富、论述深刻、逻辑严密、系统完备,从历史和现实相贯通、国际和国内相关联、理论和实际相结合上深刻回答了新时代为什么实行全面依法治国、怎样实行全面依法治国等一系列重大问题。其主要内容是:

1. 坚持党对全面依法治国的领导。党的领导是推进全面依法治国的根本保证。国际国内环境越是复杂,改革开放和社会主义现代化建设任务越是繁重,越要运用法治思维和法治手段巩固执政地位、改善执政方式、提高执政能力,保证党和国家长治久安。全面依法治国是要加强和改善党的领导,健全党领导全面依法治国的制度和工作机制,推进党的领导制度化、法治化,通过法治保障党的路线方针政策有效实施。

2. 坚持以人民为中心。全面依法治国最广泛、最深厚的基础是人民,必须坚持为了人民、依靠人民。要把体现人民利益、反映人民愿望、维护人民权益、增进人民福祉落实到全面依法治国各领域全过程。推进全面依法治国,根本目的是依法保障人民权益。要积极回应人民群众新要求新期待,系统研究谋划和解决法治领域人民群众反映强烈的突出问题,不断增强人民群众获得感、幸福感、安全感,用法治保障人民安居

---

〔1〕 张龑:《习近平法治思想:中国特色社会主义法治建设的里程碑》,载《中国社会科学报》2020年11月23日。

乐业。

3. 坚持中国特色社会主义法治道路。中国特色社会主义法治道路本质上是中国特色社会主义道路在法治领域的具体体现。既要立足当前,运用法治思维和法治方式解决经济社会发展面临的深层次问题;又要着眼长远,筑法治之基、行法治之力、积法治之势,促进各方面制度更加成熟更加定型,为党和国家事业发展提供长期性的制度保障。要传承中华优秀传统法律文化,从我国革命、建设、改革的实践中探索适合自己的法治道路,同时借鉴国外法治有益成果,为全面建设社会主义现代化国家、实现中华民族伟大复兴夯实法治基础。

4. 坚持依宪治国、依宪执政。党领导人民制定宪法法律,领导人民实施宪法法律,党自身要在宪法法律范围内活动。全国各族人民、一切国家机关和武装力量、各政党和各社会团体、各企业事业组织,都必须以宪法为根本的活动准则,都负有维护宪法尊严、保证宪法实施的职责。坚持依宪治国、依宪执政,就包括坚持宪法确定的中国共产党领导地位不动摇,坚持宪法确定的人民民主专政的国体和人民代表大会制度的政体不动摇。

5. 坚持在法治轨道上推进国家治理体系和治理能力现代化。法治是国家治理体系和治理能力的重要依托。只有全面依法治国才能有效保障国家治理体系的系统性、规范性、协调性,才能最大限度凝聚社会共识。在统筹推进伟大斗争、伟大工程、伟大事业、伟大梦想的实践中,在全面建设社会主义现代化国家新征程上,我们要更加重视法治、厉行法治,更好发挥法治固根本、稳预期、利长远的重要作用,坚持依法应对重大挑战、抵御重大风险、克服重大阻力、解决重大矛盾。

6. 坚持建设中国特色社会主义法治体系。中国特色社会主义法治体系是推进全面依法治国的总抓手。要加快形成完备的法律规范体系、高效的法治实施体系、严密的法治监督体系、有力的法治保障体系,形成完善的党内法规体系。要坚持依法治国和以德治国相结合,实现法治和德治相辅相成、相得益彰。要积极推进国家安全、科技创新、公共卫生、生物安全、生态文明、防范风险、涉外法治等重要领域立法,健全国家治理急需的法律制度、满足人民日益增长的美好生活需要必备的法律制度,以良法善治保障新业态新模式健康发展。

7. 坚持依法治国、依法执政、依法行政共同推进,法治国家、法治政府、法治社会一体建设。全面依法治国是一个系统工程,要整体谋划,更加注重系统性、整体性、协同性。法治政府建设是重点任务和主体工程,要率先突破,用法治给行政权力定规矩、划界限,规范行政决策程序,加快转变政府职能。要推进严格规范公正文明执法,提高司法公信力。普法工作要在针对性和实效性上下功夫,特别是要加强青少年法治教育,不断提升全体公民法治意识和法治素养。要完善预防性法律制度,坚持和发展新时代"枫桥经验",促进社会和谐稳定。

8. 坚持全面推进科学立法、严格执法、公正司法、全民守法。要继续推进法治领域改革,解决好立法、执法、司法、守法等领域的突出矛盾和问题。公平正义是司法的灵魂和生命。要深化司法责任制综合配套改革,加强司法制约监督,健全社会公平正义法治保障制度,努力让人民群众在每一个司法案件中感受到公平正义。要加快构建规范高效的制约监督体系。要推动"扫黑除恶"常态化,坚决打击黑恶势力及其"保护伞",让城乡更安宁、群众更安乐。

9. 坚持统筹推进国内法治和涉外法治。要加快涉外法治工作战略布局,协调推进国内治理和国际治理,更好维护国家主权、安全、发展利益。要强化法治思维,运用法治方式,有效应对挑战、防范风险,综合利用立法、执法、司法等手段开展斗争,坚决维护国家主权、尊严和核心利益。要推动全球治理变革,推动构建人类命运共同体。

10. 坚持建设德才兼备的高素质法治工作队伍。要加强理想信念教育,深入开展社会主义核心价值观和社会主义法治理念教育,推进法治专门队伍革命化、正规化、专业化、职业化,确保做到忠于党、忠于国家、忠于人民、忠于法律。要教育引导法律服务工作者坚持正确政治方向,依法依规诚信执业,认真履行社会责任。

11. 坚持抓住领导干部这个"关键少数"。各级领导干部要坚决贯彻落实党中央关于全面依法治国的重大决策部署,带头尊崇法治、敬畏法律,了解法律、掌握法律,不断提高运用法治思维和法治方式深化改革、推动发展、化解矛盾、维护稳定、应对风险的能力,做尊法学法守法用法的模范。要力戒形式主义、官僚主义,确保全面依法治国各项任务真正落到实处。

12. 推进全面依法治国是国家治理的一场深刻变革,必须以科学理论为指导,加强理论思维,不断从理论和实践的结合上取得新成果,总结好、运用好党关于新时代加强法治建设的思想理论成果,更好指导全面依法治国各项工作。

三、习近平法治思想的重大意义

习近平法治思想全面总结了党的十八大以来法治建设取得的成就,深刻阐明了深入推进新时代全面依法治国的重大意义,系统阐述了新时代中国特色社会主义法治思想,科学回答了中国特色社会主义法治建设一系列重大理论和实践问题。

习近平法治思想内容博大精深,体系完备严谨,价值融贯一致,是在深刻洞察社会主义国家法治建设规律、社会主义政党长期执政规律和人类社会法治文明演进规律基础上,在马克思主义基本原理指导下对中国实践经验的理论总结与提升。习近平法治思想的提出具有重大的历史意义、理论意义和实践意义,对这些意义进行揭示和说明,是我们深入学习习近平法治思想的基本前提。[1]

(一)习近平法治思想的历史意义

习近平法治思想的提出首先有巨大的历史意义,我们需要在大历史观的视野下,从不同的历史层次来深刻洞察,才能更好理解提出它的背

〔1〕 王旭:《习近平法治思想的三重意义》,载《中国高校社会科学》2021年第1期。

景与核心要义。

第一,习近平法治思想是我们党对于在社会主义条件下,“为什么实行全面依法治国,怎样实行全面依法治国”这样一个根本问题回答的集大成之作。习近平总书记在2018年8月24日中央全面依法治国委员会第一次会议上明确提出,“我们党执政60多年来,虽历经坎坷但对法治矢志不渝”。这个判断是高度符合历史的,可以说,在我们党建党、治国的历史过程中,探索法治建设的规律一直不曾停止,也是重要的实践内容。1931年,我们党还没有在全国范围内执政的时候,就在江西瑞金颁布并实施了《中华苏维埃共和国宪法大纲》,规定了在苏区执政、建立红色政权的国体、政体、民众广泛的政治权利和自由。中华人民共和国成立前,以中国共产党人为代表建立起来的民主统一战线通过召开中国人民政治协商会议的形式制定了具有临时宪法作用的《共同纲领》,宣告中华人民共和国成立。新中国成立后,毛泽东同志领导制定宪法,并亲自起草宪法,“五四”《宪法》是中国第一部社会主义类型的宪法。1978年,党的十一届三中全会召开,提出了“有法可依、有法必依、执法必严、违法必究”的法制建设指导方针。此后,我们对“五四”《宪法》进行了全面修改,邓小平同志亲自指导,最终形成了“八二”《宪法》。进入20世纪90年代,我们对于法治建设规律的认识日渐深入、体系化,1997年江泽民同志在党的十五大报告中正式提出“依法治国,建设社会主义法治国家”,随后写入《宪法》的第5条。2007年胡锦涛同志在党的十七大报告中提出,依法治国是社会主义民主政治的基本要求,强调要全面落实依法治国基本方略。从历史上来看,党中央和中央最高领导人都是高度重视法治的,党的领导人关于为什么要依法治国、如何依法治国的论述和指示也很多。但是,提出体系化的全面依法治国新理念新思想新战略,并在总结理论与实践的基础上形成集大成的思考结晶,提炼出中国法治建设最根本的规律,进而形成一个指导思想的,在历史上还是第一次。习近平法治思想是在我们党执政历史中,第一次把有关法治建设规律的观点、命题、理论上升为具有标识性概念与体系性框架的指导思想,这标志着我们中国共产党人对于法治建设规律的认识达到了一个新的高度。

第二,习近平法治思想在世界社会主义事业的历史上第一次原创性地回答了社会主义政党长期执政条件下,“为什么要依法执政,如何依法执政”这样一个重大问题,深刻回答了法治对于巩固党的领导地位、改善党的执政方式与增强党的执政能力的重大意义。中国共产党领导的革命与建设属于世界社会主义事业的一部分,是科学社会主义指导下的产物。在世界社会主义运动史上,很多社会主义政党并没有很好地回答一党执政条件下为什么要法治,以及如何搞法治、搞什么样的法治这些问题。有的国家因为没有回答好这个问题,政党下台,国家解体,人亡政息;还有一些国家因为没有结合自己的国情、党情探索法治建设道路,导致社会主义事业受挫,最终离开了世界社会主义阵营。只有中国共产党不但坚定选择法治道路,而且探索出一条与我们国情、党情相适应,能够巩固党的执政地位,增强党的执政能力与水平的康庄大道,习近平法治思想就是对这样一段历史道路的规律与原理的根本提炼、揭示,它成功回答和解决了在社会主义条件下如何进行法治建设的大问题,正确、深刻地处理了“党的领导与依法治国的关系”这个重大问题。习近平法治思想关于“党的领导与依法治国的关系”阐述得非常多,也非常深刻,它的核心观点在于反对将“党的领导”与“依法治国”割裂开来理解和比较,强调依法治国、依法执政是加强党的领导的必然组成部分,而党的领导又是全面依法治国的根本政治保证,是中国特色社会主义的本质特征。习近平总书记深刻指出:“推进党的领导制度化、法治化,既是加强党的领导的应有之义,也是法治建设的重要任务”。“全面依法治国决不是要削弱党的领导,而是要加强和改善党的领导,不断提高党领导依法治国的能力和水平,巩固党的执政地位。”由此,习近平法治思想准确回答了世界社会主义事业中的历史性课题,成功论证了“党的领导”与“依法治国、依法执政”的辩证统一关系。

第三,习近平法治思想是对党的十八大以来,进入新时代以后,我们全面依法治国历史成就和经验的总结提炼与升华。党的十八大以来,我国社会主义法治建设发生了历史性变革、取得了历史性成就,做成了很多前人想做、但没有做成的事情。比如,根据党和国家事业发展要求,完善立法体制,加强重点领域立法;全面加强宪法实施和监督,修改宪法,设立国家宪法日,建立宪法宣誓制度;推进法治政府建设,大幅减少行政审批事项,非行政许可审批彻底终结,建立政府权力清单、负面清单、责任清单,规范行政权力,推动严格规范公正文明执法;推进法治领域改革,废止劳教制度,推进司法责任制、员额制和以审判为中心的刑事诉讼制度改革,依法纠正一批重大冤假错案,司法质量、效率、公信力显著提高,人民群众在法治领域的获得感、幸福感和平安感明显提升;把全民普法和守法作为依法治国的基础性工作,实行国家机关"谁执法谁普法"普法责任制,将法治教育纳入国民教育体系;推进法治队伍建设,发展壮大法律服务队伍,加强法学教育和法治人才培养;等等。习近平法治思想就是对党的十八大以来,我们全面依法治国历史成就的经验总结、规律提升和内容的升华,是国家重大法治建设与改革背景下应运而生的产物。

(二)习近平法治思想的理论意义

习近平法治思想不但是来自实践、指引实践的行动指南,它本身也自成思想体系,具有极强的理论原创性和学理深刻性,具有重要的理论意义。

第一,习近平法治思想具有完整的思想构成性,是对法治观点、命题、理论层次的超越。能称为"思想"的事物必须有特定完整的构成要件,否则就只能停留在观点、命题、理论的层次。观点(view-point)是我们对个别事物的判断及理由,它是具体的,零碎的,也不一定是原创的。如果从一个具体观点里抽象出一般性的主张,具有一定的普遍性,就可能形成一个命题(thesis)。命题是观点的一般化,而若干命题合成为一个互相支持与证明的整体说明某一个事物,这就成为理论(theory)。如果若干个理论彼此配合，逻辑一致，价值相连，能够形成一个更丰富、更综合的体系，并具有超越具体观点、命题、理论的原创性，这就成为思想。习近平法治思想不是法治理论，更不是某一个方面的法治命题或观点，这就标志着在学理上它已经满足构成思想的全部要件，具有了重大原创性。原来我们有很多关于法治建设的观点、命题和理论，但只有习近平法治思想把这些观点、命题、理论整合成了一个完整的思想体系。它满足了作为“思想”的五个基本构成要件。一是重大原创性。观点、命题不一定有原创性，可以借鉴前人的理由来表达我们对相似或相同事物的看法。理论具有了一定原创性，但不是一种体系意义上的原创，可能只是停留在具体表达和论证或方法使用上的原创。习近平法治思想具有体系性的重大原创性，例如，提出“党领导立法、保证执法、支持司法、带头守法”就是有机贯通党的领导与党的国家治理领域、总体概括党在依法治国中总揽全局、协调各方的基本原理，促进党建与治国通过法律形成互相支持的强大制度合力。“党建促进国家治理、社会治理”，这就是重大原创，是对西方资本主义法治文明以条块分割、过分强调专业化，从而也带来部门利益的理性官僚制理论的极大超越。二是体系严密性。能够成为思想的理论一定在逻辑上具有体系性，它一定是若干理论，按照一定逻辑关系排列有序、整合形成的一个体系，不是“只见树木、不见森林”的断语。改革开放以来，我们形成了很多有关法治建设的观点和理论，但均未形成一个整体。习近平总书记有关全面依法治国的系列论述，涵盖立法、执法、司法、守法各领域及全过程，涉及法治与政治、法治与德治、法治与改革、依法治国与党的领导等重大关系，贯通了历史与现实，统筹了国内与国际，具有全面性、整体性，是一个逻辑严密、体系完备的整体。三是问题深刻性。思想一定要以问题为导向，是对特定时代最根本问题的回答。习近平总书记多次强调“要坚持问题导向”、明确提出“问题是时代的声音”“时代是出卷人，我们是答卷人，人民是阅卷人”，习近平法治思想就是针对新时代依法治国的根本问题进行的系统性回答。这个根本问题就是“为什么要依法治国？如何依法治国？”，其基本逻辑是首先解决为什么,然后解决怎么办。党的十八大以来,习近平法治思想的形成脉络就是沿着对这个问题的回答而逐步深入展开并最终体系化。四是指导有效性。思想既能指导理论,也能指导实践。很多时候,具体观点是没有指导性的,只是就事论事;很多理论也有局限性,只能回答一时一地的困惑。但是,思想是超越时空的,既可以总结过去,也可以应对当下,还可以引领未来,这就是思想必须具有的指导有效性。习近平法治思想既是对依法治国过去历史经验的总结,也包含对当下重大战略机遇期、进入新发展阶段后法治实践的根本指导,还为社会主义现代化强国的建成勾勒了法治中国的基本蓝图与路径,具有极强的指导有效性。五是集成全面性。思想具有来源或根据的集成特性。观点是具体的,理论也有可能是单薄的,但能够形成思想的,它一定是若干理论的集成。习近平法治思想是古今中外人类法治文明有益经验的集大成。习近平法治思想的很多具体观点合理吸收了中国古人的治国思想,例如,习近平总书记特别强调依法治国与以德治国相结合。他提出"法安天下,德润人心",强调"要强化道德对法治的支撑作用""要运用法治手段解决道德领域突出问题"。习近平法治思想还借鉴了外国优秀的法治文明成果。

第二,习近平法治思想是当代中国马克思主义法治理论的飞跃与最新成果,是对马克思主义法律基本原理的继承和发展、创新、升华。一方面,习近平法治思想与马克思主义关于法律的一般原理保持着高度一致,体现出对马克思主义基本原理的继承;另一方面,习近平法治思想也有对马克思主义国家和法律学说的重大创新和发展。马克思主义法律观主要形成于19世纪中叶,主张无产阶级要通过暴力革命取得政权,法律主要是阶级镇压的工具,具有很强的阶级性。习近平法治思想继承了法的阶级性,但在"坚持以人民为中心"的核心要义里又对法的人民性、法的公共治理功能,作出了深刻阐述。"坚持以人民为中心"本质上是强调要"坚持以不断满足人民的美好需要"为中心,这构成全面依法治国的价值方向。全面依法治国要为了人民,依靠人民,造福人民,服务人民,把不断增强人民群众的获得感、幸福感、安全感作为全面依法治国工作成效的根本判断标准。因此,习近平法治思想与马克思主义法律原理一脉相承,又在深刻洞察中国国情的条件下继往开来,成为当代中国的马克思主义,也是对马克思主义法治理论的继承、发展和升华。

第三,习近平法治思想原创性地贡献了有益于人类文明的成果。从清末修律开始,我们的法治建设与法学教育研究,在概念、术语、原则、原理、思维等方面都有比较强的西方依赖,但它们都未能有效解决中国问题。习近平法治思想坚持中国特色社会主义法治道路,强调法治理论和法律制度要统一在中国特色社会主义条件下,以巨大的理论勇气原创性地回答了法治的一般规律问题,为 21 世纪人类社会法治文明贡献了大量原创性的观点,创新了很多法治理念。例如,习近平法治思想中的"坚持依宪治国、依宪执政"思想,充分论证了一系列社会主义宪法的原则,包括人民民主专政国体、人民代表大会制度政体和组构国家机构的民主集中制原则等,在治国理政上,我国的这些制度和原则相比较资本主义的代议政治、选举民主、分权原理等具有更好的治理效能。

(三)习近平法治思想的实践意义

习近平法治思想具有贯通指导依法治国全过程和各方面的重要实践意义,是全面推进依法治国的总遵循和根本指南。这个思想体系是对实践中重大问题的回答,也有一个随着实践需要和变化而发展的清晰脉络。我们可以通过学习党的十八大以来,面对实践问题和需要,习近平总书记有关依法治国的重要论述,梳理出习近平法治思想的演变脉络和实践逻辑。2015 年第一期《求是》杂志刊发习近平总书记文章《加快建设社会主义法治国家》。该文主要站在"四个全面战略布局"的高度,强调法治对全面建成小康社会、全面深化改革、全面从严治党具有基本保障作用,并提出全面依法治国最根本的政治方向就是坚持中国特色社会主义道路。在这篇文章里面,习近平总书记第一次系统论证了为什么要全面依法治国,以及它的基本政治方向,这是回答依法治国实践的根本前提问题,只有依法治国的正当性和方向得以明确,具体实践才有根本遵循。此后,2018 年 8 月 24 日,在中央全面依法治国委员会第一次会议上,习近平总书记从“为什么要依法治国”进一步延伸到“如何依法治国”这个实践迫切需要回答的问题,提出了以“十个坚持”为代表的习近平新时代中国特色社会主义法治新理念新思维新战略。2019 年 2 月 25 日,在中央全面依法治国委员会第二次会议上,习近平总书记详细论述了全面依法治国的重点领域、主要工作和基本抓手,深度聚焦依法治国问题。新冠肺炎疫情暴发后,在全面抗疫的过程中,习近平总书记提出,“全面提高依法防控依法治理能力,越是抗疫防疫吃紧的时候,越要强调法治的轨道和底线”,进一步回答如何在非常状态或应对突发事件情况下坚持法治的问题。从习近平法治思想的形成脉络看,它始终围绕政治方向、基本框架、工作布局、重点任务、如何应对非常状态等重大实践问题层层递进,最终形成一个完整的体系。这个体系具有重大的实践意义:

第一,习近平法治思想系统总结了我们党在治国理政,尤其是改革开放以来,法治建设的经验和成就,具有巨大的实践总结意义。这么多年的法治建设,我们有经验、有挫折;也有成就和智慧,需要有体系性的思想来梳理、总结、提升形成理论、思想,从而更好指导实践的发展。比如,习近平法治思想强调“坚持法治国家、法治政府、法治社会一体建设,依法治国、依法执政、依法行政共同推进”就是对过去我们法治建设缺乏系统思维、单边推进的重大调整。一些传统观点认为,法治国家建设主要是法治政府建设,以为只要政府守法,国家的法治状态就实现了。然而,习近平总书记指出,法治国家、法治政府、法治社会三者各有侧重,相辅相成,法治国家是法治建设的目标,法治政府是建设法治国家的主体,法治社会是构筑法治国家的基础。依法执政和依法行政要共同推进。改革开放 40 多年了,我们需要检验法治社会建设的水平,人民群众在权利意识增长的同时是否也有较强的规则意识?法治是规则之治。规则不是只规定权利,同时还规定义务和责任。没有规则意识就不会遇事找法,也不会养成要求政府依法办事的习惯,从而反过来制约法治政府建设。因此,习近平法治思想实际上是对改革开放以来法治建设经验与成就的系统总结与回答。

第二,习近平法治思想是在“两个一百年”的历史交汇期与重大战略机遇期,面对空前复杂的国际形势与国内当下的新发展理念、发展格局和发展阶段,我们做好现阶段法治工作的根本遵循。我们进入一个以高质量发展为目标的新发展阶段,同时要贯彻五大新发展理念,要构建以国内大循环为主体,国内国际双循环相互促进的新格局。在这样一个非常复杂,既有机遇又有风险,还面临复杂国际形势的情况下,如果我们法治建设没有一套适应新形势的思想武器,没有对当下法治建设重大问题与重点领域的思考总结,就无法为全面深化改革、全面从严治党、全面建设社会主义现代化国家发挥法治固根本、稳预期、利长远的保障作用。我们要贯彻新发展理念中的创新理念,就必须激发市场和社会主体的创新能力,这种能力必须建立在法律提供的稳定产权保护的基础上,建立在法律维护的稳定交易秩序和预期的基础上。这就需要新的法治思想来解决传统产权保护与市场秩序维护中存在的各种问题。

第三,习近平法治思想是我们在实现中华民族伟大复兴远景目标的征途上拥有强大法治保障的思想来源。习近平总书记在阐述全面依法治国的重要意义时明确指出,“要推动我国经济社会持续健康发展,不断开拓中国特色社会主义事业更加广阔的发展前景,就必须全面推进社会主义法治国家建设,从法治上为解决这些问题提供制度化方案”,这说明全面推进依法治国不是权宜之计,不仅仅服务于当下“四个全面”的战略布局,而是要解决“两个一百年”目标实现之后我们如何在一党长期执政的条件下治国理政的问题,怎么不断增强我们党的执政能力、提高执政水平、巩固执政地位,怎么让法治成为社会主义现代化强国的基本内在要素,我们都需要一个指引未来的、管总的体系性思想来明确方向,习近平法治思想就是可以为中华民族长期稳定、繁荣奠定制度基础的强大思想资源。

四、习近平总书记关于宪法的重要论述及其重大价值[1]

习近平法治思想包含一系列关于宪法的重要论述。这些论述,在党的十八大以来习近平总书记就法治工作发表的一系列重要讲话中都有体现,有的是专门论述,有的融合在其他讲话之中。2012 年 12 月 4 日,习近平总书记参加首都各界纪念现行《宪法》公布施行 30 周年大会并发表重要讲话,对全面实施《宪法》作出系统论述。2014 年,党中央决定,以立法形式把每年 12 月 4 日设立为国家宪法日,建立并实施宪法宣誓制度。习近平总书记已 3 次就国家宪法日活动作出重要指示。2014 年 9 月,习近平总书记在庆祝全国人民代表大会成立 60 周年大会上发表重要讲话,对《宪法》的意义、作用作了深刻阐述,并对《宪法》实施提出明确要求。2014 年 10 月,党的十八届四中全会专门商讨全面依法治国,通过了全面推进依法治国若干重大问题的决定,包含了丰富的宪法内容。2018 年 1 月,习近平总书记在党的十九届二中全会上发表重要讲话,专门就宪法问题提出许多新理念新思想新战略,极大地凝聚了实施宪法的共识;2 月,习近平总书记在党的十九届中央政治局第四次集体学习时发表重要讲话,回顾我国宪法发展历程,强调宪法必须紧跟时代步伐、不断与时俱进;3 月,第十三届全国人大第一次会议审议通过了第五个宪法修正案,把党的十八大以来治国理政的重大理论和实践成果,把党的十九大确定的重大理论观点和重大方针政策载入《宪法》,实现了《宪法》在新时代的与时俱进;2019 年 1 月,习近平总书记在中央政法工作会议上发表重要讲话,其中也讲到了宪法法律问题;这次中央全面依法治国工作会议,总书记重要讲话提出"十一个坚持",其中第四个"坚持"就是"坚持依宪治国、依宪执政",对涉及《宪法》的重大政治原则

---

〔1〕 栗战书:《学习宣传贯彻习近平法治思想 推动依法治国、依宪治国提高到一个新水平——在第七个国家宪法日座谈会上的讲话》,载党建网,http://www.dangjian.cn/shouye/zhuanti/zhuantiku/xuexihuoyewenxuan/202101/t20210129_5933762.shtml。

和重大问题作出深刻论述。除此之外,党的代表大会和中央全会,中央全面依法治国委员会会议,中央政治局常委会会议听取人大党组年度工作汇报、审议人大党组相关法律案的请示,以及中央政治局会议、中央政治局集体学习等多个重要会议上,习近平总书记还就宪法法律相关问题发表讲话。这些重要讲话和指示,涵盖了我国《宪法》的发展历程、性质特点、地位作用等各方面和《宪法》的修改、实施、监督、宣传等各环节,有许多重大理论创新和重大战略部署,标志着我们党对宪法的认识和实践达到了一个新的高度。

(一)习近平总书记关于宪法重要论述的主要内容

习近平总书记关于宪法的重要论述,构成了一整套科学完备的宪法理论体系,丰富和发展了中国特色社会主义宪法理论和实践。这些重要论述与习近平总书记关于法治建设的其他论述要求有机融合、相互促进,共同引领新时代依法治国、依宪治国。以下从七个方面学习理解习近平总书记关于宪法的重要论述:

一是深刻论述了我国《宪法》根本的政治原则,这就是坚持党的领导。习近平总书记强调,我们党领导人民制定的宪法,是社会主义宪法。《宪法》是我们党长期执政的根本法律依据。我国《宪法》确认了中国共产党的执政地位,确认了党在国家政权结构中总揽全局、协调各方的核心地位,这是中国特色社会主义最本质的特征,是中国特色社会主义制度的最大优势,是社会主义法治最根本的保证。我国宪法以国家根本法的形式,确立了中国特色社会主义道路、理论、制度、文化的发展成果,反映了我国各族人民的共同意志和根本利益。我国是中国共产党执政并长期执政,坚持依宪治国、依宪执政,首先就包括坚持《宪法》确定的中国共产党领导地位不动摇,任何人以任何借口否定中国共产党领导和我国社会主义制度,都是错误的、有害的,都是绝对不能接受的,也是从根本上违反《宪法》的。

二是深刻论述了我国《宪法》至上的法制地位。习近平总书记强调,“宪法是国家的根本法,是治国安邦的总章程,是党和人民意志的集中体现”,“是国家意志的最高表现形式”,“坚持依法治国首先要坚持依宪治国,坚持依法执政首先要坚持依宪执政”。党领导人民制定宪法法律,领导人民实施宪法法律,党自身要在宪法法律范围内活动。这些重要论述,明确了我国《宪法》具有的最高法律地位、法律权威、法律效力。这也要求,各国家机关都要依照《宪法》行使权力、履行职责,所有法律法规和制度政策都不得与《宪法》相抵触,任何组织和个人都必须维护《宪法》的尊严和权威。

三是深刻论述了我国《宪法》的人民属性,这就是国家一切权力属于人民。习近平总书记强调,我们党领导人民制定的宪法,是中国历史上第一部真正意义上的人民宪法。宪法的根基在于人民发自内心的拥护,宪法的伟力在于人民出自真诚的信仰。宪法是每个公民享有权利、履行义务的基本遵循。只有保证人民依法享有广泛的权利和自由,维护最广大人民根本利益,实现人民群众对美好生活的向往和追求,宪法才能深入人心,走入人民群众,宪法实施才能真正成为全体人民的自觉行动。实践证明,我国《宪法》是符合国情、符合实际、符合时代发展要求的好宪法,是充分体现人民共同意志、充分保障人民民主权利、充分维护人民根本利益的好宪法,是推动国家发展进步、保证人民创造幸福生活、保障中华民族实现伟大复兴的好宪法。

四是深刻论述了我国《宪法》的独特优势,这就是明确规定了国家的根本任务、发展道路、奋斗目标,经济建设、政治建设、文化建设、社会建设、生态文明建设和国家各方面事业在《宪法》中都有体现、都有要求。我国《宪法》是治国理政的总章程,必须体现党和人民事业的历史进步,必须随着党领导人民建设中国特色社会主义实践的发展而不断完善发展。正因如此,习近平总书记强调,我国《宪法》有力坚持了中国共产党领导,有力保障了人民当家作主,有力促进了改革开放和社会主义现代化建设,有力推动了社会主义法治国家建设进程,有力维护了国家统一、民族团结、社会稳定,是我们国家和人民经受住各种困难和风险考验、始终沿着中国特色社会主义道路前进的根本法治保障。

五是深刻论述了我国《宪法》在国家制度和国家治理体系中的重大作用。习近平总书记强调,《宪法》是国家各种制度和法律法规的总依据。《宪法》以国家根本法的形式,确立了人民民主专政国体和人民代表大会制度政体,规定了中国共产党领导的多党合作和政治协商制度、民族区域自治制度以及基层群众自治制度,规定了社会主义法治原则、民主集中制原则、尊重和保障人权等一系列制度和重要原则。这就表明,在我国根本制度、基本制度、重要制度之中,宪法居于核心地位。要加快形成以《宪法》为核心的完备的法律规范体系、高效的法治实施体系、严密的法治监督体系、有力的法治保障体系,以及完善的党内法规体系。

六是深刻论述了我国《宪法》的实施和监督机制。习近平总书记强调,"宪法的生命在于实施,宪法的权威也在于实施","全面贯彻实施宪法是全面依法治国、建设社会主义法治国家的首要任务和基础性工作"。监督《宪法》的实施,是《宪法》赋予全国人大及其常委会的重要职责。全国人大及其常委会要担负起宪法监督职责,加强对宪法法律实施情况的监督检查,坚决纠正违宪违法行为。有关方面拟出台的法规规章、重要政策和重大举措,有涉及《宪法》有关规定如何理解、如何适用的,都应当事先经过全国人大及其常委会合宪性审查,确保同《宪法》规定、《宪法》精神相符合。

七是深刻论述了我国《宪法》的实施保障措施。习近平总书记强调,《宪法》的实施,同每一个国家工作人员的工作都密切相关。要求各级干部特别是领导干部必须带头尊崇《宪法》、学习《宪法》、遵守《宪法》、维护《宪法》、运用《宪法》。要大力弘扬宪法精神,大力弘扬社会主义法治精神,增强广大干部群众的宪法意识,使全体人民都成为宪法的忠实崇尚者、自觉遵守者、坚定捍卫者。

综上,学习习近平法治思想和习近平总书记关于宪法的重要论述,有以下三点需要着重把握:

第一,习近平法治思想与《宪法》在精神实质上是统一的、一致的。其中,坚持《宪法》确定的中国共产党领导地位不动摇,坚持《宪法》确定的人民民主专政国体和人民代表大会制度政体不动摇,坚持国家一切权力属于人民的宪法理念,坚持社会主义根本制度,这是习近平法治思想的灵魂,也是《宪法》的基本政治原则。我们要深刻认识这些重大政治原则和理念,坚定不移,毫不动摇,贯彻到全面依法治国、坚持走中国特色社会主义法治道路、加快建设中国特色社会主义法治体系的具体工作之中,通过法治保障党的基本理论、基本路线、基本方略的全面贯彻落实。

第二,习近平法治思想包含丰富的宪法内容,是全面依法治国的总纲领和总遵循,产生于全面依法治国的实践中,又对全面依法治国具有有力指导作用。习近平总书记关于宪法的重要论述是习近平法治思想的重要组成部分。坚持以习近平法治思想为指导,全面实施宪法,才能推动全面依法治国取得更大成效。我们要学好用好习近平法治思想,更好理解《宪法》规定的国家的根本任务、发展道路、奋斗目标,从而在法治轨道上推进国家治理体系和治理能力现代化,更好发挥《宪法》在党和国家事业中的作用。

第三,2018 年第十三届全国人大第一次会议通过的宪法修正案,把党和人民在实践中取得的重大理论创新、实践创新、制度创新成果上升为《宪法》规定,充分体现了习近平法治思想。其根本目的,就是要始终坚持中国共产党领导,有力保障人民当家作主,不断促进改革开放和社会主义现代化建设,凝聚力量向着《宪法》确定的国家根本任务和发展目标持续奋斗,为全面建设社会主义现代化国家提供宪法保障。我们要把学习贯彻习近平法治思想和《宪法》结合起来、统一起来,用习近平法治思想推动宪法实施,保证依法治国、依宪治国正确方向,不断推动宪法理论和实践创新发展。

(二)关于坚持以习近平法治思想为指导推动全面实施宪法

全面贯彻实施《宪法》是全面依法治国的首要任务和基础性工作,

是以习近平同志为核心的党中央治国理政的鲜明特点。在新时代推进全面依法治国、建设社会主义法治国家，必须切实尊崇《宪法》、全面实施《宪法》，抓住《宪法》实施的关键环节，解决影响实施的突出问题，更好发挥《宪法》的规范、引领、推动、保障作用。

第一，要深入研究阐释习近平法治思想和习近平总书记关于《宪法》的重要论述。全面实施《宪法》，推动依法治国、依宪治国，首先必须要深入研究习近平法治思想，加深对习近平法治思想和习近平总书记关于宪法的重要论述的认识。要全面系统地阐释习近平法治思想的理论特征、体系构成、基本内涵和制度意义，加强对习近平法治思想中关于依宪治国、依宪执政等重要思想和观点的理论研究，统筹国内法治与涉外法治两个领域的理论研究成果，强化国际法学科建设，构建能够充分体现新时代中国特色社会主义法治建设理论与实践特征的习近平法治思想的理论体系，加快建设中国特色社会主义法治体系。加强宪法理论研究，对我国的宪法历史、宪法文化、宪法精神、宪法思想予以阐明，厚植全社会尊崇宪法的思想理论土壤。

第二，必须坚定宪法自信、维护宪法权威。宪法权威，是由宪法的性质、地位、内容、功效决定的。维护宪法权威，就是维护党和人民共同意志的权威；捍卫宪法尊严，就是捍卫党和人民共同意志的尊严；保证宪法实施，就是保证人民根本利益的实现。

有一些人借所谓"党大还是法大""宪政"质疑、挑战党的领导和我国政治制度。在这个重大政治原则问题上，一定要明辨是非、旗帜鲜明。我们实行依宪治国、依宪执政，就是中国共产党领导人民依据宪法长期执政、治理国家，依据的是我国《宪法》，而绝不是其他国家的宪法。党的领导和依法治国、依宪治国是高度统一的。离开了党的领导，依法治国、依宪治国就难以有效推进，社会主义法治国家就建不起来。

我国《宪法》序言和总纲第 5 条对维护宪法尊严和权威作了明确规定，全国各族人民、一切国家机关和武装力量、各政党和各社会团体、各企业事业组织，都必须以《宪法》为根本的活动准则，并且负有维护《宪法》尊严、保证《宪法》实施的职责。我们要坚定不移走中国特色社会主义法治道路,坚定宪法自信,增强宪法自觉,任何组织和个人都不得有超越宪法法律的特权,一切违反宪法法律的行为都必须予以追究,不折不扣贯彻以我国《宪法》为核心的依宪治国、依宪执政,确保《宪法》权威得到尊重和维护。

第三,推动《宪法》全面有效实施。实施《宪法》,是全党全国各族人民的共同责任。党的执政活动,立法、执法、监察、司法等工作,全社会尊法学法守法用法,都是从不同角度落实《宪法》要求、推动《宪法》实施。

《宪法》规定的是国家的重大制度和重大事项,具有总括性、原则性、纲领性、方向性,需要通过立法予以具体化,通过执法、司法、守法落到实处。要加快完善以《宪法》为核心的中国特色社会主义法律体系,使之更加科学完备、统一权威,以良法促进发展、保障善治。党的十九届五中全会提出加强重点领域、新兴领域、涉外领域立法,习近平总书记在中央全面依法治国工作会议上也提出很多立法任务。要积极推进国家安全、科技创新、公共卫生、生物安全、生态文明、防范风险、涉外法治等重要领域立法,抓紧研究完善数字经济、互联网金融、人工智能、大数据、云计算等方面的法律制度,更好适应国家治理急需、满足人民美好生活需要。要坚持科学立法、民主立法、依法立法,区分轻重缓急,坚持急用先行,提高立法质量和效率,确保每一件立法体现党的主张、符合宪法精神、反映人民意愿。“一府一委两院”和有立法权的地方人大要制定完善与法律配套的法规、规章、司法解释等,确保宪法法律得到切实遵守和有效执行。

第四,维护国家法治统一。法治统一,首先是法律法规和各项制度统一于《宪法》。全国人大及其常委会承担着监督《宪法》实施的重要职责。要推进合宪性审查工作,积极稳妥处理合宪性、涉宪性问题,坚决纠正和撤销一切违反宪法法律的法规、规范性文件。落实《宪法》解释程序机制,回应社会对《宪法》有关问题的关切,努力实现《宪法》的稳定性和适应性的统一。按照“有件必备、有备必审、有错必纠”的要求,加强和改进备案审查工作，纠正违背上位法规定、立法“放水”等问题。人大监督法律实施和“一府一委两院”工作，说到底也是推动和保证《宪法》的实施。要紧扣法律规定开展执法检查，认真做好听取审议工作报告、专题询问、专题调研等工作，确保权力依法行使、责任落到实处。各国家机关出台文件、制定政策都要以《宪法》为依据、为准绳，确保同《宪法》规定、《宪法》精神相符合。

第五，加强宪法制度和实践宣传。要把宪法宣传教育作为实施《宪法》、推进全面依法治国的重要基础，学习宣传习近平法治思想和习近平总书记关于《宪法》的重要论述，讲清楚依法治国、依宪治国的必要性、重要性和丰富内涵、实践要求，解读好《宪法》的精神、原则、要义。抓住领导干部这个“关键少数”，组织好宪法宣誓，推动各级干部原原本本学习宪法，带头尊法学法守法用法，不断增强宪法意识、法治意识和依法办事能力。加大全面普法力度，特别是加强青少年法治教育，使法治成为社会共识和基本准则，培育全社会办事依法、遇事找法、解决问题用法、化解矛盾靠法的法治环境。通过灵活多样的方式、喜闻乐见的语言、鲜活生动的事例，讲好中国宪法故事、中国法治故事。

学习宣传实施《宪法》，是一项长期任务。我们要紧密团结在以习近平同志为核心的党中央周围，认真学习贯彻习近平法治思想，弘扬宪法精神，履行宪法使命，维护宪法权威，为全面建设社会主义现代化国家提供有力的宪法保障。

目　录

第一讲

领导干部为什么要向宪法宣誓

2018年3月17日上午,第十三届全国人大第一次会议在北京人民大会堂举行宪法宣誓仪式。当选的中华人民共和国主席、中华人民共和国中央军事委员会主席习近平左手抚按宪法,右手举拳,庄严宣誓:"我宣誓:忠于中华人民共和国宪法,维护宪法权威,履行法定职责,忠于祖国、忠于人民,恪尽职守、廉洁奉公,接受人民监督,为建设富强民主文明和谐美丽的社会主义现代化强国努力奋斗!"

宪法宣誓是对依宪治国、依宪执政的庄严承诺;是对宪法的敬畏,也是对宪法的尊崇;是对宪法的忠诚,也是对党、国家和人民的忠诚;是汲取宪法的力量,也是对宪法的遵从。宪法宣誓表明,宪法具有最高的法律地位、法律权威、法律效力,全国各族人民都必须以宪法为根本的活动准则。而宪法的根基在于人民发自内心的拥护,宪法的伟力在于人民真诚的信仰。

党的十八届四中全会审议通过的《中共中央关于全面推进依法治国若干重大问题的决定》(以下简称十八届四中全会《决定》)要求,建立宪法宣誓制度,凡经人大及其常委会选举或者决定任命的国家工作人员正式就职时公开向宪法宣誓。为了落实这一要求,全国人民代表大会常务委员会于2015年7月1日通过了《关于实行宪法宣誓制度的决定》(2018年2月24日修订),明确规定,各级人民代表大会及县级以上各级人民代表大会常务委员会选举或者决定任命的国家工作人员,以及各级人民政府、监察委员会、人民法院、人民检察院任命的国家工作人员,在就职时应当公开进行宪法宣誓,并明确规定了宪法宣誓的誓词。

宪法宣誓不仅仅是一种庄严的仪式,更重要的是要通过这一仪式,增强领导干部的宪法意识、宪法信仰和宪法观念,使其从内心真正地尊崇宪法,从而自觉地依据宪法行使自己的权力,维护宪法的权威和尊严。而信仰宪法、尊崇宪法、运用宪法,就必须从学习宪法、了解宪法、理解宪法入手。宪法是什么?我国宪法的发展规律是什么?宪法的原理是什么?宪法中蕴含着哪些值得广大领导干部必须效忠的精神等?为什么依法治国首先要依宪治国、依法执政关键是依宪执政?领导干部在工作中主要是依据法律而并不直接依据宪法行使国家权力?为什么必须要向宪法宣誓而不是向法律宣誓?这些基本问题是领导干部在宪法宣誓前必须掌握的基本知识。

一、宪法是什么

宪法是近代形成人民主权原则之后产生的国家治理和社会治理的规则,并以宪法为核心和基础形成统一的规则体系,是人类选择的在宪法治理下的一种生活方式。

(一)宪法是国家根本法

宪法是国家根本法,这是宪法在制度渊源上的地位。

我国现行《宪法》序言规定:“本宪法以法律的形式确认了中国各族人民奋斗的成果,规定了国家的根本制度和根本任务,是国家的根本法,具有最高的法律效力。”习近平总书记于2012年《在首都各界纪念现行宪法公布施行三十周年大会上的讲话》中指出,我国宪法以国家根本法的形式,确立了中国特色社会主义道路、中国特色社会主义理论体系、中国特色社会主义制度的发展成果,反映了我国各族人民的共同意志和根本利益,成为历史新时期党和国家的中心工作、基本原则、重大方针、重要政策在国家法制上的最高体现。

国家根本法，是指宪法规定的内容具有根本性，一个国家之内的其他所有法律、法规、制度、政策均是以宪法为基础或者依据宪法而制定的。宪法的基本功能就是确定国家生活和社会生活中的根本制度、基本制度和基本原则，从宏观上和总体上确定控制、分配和保障国家权力运行的规则，规定公民的基本权利和义务。在此基础上，再由立法机关依据宪法的规定，通过制定一般法律、法规使宪法进一步具体化，从而成为社会实际生活的具体规范。宪法与一般法律的关系是“母法”与“子法”的关系，一般法律是由宪法派生出来的。因此，国家立法机关在进行日常立法时，必须依据宪法的规定，以宪法的规定为基础。无论一般法律是否明确规定其是依据宪法而制定的，事实上都是依据宪法的规定制定的。如我国《国家赔偿法》第 1 条规定：“为保障公民、法人和其他组织享有依法取得国家赔偿的权利，促进国家机关依法行使职权，根据宪法，制定本法。”宪法上相应的根据主要是第 41 条。有的法律的内容在宪法上可能没有相应的、直接的、明确的规定，但其实际上也是根据宪法的规定而制定的，只不过依据的是宪法的原则和精神，或者宪法上的一系列规定。因此，我国绝大多数法律在第 1 条明确规定：本法依据宪法制定。即使法律第 1 条没有作出明文规定，其也是依据宪法制定的。“根据宪法，制定本法”的基本含义是：(1)根据宪法的基本精神、基本原则；(2)根据宪法的立法授权；(3)根据宪法规定的立法程序；(4)根据宪法的规范内涵。

1990 年 4 月 4 日，全国人大通过了《香港特别行政区基本法》。同日，全国人大还通过了《关于〈中华人民共和国香港特别行政区基本法〉的决定》。我国《宪法》第 31 条规定：“国家在必要时得设立特别行政区。在特别行政区内实行的制度按照具体情况由全国人民代表大会以法律规定”。《香港特别行政区基本法》是根据《宪法》按照香港的具体情况制定的，是符合《宪法》的。香港特别行政区设立后实行的制度、政策和法律，以《香港特别行政区基本法》为依据。

我国《物权法》(草案)原第 1 条未明确规定：根据宪法，制定本法。

后北京大学法学院巩献田教授发表公开信,认为该草案违反《宪法》,其根据是《宪法》第 12 条规定社会主义公共财产神圣不可侵犯,第 13 条规定公民合法的私有财产不受侵犯,而该草案对公共财产与私有财产采取平等保护的原则。全国人大常委会法工委对该草案进行了适当的修改,同时根据《宪法》第 15 条关于“国家实行社会主义市场经济”的规定,仍然采取平等保护原则,并在正式通过的《物权法》第 1 条明确规定:“为了维护国家基本经济制度,维护社会主义市场经济秩序,明确物的归属,发挥物的效用,保护权利人的物权,根据宪法,制定本法。”

党的十九届四中全会决定对实现国家治理体系和治理能力现代化作出了部署,并确定了目标。国家治理体系的载体就是法律体系,因此,国家治理体系现代化必须同时是中国特色社会主义法治体系的现代化。正因如此,该决定特别注重制度的作用,将制度分为根本制度、基本制度、重要制度和其他制度,我国的根本制度是社会主义制度,这一根本制度的最本质特征是中国共产党的领导。我国的基本制度包括作为根本政治制度的人民代表大会制度、以公有制为主体多种所有制经济共同发展的基本经济制度、共产党领导的多党合作和政治协商制度、保证民族平等民族团结的民族区域自治制度、保证基层民主的基层群众自治制度等,都是由社会主义制度这一根本制度派生、决定的。我国所实行的其他制度是由根本制度和基本制度派生和决定的。

(二)宪法是最高法

宪法是最高法,这是宪法在法律效力上的地位。

宪法的最高法律效力,是指在一个国家之内,相对于所有社会主体的行为,宪法的效力是最高的。宪法约束一国之内的所有社会主体,特别是行使国家权力的国家机关。宪法是一个国家和社会的唯一最高规则。我国现行《宪法》第 5 条规定:“一切法律、行政法规和地方性法规都不得同宪法相抵触。一切国家机关和武装力量、各政党和各社会团体、各企业事业组织都必须遵守宪法和法律。一切违反宪法和法律的行为,必须予以追究。任何组织或者个人都不得有超越宪法和法律的特权。”可以说,这一规定在世界各国宪法中是最全面的,涵盖了所有社会主体:(1)法律等所有的规范性法律文件均在宪法之下;(2)所有的国家机关、社会组织均在宪法之下;(3)必须追究一切违宪行为。

在一个法治国家,法律调整着基本的社会关系,即所有的社会主体都被纳入了法律的调整范围。宪法调整的主要对象是国家权力,而国家权力运行的方式主要有两种,包括依据宪法制定法律和依据宪法作出具体的宪法行为。因此,宪法的最高法律效力是与法律和直接依据宪法作出的具体宪法行为相较而言的。但国家权力运行的最基本方式是制定法律;同时,在有法律的情况下,社会主体作出行为的直接依据是法律,判断这些行为的依据是法律而不是宪法。所以,在通常情况下,宪法的最高法律效力是与法律相较而言的。不言而喻,一切法律都具有效力,但宪法的效力在所有法律中是最高的。我国《立法法》第 87 条规定:“宪法具有最高的法律效力,一切法律、行政法规、地方性法规、自治条例和单行条例、规章都不得同宪法相抵触。”

国家立法机关制定的任何法律都具有法律效力,但其前提必须是与宪法相一致,这是保证在一国之内必须具有统一的宪法秩序的需要,也是从根本上保障人权的需要。如果普通法律的规定与宪法的规定、原则及精神相抵触,要么相抵触的部分无效,要么全部无效,即违反宪法的法律不是法律,当然也就没有法律效力。实际上,除法律以外的法的其他表现形式,与法律一样,也必须以宪法为基础,依据宪法的规定而制定,并不得与宪法的规定相抵触。为了保证宪法的最高法律效力,各国根据本国具体国情,建立了合宪性审查制度,以审查判断法律文件是否与宪法相抵触。合宪性审查机关在认为法律文件违反宪法的情况下,要么直接撤销、废除违反宪法的法律文件,要么在具体案件中拒绝适用违反宪法的法律文件。

例如,2011 年某省人大常委会通过的《某省道路交通安全条例》规定:因调查交通事故案件需要,公安机关交通管理部门可以查阅或者复制交通事故当事人通信记录,有关单位应当及时、如实、无偿提供,不得伪造、隐匿、转移、销毁。2013 年《某自治区实施〈中华人民共和国道路交通安全法〉办法》也作出同样的规定。《宪法》第 40 条规定:“中华人民共和国公民的通信自由和通信秘密受法律的保护。除因国家安全或者追查刑事犯罪的需要,由公安机关或者检察机关依照法律规定的程序对通信进行检查外,任何组织或者个人不得以任何理由侵犯公民的通信自由和通信秘密。”根据该规定,只可在“因国家安全或者追查刑事犯罪的需要”这两种情形下,限制公民的通信自由和通信秘密。而调查交通事故既不属于国家安全也不属于追查刑事犯罪,因此,两地地方性法规的上述规定是违反宪法的,全国人大常委会法工委已按照法定程序要求废除。

又如,有的地方性法规规定,各级各类民族学校应当使用本民族语言文字或者本民族通用的语言文字进行教学;有的规定,经本地教育行政部门同意,有条件的民族学校部分课程可以用汉语言文字授课。全国人大常委会法工委经审查认为,上述规定与《宪法》第 19 条第 5 款关于国家推广全国通用的普通话的规定和国家通用语言文字法、教育法等有关法律的规定不一致,已要求制定机关作出修改。

再如,最高人民法院司法解释规定,人身损害赔偿案件中,对城镇居民和农村居民分别以城镇居民人均可支配收入和农村居民人均纯收入为标准计算残疾赔偿金和死亡赔偿金。有公民对此提出合宪性审查建议,认为因计算标准不一致导致司法审判实践中出现不公平现象,与宪法有关精神不一致。全国人大常委会经审查认为,随着社会发展进步,国家提出城乡融合发展,城乡发展差距和居民生活水平差距将逐步缩小,城乡居民人身损害赔偿计算标准的差异也应当随之取消。2019 年 9 月,最高人民法院授权各省、自治区、直辖市高级人民法院、新疆生产建设兵团分院开展统一城乡人身损害赔偿标准试点工作。建议在总结试点经验的基础上,适时修改完善人身损害赔偿制度,统一城乡居民人身损害赔偿标准。

(三)宪法是治国理政的总章程、总依据

宪法是治国理政的总章程、总依据,这是从宪法在国家治理和社会治理中的作用上的定位。

毛泽东同志说:“一个团体要有一个章程,一个国家也要有一个章程,宪法就是一个总章程,是根本大法。”习近平总书记指出,宪法是国家根本法,是国家各种制度和法律法规的总依据。我国《宪法》是治国理政、治国安邦的总章程,以国家根本法的形式,确立了中国特色社会主义道路、中国特色社会主义理论体系、中国特色社会主义制度发展成果,反映了我国各族人民的共同意志和根本利益,成为历史新时期党和国家的中心工作、基本原则、重大方针、重要政策在国家法制上的最高体现。

宪法的内容涉及一个国家的政治、经济、文化、社会、民族关系、对外交往等各个方面的重大原则性问题,涉及一个国家的根本制度和基本制度问题,涉及国家与公民的关系。而法律所规定的内容,只涉及国家生活或者社会生活中某一方面的重要问题。宪法基于制宪的基本理念,从根本上体现着人民主权原则、国家权力制约与监督原则、基本人权保障原则和法治原则,从宏观上、总体性地规定限制、合理分配和保障国家权力运行的基本规则,以保障人权。而其他法律则是依据宪法的基本原则、基本精神和基本规范,从所调整的具体的社会关系的特点出发,具体地规定着限制、合理分配和保障国家权力运行的规则,以保障人权。

我国现行《宪法》主要规定了以下内容:

1.《宪法》确认了中国共产党领导地位的正当性、合法性及中国共产党对国家事务和社会事务的全面领导

《宪法》序言从中国近代历史、新民主主义革命、新中国建设、改革开放的伟大成果及完成建设社会主义现代化强国和实现中华民族伟大复兴目标等维度,论证了中国共产党领导地位的正当性和合法性。2018年《宪法》修正案又明确规定,中国共产党的领导是中国特色社会主义制度的最本质特征。社会主义制度是我国的根本制度,而这一根本制度

的最本质特征就是中国共产党的领导,基本制度、重要制度和其他制度都是由这一根本制度派生的,由此产生的应有之义是,中国共产党在中国的全面领导地位和作用。

2.《宪法》规定了国家的指导思想

《宪法》序言规定,我国的指导思想是:马克思列宁主义、毛泽东思想、邓小平理论、"三个代表"重要思想、科学发展观、习近平新时代中国特色社会主义思想。

3.《宪法》规定了我国的根本制度

《宪法》第1条第2款规定:"社会主义制度是中华人民共和国的根本制度。中国共产党领导是中国特色社会主义最本质的特征。禁止任何组织或者个人破坏社会主义制度。"

4.《宪法》规定了我国的根本任务

《宪法》序言规定:"坚持人民民主专政,坚持社会主义道路,坚持改革开放,不断完善社会主义的各项制度,发展社会主义市场经济,发展社会主义民主,健全社会主义法治,贯彻新发展理念,自力更生,艰苦奋斗,逐步实现工业、农业、国防和科学技术的现代化,推动物质文明、政治文明、精神文明、社会文明、生态文明协调发展,把我国建设成为富强民主文明和谐美丽的社会主义现代化强国,实现中华民族伟大复兴。"

5.《宪法》规定了我国的国家性质

《宪法》第1条第1款规定:"中华人民共和国是工人阶级领导的、以工农联盟为基础的人民民主专政的社会主义国家。"《宪法》序言规定:"社会主义的建设事业必须依靠工人、农民和知识分子,团结一切可以团结的力量。在长期的革命、建设、改革过程中,已经结成由中国共产党领导的,有各民主党派和各人民团体参加的,包括全体社会主义劳动者、社会主义事业的建设者、拥护社会主义的爱国者、拥护祖国统一和致力于中华民族伟大复兴的爱国者的广泛的爱国统一战线,这个统一战线将继续巩固和发展。中国人民政治协商会议是有广泛代表性的统一战线组织,过去发挥了重要的历史作用,今后在国家政治生活、社会生活和对外友好活动中,在进行社会主义现代化建设、维护国家的统一和团结的斗争中,将进一步发挥它的重要作用。中国共产党领导的多党合作和政治协商制度将长期存在和发展。”序言还规定:“在我国,剥削阶级作为阶级已经消灭,但是阶级斗争还将在一定范围内长期存在。中国人民对敌视和破坏我国社会主义制度的国内外的敌对势力和敌对分子,必须进行斗争。”

6.《宪法》规定了我国的基本经济制度和分配制度

《宪法》第 6 条规定:“中华人民共和国的社会主义经济制度的基础是生产资料的社会主义公有制,即全民所有制和劳动群众集体所有制。社会主义公有制消灭人剥削人的制度,实行各尽所能、按劳分配的原则。国家在社会主义初级阶段,坚持公有制为主体、多种所有制经济共同发展的基本经济制度,坚持按劳分配为主体、多种分配方式并存的分配制度。”

7.《宪法》规定了我国的根本政治制度

《宪法》第 2 条规定:“中华人民共和国的一切权力属于人民。人民行使国家权力的机关是全国人民代表大会和地方各级人民代表大会。人民依照法律规定,通过各种途径和形式,管理国家事务,管理经济和文化事业,管理社会事务。”第 3 条规定:“中华人民共和国的国家机构实行民主集中制的原则。全国人民代表大会和地方各级人民代表大会都由民主选举产生,对人民负责,受人民监督。国家行政机关、监察机关、审判机关、检察机关都由人民代表大会产生,对它负责,受它监督。”

8.《宪法》规定了社会主义精神文明建设

《宪法》第 24 条规定:“国家通过普及理想教育、道德教育、文化教育、纪律和法制教育,通过在城乡不同范围的群众中制定和执行各种守则、公约,加强社会主义精神文明的建设。国家倡导社会主义核心价值观,提倡爱祖国、爱人民、爱劳动、爱科学、爱社会主义的公德,在人民中进行爱国主义、集体主义和国际主义、共产主义的教育,进行辩证唯物主义和历史唯物主义的教育,反对资本主义的、封建主义的和其他的腐朽思想。”

9.《宪法》规定了我国的国家结构形式及中央与地方的关系

《宪法》序言规定:“中华人民共和国是全国各族人民共同缔造的统一的多民族国家。”《宪法》第 3 条第 4 款规定:“中央和地方的国家机构职权的划分,遵循在中央的统一领导下,充分发挥地方的主动性、积极性的原则。”

10.《宪法》规定了我国处理民族关系的原则和基本制度

《宪法》序言规定:“平等团结互助和谐的社会主义民族关系已经确立,并将继续加强。在维护民族团结的斗争中,要反对大民族主义,主要是大汉族主义,也要反对地方民族主义。国家尽一切努力,促进全国各民族的共同繁荣。”《宪法》第 4 条规定:“中华人民共和国各民族一律平等。国家保障各少数民族的合法的权利和利益,维护和发展各民族的平等团结互助和谐关系。禁止对任何民族的歧视和压迫,禁止破坏民族团结和制造民族分裂的行为。国家根据各少数民族的特点和需要,帮助各少数民族地区加速经济和文化的发展。各少数民族聚居的地方实行区域自治,设立自治机关,行使自治权。各民族自治地方都是中华人民共和国不可分离的部分。各民族都有使用和发展自己的语言文字的自由,都有保持或者改革自己的风俗习惯的自由。”

11.《宪法》规定了以“一国两制”构想处理历史遗留问题

《宪法》序言规定:“台湾是中华人民共和国的神圣领土的一部分。完成统一祖国的大业是包括台湾同胞在内的全中国人民的神圣职责。”《宪法》第 31 条规定:“国家在必要时得设立特别行政区。在特别行政区内实行的制度按照具体情况由全国人民代表大会以法律规定。”《宪法》第 62 条规定,全国人大决定特别行政区的设立及其制度。

12.《宪法》规定了我国的基层群众自治制度

《宪法》第 111 条规定:“城市和农村按居民居住地区设立的居民委员会或者村民委员会是基层群众性自治组织。居民委员会、村民委员会的主任、副主任和委员由居民选举。居民委员会、村民委员会同基层政权的相互关系由法律规定。居民委员会、村民委员会设人民调解、治安保卫、公共卫生等委员会，办理本居住地区的公共事务和公益事业，调解民间纠纷，协助维护社会治安，并且向人民政府反映群众的意见、要求和提出建议。”

13.《宪法》规定了我国处理国际关系的基本原则

《宪法》序言规定：“中国革命、建设、改革的成就是同世界人民的支持分不开的。中国的前途是同世界的前途紧密地联系在一起的。中国坚持独立自主的对外政策，坚持互相尊重主权和领土完整、互不侵犯、互不干涉内政、平等互利、和平共处的五项原则，坚持和平发展道路，坚持互利共赢开放战略，发展同各国的外交关系和经济、文化交流，推动构建人类命运共同体；坚持反对帝国主义、霸权主义、殖民主义，加强同世界各国人民的团结，支持被压迫民族和发展中国家争取和维护民族独立、发展民族经济的正义斗争，为维护世界和平和促进人类进步事业而努力。”

14.《宪法》规定了国家治理和社会治理的基本方略

《宪法》第5条第1款规定，中华人民共和国实行依法治国，建设社会主义法治国家。

15.《宪法》规定了国家治理和社会治理的基本理念

《宪法》第33条第3款规定，国家尊重和保障人权。

16.《宪法》规定了公民的基本权利和义务

《宪法》第33条至第55条规定了公民的平等权、选举权和被选举权、言论出版集会游行示威等政治自由、宗教信仰自由、人身自由、人格尊严不受侵犯、住宅安全权、通信自由和通信秘密受保护、对国家机关及其工作人员的各种监督权、国家赔偿请求权、劳动权、休息权、退休生活保障权、物资帮助权、受教育权、科学研究及文学艺术创作和其他文化活动的自由、男女平等、母亲及儿童等特殊主体权利保护。同时，《宪法》规定了公民必须履行的一系列基本义务。

17.《宪法》规定了我国的国家机构体系及相互关系

《宪法》规定了全国人大及其常委会、国家主席、国务院、中央军委、地方各级人大和各级政府、民族区域自治地方的自治机关、监察委员会、人民法院和人民检察院的性质、地位和职权。

18.《宪法》规定了我国的国家标志

《宪法》第 141 条规定:“中华人民共和国国旗是五星红旗。中华人民共和国国歌是《义勇军进行曲》。”《宪法》第 142 条规定,中华人民共和国国徽,中间是五星照耀下的天安门,周围是谷穗和齿轮。《宪法》第 143 条规定,中华人民共和国首都是北京。

19.《宪法》规定了自身的最高地位和法律效力

《宪法》序言规定:“本宪法以法律的形式确认了中国各族人民奋斗的成果,规定了国家的根本制度和根本任务,是国家的根本法,具有最高的法律效力。全国各族人民、一切国家机关和武装力量、各政党和各社会团体、各企业事业组织,都必须以宪法为根本的活动准则,并且负有维护宪法尊严、保证宪法实施的职责。”《宪法》第 5 条规定,国家维护社会主义法制的统一和尊严。一切法律、行政法规和地方性法规都不得同宪法相抵触。一切国家机关和武装力量、各政党和各社会团体、各企业事业组织都必须遵守宪法和法律。一切违反宪法和法律的行为,必须予以追究。任何组织或者个人都不得有超越宪法和法律的特权。

20.《宪法》规定了宪法监督制度

《宪法》第 62 条规定,全国人大监督宪法的实施;第 67 条规定,全国人大常委会监督宪法的实施。《宪法》第 70 条规定,全国人大设立宪法和法律委员会。

我国《宪法》之外的法律规定的内容只涉及国家生活或者社会生活中某一方面的问题。例如,我国《刑法》依据《宪法》的规定、原则、精神,具体规定了什么是犯罪、如何惩罚犯罪两大问题;《民法典》依据《宪法》的规定、原则、精神,具体规定了平等主体之间的人身关系和财产关系。

(四)宪法是我国人民当家作主的制度安排

宪法是我国人民当家作主的制度安排,是从宪法上制度安排的目的而论的,我国宪法的制度安排都是为了保证人民当家作主的。

宪法是人民主权原则的产物,只有在确立了人民主权原则之后,才有可能产生宪法。我国现行《宪法》第2条第1款规定,中华人民共和国的一切权力属于人民。宪法的基本内容就是保证人民当家作主的制度安排,即民主制度。习近平总书记指出,在中国,发展社会主义民主政治,保证人民当家作主,保证国家政治生活既充满活力又安定有序,关键是要坚持党的领导、人民当家作主、依法治国有机统一。人民代表大会制度是坚持党的领导、人民当家作主、依法治国有机统一的根本制度安排。

现代民主制度主要分为间接民主和直接民主。在我国,人民当家作主也主要有两种基本形式:

第一,人民通过选举代表,组成全国人民代表大会和地方各级人民代表大会,由它们代表人民行使国家权力。我国现行《宪法》第2条第2款规定,人民行使国家权力的机关是全国人民代表大会和地方各级人民代表大会。依据民主集中制原则,我国建立了人民代表大会制度。依据这一制度,人民代表大会代表人民行使管理国家的权力,包括立法权、重大问题决定权、任免权、监督权等;代表人民产生其他国家机关,这些国家机关必须接受人民代表大会的监督,对其负责;人民监督人民代表大会及其他国家机关,所有国家机关必须全心全意为人民服务。国家机关实行决策权、执行权、监督权,既有合理分工又有相互协调;在中央统一领导下,充分发挥地方主动性和积极性,保证国家统一高效组织推进各项事业。

习近平总书记指出,实践充分证明,人民代表大会制度是符合中国国情和实际、体现社会主义国家性质、保证人民当家作主、保障实现中华民族伟大复兴的好制度。邓小平同志曾经说过:“我们实行的就是全国人民代表大会一院制,这最符合中国实际。如果政策正确,方向正确,这种体制益处很大,很有助于国家的兴旺发达,避免很多牵扯。”江泽民同志强调,人民代表大会制度“是我们党长期进行人民政权建设的经验总结,也是我们党对国家事务实施领导的一大特色和优势”。胡锦涛同志也指出:“人民代表大会制度是中国人民当家作主的重要途径和最高实现形式,是中国社会主义政治文明的重要制度载体。”

第二,人民直接行使管理国家事务和社会事务的权利。我国现行《宪法》第2条第3款规定,人民依照法律规定,通过各种途径和形式,管理国家事务,管理经济和文化事业,管理社会事务。例如,人民有选举权和被选举权,有对国家机关及其工作人员提出批评、建议、检举、控告、申诉的权利,有言论、出版、集会、结社、游行、示威的自由,有参与企业、事业组织、社会团体管理的权利等。

(五)宪法是人权保障书

宪法是人权保障书,是从宪法的核心价值而论的。

马克思说,宪法是人权保障书。众所周知,人权保障是宪法的核心价值。习近平总书记于2015年9月16日致“2015·北京人权论坛”的贺信中指出,中国共产党和中国政府始终尊重和保障人权。长期以来,中国坚持把人权的普遍性原则同中国实际相结合,不断推动经济社会发展,增进人民福祉,促进社会公平正义,加强人权法治保障,努力促进经济、社会、文化权利和公民、政治权利全面协调发展,显著提高了人民生存权、发展权的保障水平,走出了一条适合中国国情的人权发展道路。2004年《宪法修正案》明确增加了“国家尊重和保障人权”条款。这一条款表明,承诺尊重和保障人权是国家的义务,国家的目的在于尊重和保障人权,国家权力存在和运行的目的在于尊重和保障人权。

宪法主要由两部分构成:一部分是公民的基本权利;另一部分是国家机构。公民基本权利部分以清单的方式列举了公民在国家中享有的最基本的权利,以及这些基本权利的保障原则和保障措施,该部分保障人权的目的非常明显。我国现行《宪法》规定了作为公民基本权利的平等权、广泛的政治权利和自由、人身自由、私有财产权、受教育权、文化权、科学研究自由、劳动权、休息权、社会保障权、特定主体的权利及特殊主体的权利等。国家机构部分保障人权的目的主要是通过设定国家权力的原则、国家权力分配的原则及国家机关之间的关系而达到的。社会主义国家宪法按照民主集中制原则,在不同国家机关之间进行国家权力分配以达到保障人权的目的。我国现行《宪法》以民主集中制原则为基础,建立了人民代表大会制度。这一制度的出发点和归宿就是保证人民当家作主,保障人权。

(六)宪法是党的意志和人民意志的统一

宪法是党的意志和人民意志的统一,是从宪法的本质特征而论的。正如习近平总书记所指出的,宪法集中体现了党和人民的统一意志和共同愿望,是国家意志的最高表现形式。维护宪法权威,就是维护党和人民共同意志的权威;捍卫宪法尊严,就是捍卫党和人民共同意志的尊严;保证宪法实施,就是保证人民根本利益的实现。

人权观念的形成和普及过程,实际上解决的是人与国家的关系、人权与国家权力的关系问题。在此基础上,必然地形成了人民主权的观念。在人民主权原则下,也就需要制定宪法、实施宪法,以保证人民主权的实现,保证人权的实现。人民主权原则在制度上的展开,即民主制度。因此,宪法是民主制度的法律化,宪法通过创制各种民主制度来保证人民主权的实现。

在一个具体的国家之中,人民是一个概括性、总体性的概念,它包含了组成这个具体国家的所有社会成员,是组成这个具体国家的所有社会成员的总称。从人民主权原则出发,人民是宪法的制定主体,而在人民之中,又包含着不同的阶级、阶层、集团和群体,这些不同的阶级、阶层、集团和群体又都具有特定的经济利益和政治利益。因此,宪法反映了一国当时的各种政治力量对比关系。由于宪法所规定的是国家生活和社会生活中最根本性的问题,因而它是一国各种政治力量对比关系的全面、集中表现。

政治力量对比关系首要的是阶级力量对比关系。宪法反映阶级力量对比关系,表现在以下三个方面。

1. 宪法是阶级斗争的产物。宪法总是由在阶级斗争中取得胜利,从而掌握国家政权的阶级制定的,总是对阶级斗争的总结。1791 年法国《宪法》是法国资产阶级在 1789 年大革命中取得胜利的最后总结;1918 年《俄罗斯社会主义联邦苏维埃共和国宪法》(以下简称《苏俄宪法》)是俄国工人阶级在取得"十月革命"胜利后制定的;我国 1954 年《宪法》是中国革命成果的总结。

2. 宪法规定了社会各阶级在国家中的地位及相互关系。宪法是统治阶级制定的,统治阶级在制定宪法时,首要的任务就是把统治关系法律化,即哪个阶级是统治阶级、哪个阶级是被统治阶级、哪个阶级是同盟者,用法律的形式加以确认,使统治阶级的统治地位合法化,以得到法律的保障。

3. 宪法随着阶级力量对比关系的变化而变化。这种变化主要表现为两种形式:(1)当阶级力量对比关系发生根本性的变化,即统治关系发生根本转变时,发生宪法阶级性质的转换。如中国人民在共产党领导下建立了中华人民共和国,阶级力量对比关系的变化,决定了中华人民共和国成立后制定的 1954 年《宪法》与 1949 年前的宪法在性质上截然不同。(2)在阶级力量对比关系总体框架相同而具体的对比关系存在量的差异时,宪法的具体内容也有所不同。主要有两种情况:一是在同一个国家,当阶级力量对比关系没有发生质的变化而只是发生量的变化时,宪法虽然不发生阶级性质的转换,但在内容上也要作相应变化。如我国 1954 年与 1982 年时的阶级力量对比关系有所不同,因而分别于这两年制定的两部宪法虽然在性质上是完全相同的,但在具体内容上有所不同。二是在同一性质的国家,由于阶级力量对比关系的不同,其宪法内容也有不同。如同属资本主义宪法的美国宪法和英国宪法,在宪法表现形式和宪法内容上都有较大差异。由此也可以看出,宪法与阶级力量对比关系有直接联系。

除阶级力量对比关系外,政治力量对比关系还包含与阶级力量对比关系有直接联系的同一阶级内的各个阶层、各个派别、不同利益者之间的力量对比关系,以及与阶级力量对比关系既有若干联系又有重大区别的各种社会集团之间的力量对比关系。宪法在具体内容的规定上,都必须考虑到这些政治力量对比关系,考虑到不同政治力量的利益。

虽然其他法律也反映政治力量对比关系,但由于其内容只涉及国家生活和社会生活的某一个方面,因而它只反映政治力量对比关系的某一个侧面,如我国《民族区域自治法》只反映和表现了民族方面的政治力量对比关系。

二、中华人民共和国宪法的历史沿革

"一百多年以来,中国革命同反革命的激烈斗争没有停止过。这种激烈的斗争反映在国家制度的问题上,就表现为三种不同的势力所要求的三种不同的宪法。"[1]这三种不同的宪法就是:从晚清皇帝、北洋军阀政府一直到国民党政府所炮制的伪宪法;中国民族资产阶级所向往的资本主义民主共和国宪法;以工人阶级为领导的、工农联盟为基础的人民共和国宪法。这三种宪法在立宪背景、制宪主体、具体内容、阶级性质、实现程度等方面各有不同,共同演绎了中国宪法产生与发展的历史进程。

为了成立中华人民共和国,确立中华人民共和国的国家性质、国家

---

〔1〕 刘少奇:《关于中华人民共和国宪法草案的报告》,1954 年 9 月 15 日。

基本制度、基本政策等内容,制定了《中国人民政治协商会议共同纲领》(以下简称《共同纲领》);中华人民共和国成立以后,在社会主义建设和发展过程中,制定了1954年《宪法》、1975年《宪法》、1978年《宪法》和现行的1982年《宪法》。

(一)《共同纲领》

《共同纲领》由第一届中国人民政治协商会议于1949年9月29日通过,包括序言及总纲、政权机关、军事制度、经济政策、文化教育政策、民族政策和外交政策,共7章60条,其基本内容为:第一,确认了国家性质和任务。第1条规定:"中华人民共和国为新民主主义即人民民主主义的国家,实行工人阶级领导的、以工农联盟为基础的、团结各民主阶级和国内各民族的人民民主专政,反对帝国主义、封建主义和官僚资本主义,为中国的独立、民主、和平、统一和富强而奋斗。"第二,规定了政权组织和原则。第12条第1款规定:"中华人民共和国的国家政权属于人民。人民行使国家政权的机关为各级人民代表大会和各级人民政府。各级人民代表大会由人民用普选方法产生之。各级人民代表大会选举各级人民政府。各级人民代表大会闭会期间,各级人民政府为行使各级政权的机关。"第15条规定:各级政权机关一律实行民主集中制。第三,赋予人民广泛的权利和义务。在"总纲"第4条、第5条、第6条,分别确认了人民享有选举权和被选举权,有思想、言论、出版、集会、结社、通讯、人身、居住、迁徙、宗教信仰及示威游行的自由权,有男女平等的权利。同时在"总纲"的第8条规定了中华人民共和国国民有保卫祖国、遵守法律、遵守劳动纪律、爱护公共财产、应征公役兵役和缴纳赋税的义务。第四,规定了国家的经济、文教、民族、军事、外交等方面的大政方针。

1949年制定《共同纲领》而没有制定一部正式宪法的基本背景是:当时全国局部地区还没有解放,战争还没有全部结束;刚刚解放的地区,土地改革正在进行之中,人民还没有完全发动起来;因为前述两个原因,还无法进行选举,并在选举的基础上,组织各级人民代表大会及全国人民代表大会。而新中国即将诞生,需要一个总章程以规划国家的各项基本制度、基本政策、公民的基本权利义务、国家机构及国家标志等。《共同纲领》并没有提出明确的社会主义目标和任务,具有明显的过渡性和临时性的特征。它是中华人民共和国的一部临时宪法。它的贯彻落实对于中华人民共和国成立初期国家各个方面的工作起了重要作用,它巩固和发展了人民民主专政,完成了民主革命遗留的任务,恢复和发展了长期受破坏的国民经济,为社会主义改造和建设创造了良好的前提条件。

(二)1954 年《宪法》

1954 年《宪法》由第一届全国人民代表大会第一次全体会议于 1954 年 9 月 20 日通过,包括"序言""总纲""国家机构""公民的基本权利和义务""国旗、国徽、首都"。正文共 4 章 106 条。它在内容上充分反映了社会主义原则和人民民主原则。确认了中华人民共和国的基本政治制度,规定了人民民主专政、人民代表大会制度和单一制结构下的民族区域自治制度;确认了我国社会主义过渡时期的经济政策,规定了我国的四种生产资料所有制形式,即国家所有制、合作社所有制、个体劳动者所有制和资本家所有制,规定了国营经济在国民经济中的领导地位和优先发展的方针;规定了过渡时期的总任务是实现社会主义工业化和完成对农业、手工业和资本主义工商业的社会主义改造;确认了公民的基本权利和义务及国家的外交等方面的内容。

1954 年《宪法》作为我国第一部社会主义类型宪法,无论是其指导思想、基本原则、主要内容,还是结构形式,都受到了人们的普遍称赞,其制定和实施对巩固人民民主专政、促进社会主义经济建设、团结全国各族人民进行社会主义革命和建设,发挥了积极的推动和保障作用,并为我国日后的宪法修改提供了基础。

(三)1975 年《宪法》

1975 年《宪法》由第四届全国人民代表大会第一次会议于 1975 年 1 月 17 日通过,共 30 条。这部宪法继承了 1954 年《宪法》关于国家基本制度的规定,明确规定了中国共产党的领导,确认了我国已进入社会主义社会的历史事实,并首次明确规定我国外交的和平共处五项原则。但它的缺陷和错误也非常明显,这主要表现为:第一,强调社会主义社会长期存在阶级斗争,应通过"无产阶级专政下继续革命的理论和实践"来解决,这为否定经济建设、将阶级斗争扩大化提供了宪法依据;第二,在国家权力的配置上,取消国家主席制度,取消检察院,其职能由公安机关行使,规定地方各级革命委员会为地方人大的常设机关和地方各级人民政府,规定农村人民公社为政社合一的基层组织;第三,将公民的基本权利和义务缩减合并为 4 条;第四,大量使用政治化语言,降低了宪法的规范性。

(四)1978 年《宪法》

1976 年,"文化大革命"结束,我国开始了拨乱反正。为清除 1975 年《宪法》的缺陷和错误,恢复被破坏的民主法制原则,1978 年 3 月 5 日,第五届全国人民代表大会第一次会议通过了 1978 年《宪法》,除"序言"外共 60 条。它在"序言"中明确地规定了新时期的总任务是"在本世纪内把我国建设成为农业、工业、国防和科学技术现代化的伟大的社会主义强国",恢复了人民检察院的设置和 1954 年《宪法》中关于国家机关的许多职能,丰富了公民的权利义务体系(共有 16 条),还明确提出了统一台湾的历史任务。这部宪法未完全摆脱"左"的影响,因而越来越不能适应党的十一届三中全会确立的改革开放和社会主义现代化建设政策的需要,其全面修改势在必行。

为适应发扬社会主义民主、健全社会主义法制的需要,全国人大于 1979 年和 1980 年对这部《宪法》进行了两次部分修改。

（五）1982年《宪法》

第五届全国人民代表大会第五次会议于1982年12月4日通过我国现行《宪法》即1982年《宪法》，这部《宪法》保留了前三部《宪法》的基本结构，除“序言”外共138条。现行《宪法》明确地提出了坚持中国共产党的领导，坚持马克思列宁主义、毛泽东思想，坚持人民民主专政，坚持社会主义道路四项基本原则，并具体体现了如下精神：第一，“今后国家的根本任务是集中力量进行社会主义现代化建设。……逐步实现工业、农业、国防和科学技术的现代化，把我国建设成为高度文明、高度民主的社会主义国家”。第二，“发展社会主义民主，健全社会主义法制”。第三，维护国家统一和民族团结，强调“中华人民共和国是全国各族人民共同缔造的统一的多民族国家”“台湾是中华人民共和国的神圣领土的一部分”“国家在必要时得设立特别行政区”等。第四，坚持改革开放，进行政治体制和经济体制改革。1982年《宪法》继承和发展了1954年《宪法》的基本原则，全面总结了我国社会主义革命和建设正反两方面的经验教训，反映了我国改革开放以来的巨大成就，规定了国家的根本任务和发展措施。它的制定和实施，标志着我国社会主义民主和法制建设上了新台阶，标志着我国社会主义制度得到进一步巩固和完善，是新时期我国社会主义建设事业的根本指南和宪法保障。

在改革开放过程中，为了适应社会实际的变化和发展，保证宪法与时俱进，全国人大分别于1988年、1993年、1999年、2004年和2018年5次以修正案的方式进行了修改，通过了52条修正案。

三、现行《宪法》的结构和基本内容

现行《宪法》由“序言”，第一章“总纲”，第二章“公民的基本权利和义务”，第三章“国家机构”（第一节“全国人民代表大会”、第二节“中华人民共和国主席”、第三节“国务院”、第四节“中央军事委员会”、第五节“地方各级人民代表大会和地方各级人民政府”、第六节“民族自治地方的自治机关”、第七节“监察委员会”、第八节“人民法院和人民检察院”),第四章“国旗、国歌、国徽、首都”组成。

在宪法结构上,前三部《宪法》是将“国家机构”一章放在“公民的基本权利和义务”之前,而现行《宪法》是将“公民的基本权利和义务”放在“国家机构”一章之前。这一调整的基本考虑是公民在国家中地位。宪法所要调整的基本关系是国家与公民的关系,而表明公民在国家中的地位的主要依据是公民的基本权利和义务。公民在行使选举权、被选举权等政治参与方面的权利时,促成国家政治意志的形成。公民在行使单个个人的权利时,处于权利主体的地位;而国家处于义务主体的地位。公民在履行义务时,处于义务主体的地位;而国家处于权力主体的地位。因此,公民在国家中主要是处于一种积极、能动的地位。国家在法律上的主要外在物化表现是国家机构。国家机构及其工作人员所行使的权力来源于人民的委托和授予,而人民是公民中的主体部分。将“公民的基本权利和义务”一章置于“国家机构”一章之前,表明我国将更加重视公民的基本权利和自由。

1988 年以后,全国人民代表大会 5 次以修正案的方式修改了宪法,宪法修正案是宪法的有机组成部分。因此,我国现行《宪法》包括两大部分,即 1982 年通过的《宪法》(序言、138 条)及《宪法修正案》(52 条)。

我国现行《宪法》规定的主要内容包括国家指导思想、中国共产党领导、基本外交政策、新型国际关系、人类命运共同体、政党制度、爱国统一战线、国家性质、国家根本制度、国家根本任务、国家发展目标、人民代表大会制度、基本经济制度、单一制国家结构形式、民族区域自治制度、特别行政区制度、基层群众自治制度、基本文化制度、国家机构、公民基本权利、国家标志等。这些内容均为我国国家生活中的重大制度和根本原则问题。

四、现行《宪法》是一部好宪法

我国现行《宪法》是在深刻总结我国社会主义革命、建设、改革的成功经验基础上制定和不断完善的,是我们党领导人民长期奋斗历史逻辑、理论逻辑、实践逻辑的必然结果。实践充分证明,我国现行《宪法》是一部好宪法,好就好在符合国情、符合实际、符合时代发展要求,好就好在充分体现人民共同意志、充分保障人民民主权利、充分维护人民根本利益,好就好在推动国家发展进步、保证人民创造幸福生活、保障中华民族实现伟大复兴,好就好在为我们国家和人民经受住各种困难和风险考验、始终沿着中国特色社会主义道路前进提供了根本法治保障。实践充分证明,我国现行《宪法》具有显著优势、坚实基础、强大生命力,必须坚决维护、长期坚持、全面贯彻。修改宪法部分内容,把党和人民在实践中取得的重大理论创新、实践创新、制度创新成果上升为宪法规定,由宪法及时确认党和人民创造的伟大成就和宝贵经验,是为了更好地发挥宪法的规范、引领、推动、保障作用,是实践发展的必然要求。

现行《宪法》是中华人民共和国成立以来的第四部宪法。这部《宪法》继承和发展了 1954 年《宪法》的基本原则,克服了 1978 年《宪法》的缺陷,总结了我国社会主义发展的丰富经验,集中了全国各族人民的意志,既考虑到当前的现实情况,又照顾到将来的发展前景,是一部中国特色的、适应新的历史时期社会主义现代化建设需要的、长期稳定的宪法,也是中华人民共和国成立以来最好的一部宪法。

1982 年《宪法》在"序言"中明确规定:中国各族人民将继续在中国共产党领导下,在马克思列宁主义、毛泽东思想指引下,坚持人民民主专政,坚持社会主义道路。正如彭真同志在《关于中华人民共和国宪法修改草案的报告》中指出:"宪法修改草案的总的指导思想是四项基本原则,这就是坚持社会主义道路,坚持人民民主专政,坚持中国共产党的领导,坚持马克思列宁主义、毛泽东思想。这四项基本原则是全国各族人民团结前进的共同的政治基础,也是社会主义现代化建设顺利进行的根本保证。"

现行《宪法》有 6 个基本特点:(1)领导与群众相结合。这是毛泽东同志在总结 1954 年《宪法》立宪经验时概括的第一条经验。1982 年《宪法》之所以能够从形式、结构到内容,都堪称中华人民共和国成立以来最好的一部宪法性文件,与在宪法修改过程中能够在不同阶段始终做到开放性地吸收群众意见是分不开的。(2)从实际出发,实事求是。坚持实事求是原则,从中国的实际情况出发这一特点,体现在宪法的每一项规定中。(3)总结中华人民共和国成立以来正反两个方面的历史经验。在1982年之前,我国共有4部宪法性文件,即1949年的《共同纲领》、1954年《宪法》、1975年《宪法》和1978年《宪法》。在这4部宪法性文件中,前两部比较客观地反映了我国的实际情况,而后两部则受极“左”思想的影响,作出了诸多不符合我国实际情况的规定。1982年《宪法》吸取了正反两个方面的经验教训,特别是“文化大革命”的反面教训。(4)注意借鉴外国有益的经验。在注重本国经验的基础上,同时注意借鉴外国有益的经验,是1954年《宪法》的一条好的立宪经验。在1982年《宪法》修改过程中,宪法修改委员会也采纳了这一立宪经验。(5)既强调相对稳定性,又注重改革发展。这部宪法除确认改革开放的成果外,也预见到我国社会正处于重大改革和转型时期,在规定上体现了改革的思想和精神。(6)原则性和灵活性相结合原则。1982年《宪法》对作为我国基本指导思想的四项基本原则(中国共产党的领导、马克思列宁主义和毛泽东思想指引、人民民主专政制度、社会主义制度),我国的根本政治制度即人民代表大会制度,作为我国经济制度基础的社会主义公有制即全民所有制和劳动群众集体所有制,社会主义精神文明,公民的基本权利和义务等原则性问题作了非常明确的规定,这是丝毫不得动摇的。但是,现行《宪法》也考虑到一些特殊情况,对这些特殊情况作了一些特殊规定,体现了灵活性的一面。

现行《宪法》是在发扬社会主义民主、加强社会主义法制的背景下制定的。因此,这部宪法的法的特性表现得最明显。在这方面,其与前几部宪法相比较,主要有以下发展:

第一,宪法结构的发展。1982年《宪法》在结构上与前几部宪法相比较,有以下三个方面的发展变化:(1)将“公民的基本权利和义务”置于“国家机构”之前;(2)恢复国家主席的设置;(3)增设中央军事委员会。

第二,宪法规范的发展。1954年《宪法》是在我国正常发展时期制定的,因此,其规范性较强。而如前所述,1975年《宪法》和1978年《宪法》是在“文化大革命”这种非常时期以及稍后制定的,其中引用了大量的政治术语和政治词语,其规范性比较差。1982年《宪法》是在加强社会主义法制的要求和背景下制定的,因此其规范性与前几部宪法相比较,特别是与1975年《宪法》、1978年《宪法》相比较,应当说有了大大加强。其主要的表现为:(1)条文数量大大增加。1954年《宪法》为106条,1975年《宪法》为30条,1978年《宪法》为60条。1982年《宪法》共138条,比1954年《宪法》增加了32条,比1975年《宪法》增加了108条,比1978年《宪法》增加了78条。(2)条文结构合理。每一条文规定一个相对独立的问题,就此问题作比较全面的规定。(3)条文表述严谨。宪法是法的一种表现形式,具有法的特性,也要在法的范畴内发挥作为国家根本法的作用。因此,宪法条文的表述也应当像普通法律规范那样严谨。与前3部《宪法》相比较,1982年《宪法》是做得最好的。(4)用语更法律化。1982年《宪法》注重用语的法律化,具有法的规范性,在内容上更明确具体。如宪法条文中使用“禁止……”“国家保障……”“国家维护……”“……不得……”“……必须……”“国家保护……”“国家依照法律规定……”“由法律规定……”“在法律规定的范围内……”“……不受侵犯”“中华人民共和国公民有……权利(或者义务)”“……应当……”等。1982年《宪法》较多地使用肯定的句式,如“社会主义制度是中华人民共和国的根本制度”“中华人民共和国的一切权力属于人民”“中华人民共和国的国家机构实行民主集中制的原则”“凡具有中华人民共和国国籍的人都是中华人民共和国公民”等。

第三,宪法内容的发展。1982年《宪法》内容的发展是毛泽东主席所说的“搞宪法就是搞科学”的主要表现。总体来说,1982年《宪法》所规定的内容更丰富、符合我国的具体情况,与时代相适应,有了较大发展。

总之,现行《宪法》以国家根本法的形式,确认了中国共产党领导中国人民进行革命、建设、改革的伟大斗争和根本成就,确立了工人阶级领导的、以工农联盟为基础的人民民主专政的社会主义国家国体和人民代表大会制度政体,确定了国家的根本任务、领导核心、指导思想、发展道路、奋斗目标,规定了中国共产党领导的多党合作和政治协商制度、民族区域自治制度以及基层群众自治制度,规定了社会主义法治原则、民主集中制原则、尊重和保障人权原则,等等,反映了我国各族人民共同意志和根本利益。

30 多年来的发展历程充分证明,我国现行《宪法》有力坚持了中国共产党领导,有力保障了人民当家作主,有力促进了改革开放和社会主义现代化建设,有力推动了社会主义法治国家建设进程,有力维护了国家统一、民族团结、社会稳定,是符合国情、符合实际、符合时代发展要求的好宪法。我国宪法确立的一系列制度、原则和规则,确定的一系列大政方针,具有显著优势、坚实基础、强大生命力,必须长期坚持、全面贯彻。

五、现行《宪法》的发展

(一)宪法为什么需要发展

习近平总书记指出,宪法只有不断适应新形势、吸纳新经验、确认新成果、作出新规范,才具有持久生命力;要在总体保持我国宪法连续性、稳定性、权威性的基础上推动宪法与时俱进、完善发展。强调我国宪法必须体现党和人民事业的历史进步,必须随着党领导人民建设中国特色社会主义实践的发展而不断完善发展,这是我国宪法发展的一个显著特点,也是一条基本规律。由宪法及时确认党和人民创造的伟大成就和宝贵经验,以更好地发挥宪法的规范、引领、推动、保障作用,是实践发展的必然要求。制宪的目的在于行宪,而行宪的基本方式是实施宪法。实施宪法必须维护宪法的权威和尊严。要维护宪法的权威和尊严，除建立实效性的合宪性审查机制外，还必须保证宪法的稳定性和适应性。稳定性使宪法在社会成员心中具有神圣感，而适应性则保证宪法与社会实际的一致性。稳定性与适应性之间存在一定的紧张关系：如果过度强调宪法的适应性，忽视稳定性，宪法频繁变动，在社会成员心中就会失去神圣感；而如果过度强调宪法的稳定性，忽视适应性，宪法与社会实际之间不能保持一致性，就会导致宪法阻碍社会的发展和进步，宪法无法对社会实际起到规范和调整作用。因此，在宪法的稳定性与适应性之间必须保持平衡。

保证宪法稳定性的基本方式：(1)严格的宪法修改程序。与普通法律相比，宪法修改有严格要求。例如，《宪法》第 64 条规定，宪法的修改，由全国人民代表大会常务委员会或者 1/5 以上的全国人民代表大会代表提议，并由全国人民代表大会以全体代表的 2/3 以上的多数通过。法律和其他议案由全国人民代表大会以全体代表的过半数通过。(2)宪法规范的原则性。与法律规范相比，宪法规范通常比较原则，具有较大的适应空间，这也保证了其适应性。例如，《宪法》第 49 条第 2 款规定，夫妻双方有实行计划生育的义务。但对“计划生育政策”的具体内容并未作出规定，这可以在很大程度上适应计划生育政策的调整空间。

在保持宪法稳定性的同时，宪法必须具有适应性，而要保证宪法的适应性，宪法必须发展。习近平总书记指出，宪法作为上层建筑，一定要适应经济基础的变化而变化。宪法需要发展有以下基本原因：

第一，从各国的宪法实践来看，宪法发展的最基本和最主要的原因是为了使宪法的规定适应社会实际的发展和变化。宪法规范属于法规范的一种，其基本功能是协调、规范社会关系，以维持正常、有序、公正的社会秩序；法规范属于社会规则范畴，应当符合客观规律。宪法规范应当与社会实际相适应，这样才能发挥对社会关系的调整作用。法规范是人们对客观规律的认识结果，而社会实际总是处于发展变化中，由此就产生法规范(包括宪法规范)如何与社会实际相适应的方法问题。

在宪法规范对社会实际具有最高协调作用的情况下,当宪法规范与社会实际之间产生矛盾和冲突时,就需要通过某种方法来解决这种矛盾和冲突。社会实际总是处于变化发展中,这决定了宪法规范与社会实际之间的矛盾和冲突是永恒的,而两者之间的相适应是暂时的;宪法规范具有适应性特点,能够在较大幅度内适应社会实际的变化和发展,但不能保证既定的宪法规范处于“永久”的不变状态。世界上,某些国家的宪法直接称为“永久宪法”“不没大典”,但实际上没有一个国家的宪法不是随着社会实际的变化而发展的。

第二,宪法发展的另一个重要原因是为弥补宪法规范在实施过程中出现的漏洞。制宪者受主观因素和客观条件的限制,在形成宪法规范过程中,可能因考虑不周致使宪法规范存在某些缺漏,需要通过发展的方式对宪法加以补充和完善。

(二)宪法是如何发展的

在保持宪法稳定性的前提下,又需要发展宪法。基于两者平衡的需要,宪法发展主要采用两种方式:

第一,宪法解释。宪法解释,是指宪法解释机关根据宪法的基本精神和基本原则,对宪法规定的含义、界限及相互关系所作的具有法律效力的说明。宪法规范作为法规范的一种,应当与社会实际相适应,这样才能发挥应有的功能;同时,当宪法规范的含义出现歧义时,对其应有含义及时作出说明,有利于宪法规范的实施。因此,宪法解释既是使宪法规范适应社会实际的一种方法,也是保障宪法实施的一种手段和措施。宪法解释机关通过宪法解释来阐明宪法的基本精神,明确宪法规定的确切含义,弥补宪法规定的遗漏,可以起到使宪法规范适应社会发展,保障宪法权威并维持统一的宪法秩序,以及为判断法律文件是否合宪提供标准等作用。宪法解释是宪法的组成部分,具有与宪法同等的效力。

我国现行《宪法》规定,全国人民代表大会常务委员会有权解释宪法。因此,在我国,其他国家机关均无权对宪法作出有法律效力的解释。全国人民代表大会常务委员会对宪法的规定也曾经进行了解释。例如,《宪法》第37条规定,任何公民,非经人民检察院批准或者决定或者人民法院决定,并由公安机关执行,不受逮捕。第40条规定,中华人民共和国公民的通信自由和通信秘密受法律的保护。除因国家安全或者追查刑事犯罪的需要,由公安机关或者检察机关依照法律规定的程序对通信进行检查外,任何组织或者个人不得以任何理由侵犯公民的通信自由和通信秘密。1983年9月2日第六届全国人民代表大会常务委员会第二次会议通过《全国人民代表大会常务委员会关于国家安全机关行使公安机关的侦查、拘留、预审和执行逮捕的职权的决定》,该决定指出,第六届全国人民代表大会第一次会议决定设立的国家安全机关,承担原由公安机关主管的间谍、特务案件的侦查工作,具有国家公安机关的性质,因而国家安全机关可以行使宪法和法律规定的公安机关的侦查、拘留、预审和执行逮捕的职权。全国人大常委会的这一决定就是对宪法相关条款的解释,扩大了宪法上"公安机关"的含义。

又如,2018年《宪法修正案》将全国人民代表大会法律委员会更名为"全国人民代表大会宪法和法律委员会",适应这一变化,需要考虑:一是宪法修改并设立全国人大宪法和法律委员会后,对相关法律规定有必要进行处理,使之与宪法规定相一致。经梳理,我国《全国人民代表大会组织法》《立法法》《各级人民代表大会监督法》《人民代表大会议事规则》《人民代表大会常务委员会议事规则》5部法律中,共有23个条款涉及"全国人民代表大会法律委员会"职责。经综合分析评估,对这些法律规定不宜采取"打包"方式进行修改,需要在今后适时修改相关法律时考虑修改上述规定。二是全国人民代表大会专门委员会依照法律规定履行职责。全国人民代表大会宪法和法律委员会履行统一审议法律草案等职责,向全国人民代表大会及其常务委员会提出法律草案审议结果报告、修改情况汇报等重要文件。这些职责是现行有关法律规定的、由原全国人民代表大会法律委员会承担的职责,有必要对全国人民代表大会宪法和法律委员会更名后继续依照相关法律规定履行职责问题予以明确。三是党的十九届三中全会通过的《深化党和国家机构改革方案》明确提出,全国人民代表大会宪法和法律委员会在继续承担统一审议法律草案工作的基础上,增加推动宪法实施、开展宪法解释、推进合宪性审查、加强宪法监督、配合宪法宣传等职责。这些新增的宪法方面工作职责,体现本次修宪有关精神,有必要通过立法形式转化为全国人民代表大会宪法和法律委员会的法定职责。因此,全国人民代表大会常务委员会于 2018 年 6 月通过了《关于全国人民代表大会宪法和法律委员会职责问题的决定》明确了上述问题:宪法和法律委员会在继续承担统一审议法律草案等工作的基础上,增加推动宪法实施、开展宪法解释、推进合宪性审查、加强宪法监督、配合宪法宣传等工作职责。

目前,我国宪法解释程序机制还有待完善,例如,对什么国家机关有权提出宪法解释案、宪法解释案的审议程序是否与法律的程序相同、宪法解释的格式是什么、宪法解释具有什么效力、宪法解释案的通过程序、宪法解释案的颁布主体等问题没有明确规定。党的十八届四中全会《决定》和十九届四中全会《决定》都提出要求,健全宪法解释程序机制。未来,我国将会更多地采用宪法解释的方式发展宪法,以适应社会实际的要求。

第二,宪法修改。宪法修改,是指宪法修改机关认为宪法的部分内容不适应社会实际,根据宪法规定的特定修改程序删除、增加、变更宪法部分内容的活动。从总体上说,宪法修改有以下两种方式:

(1)全面修改。宪法的全面修改,又称整体修改,是指在国家政权的性质及制宪权的根源没有发生变化的前提下,宪法修改机关对宪法的大部分内容(包括宪法的结构)进行调整、变动,通过或批准整部宪法并重新予以颁布的活动。我国从 1954 年制定第一部宪法至今,全面修改《宪法》共进行了 3 次,即 1975 年《宪法》、1978 年《宪法》及 1982 年《宪法》都是对前一部《宪法》进行整体修改。全面修改之后,要通过或者批准整部新宪法并予以颁布。

（2）部分修改。宪法的部分修改，是指宪法修改机关根据宪法修改程序，以决议或者宪法修正案等方式对整部宪法中的部分内容进行调整或变动的活动。宪法的部分修改主要有以下三种具体方式：

一是以决议的方式直接在宪法条文中以新内容代替旧内容；修改之后，重新公布宪法。1979 年 7 月 1 日第五届全国人民代表大会第二次会议通过了《关于修正〈中华人民共和国宪法〉若干规定的决议》，对 1978 年《宪法》进行了修改。修改的主要内容是：同意县和县以上的地方各级人民代表大会设立常务委员会，将地方各级革命委员会改为地方各级人民政府，将县的人民代表大会代表改为由选民直接选举，将上级人民检察院同下级人民检察院的关系由监督改为领导。这次修改是以决议的方式将上述内容代替原来的内容。

二是以决议的方式直接废除宪法条文中的某些规定；修改之后，也需要重新公布宪法。1980 年 9 月 10 日第五届全国人民代表大会第三次会议通过了《关于修改〈中华人民共和国宪法〉第四十五条的决议》，决定：将 1978 年《宪法》第 45 条"公民有言论、通信、出版、集会、结社、游行、示威、罢工的自由，有运用'大鸣、大放、大辩论、大字报'的权利。"修改为"公民有言论、通信、出版、集会、结社、游行、示威、罢工的自由"，取消原第 45 条中"有运用'大鸣、大放、大辩论、大字报'的权利"的规定。

三是以修正案的方式增删宪法的内容。我国现行《宪法》颁行以后，全国人民代表大会分别于 1988 年、1993 年、1999 年、2004 年及 2018 年 5 次以修正案的方式进行了修改，通过了 52 条修正案。

所谓宪法修正案的方式，通常是指在不改动原宪法文本文字的情况下，另起序号，将新修改的内容按照修改时间附属于宪法文本之后。以后法优于前法、新法优于旧法的原理，判断实际有效的宪法规范的内涵。修正案方式通常并不需要对原宪法文本的条款进行修改及重新颁布宪法，有利于维护宪法的稳定性、历史感，进而有利于维护宪法的权威和尊严。我国自 1988 年开始采用这一修改方式。

前四次宪法修正案都是对宪法条款中原有的内容进行修改、增加,2018 年《宪法修正案》因需要增加规定有关监察委员会的条款,而原有宪法条款中并没有监察委员会的规定,无法直接增加到已有条款中,必须新拟条款插入《宪法》中。因此,2018 年《宪法修正案》新拟了 5 个关于监察委员会的条款,插入《宪法》第三章“国家机构”部分作为第 7 节。这样,1982 年《宪法》通过时,条款总数为 138 条,2018 年修改后因增加了 5 个条款,实际变为了 143 条。

全国人民代表大会通过《宪法修正案》以后,我们可以见到两个版本的宪法文本:

一是不改动原宪法文本的文字,而将修正案附属于原宪法文本之后的版本。即 1982 年通过的《宪法》(序言、138 条)和《宪法修正案》(52 条)。

二是依据《宪法修正案》对宪法文本的文字作出修正的文本。2004 年修改《宪法》时,时任全国人大常委会副委员长的王兆国在关于《中华人民共和国宪法修正案(草案)》说明中指出,“关于宪法文本问题。为了维护宪法的权威和尊严,保证宪法文本的统一,同时有利于学习和实施宪法,建议本次会议通过宪法修正案后,由大会秘书处根据宪法修正案对宪法有关内容作相应的修正,将一九八二年宪法原文、历次宪法修正案和根据宪法修正案修正的文本同时公布”。实际上,在 1993 年修改《宪法》以后,已经依据《宪法修正案》的修改对原宪法文本的相关文字进行了修正并予以公布新的宪法文本。

宪法解释和宪法修改都是保证宪法与社会实际一致性的方式,也是发展宪法的基本方式。宪法解释是在完全不变动宪法文本文字的情况下发展宪法,对宪法的改变比较小,更有利于维护宪法的稳定性;宪法修改即便是采用修正案的方式,也会对宪法产生一定的震动,在一定程度上影响宪法的稳定性。因此,在两种宪法发展方式中,其基本原则是,尽可能地采用宪法解释的方式,只有在穷尽宪法解释之后,仍然无法使宪法与社会实际保持一致性时,才采用宪法修改的方式。

六、现行《宪法》的发展回顾

1982 年《宪法》公布施行后，根据我国改革开放和社会主义现代化建设的实践和发展，为适应我国在经济、政治、社会等方面的发展、变化和进步，在党中央领导下，全国人大于 1988 年、1993 年、1999 年、2004 年、2018 年先后 5 次对 1982 年《宪法》即现行《宪法》的个别条款和部分内容作出必要的也是十分重要的修正，共通过了 52 条宪法修正案。现将前四次宪法修正案的主要内容简述如下。

（一）1988 年《宪法修正案》

1988 年 4 月 12 日第七届全国人民代表大会第一次会议第一次采用修正案的方式对现行《宪法》进行了修改，共通过了两条修正案，即宪法修正案第 1 条和第 2 条。

1.《宪法》第 11 条增加规定："国家允许私营经济在法律规定的范围内存在和发展。私营经济是社会主义公有制经济的补充。国家保护私营经济的合法的权利和利益，对私营经济实行引导、监督和管理。"

2.《宪法》第 10 条第 4 款"任何组织或者个人不得侵占、买卖、出租或者以其他形式非法转让土地。"修改为："任何组织或者个人不得侵占、买卖或者以其他形式非法转让土地，土地的使用权可以依照法律的规定转让。"

（二）1993 年《宪法修正案》

1993 年 3 月 29 日第八届全国人民代表大会第一次会议第二次采用修正案的方式对现行《宪法》进行了修改，共通过了 10 条修正案，即《宪法修正案》第 3 条至第 12 条。

1.《宪法》序言第 7 自然段后两句："今后国家的根本任务是集中力量进行社会主义现代化建设。中国各族人民将继续在中国共产党领导下，在马克思列宁主义、毛泽东思想指引下，坚持人民民主专政，坚持社会主义道路,不断完善社会主义的各项制度,发展社会主义民主,健全社会主义法制,自力更生,艰苦奋斗,逐步实现工业、农业、国防和科学技术的现代化,把我国建设成为高度文明、高度民主的社会主义国家。"修改为:"我国正处于社会主义初级阶段。国家的根本任务是,根据建设有中国特色社会主义的理论,集中力量进行社会主义现代化建设。中国各族人民将继续在中国共产党领导下,在马克思列宁主义、毛泽东思想指引下,坚持人民民主专政,坚持社会主义道路,坚持改革开放,不断完善社会主义的各项制度,发展社会主义民主,健全社会主义法制,自力更生,艰苦奋斗,逐步实现工业、农业、国防和科学技术的现代化,把我国建设成为富强、民主、文明的社会主义国家。"

2.《宪法》序言第 10 自然段末尾增加:"中国共产党领导的多党合作和政治协商制度将长期存在和发展。"

3.《宪法》第 7 条:"国营经济是社会主义全民所有制经济,是国民经济中的主导力量。国家保障国营经济的巩固和发展。"修改为:"国有经济,即社会主义全民所有制经济,是国民经济中的主导力量。国家保障国有经济的巩固和发展。"

4.《宪法》第 8 条第 1 款:"农村人民公社、农业生产合作社和其他生产、供销、信用、消费等各种形式的合作经济,是社会主义劳动群众集体所有制经济。参加农村集体经济组织的劳动者,有权在法律规定的范围内经营自留地、自留山、家庭副业和饲养自留畜。"修改为:"农村中的家庭联产承包为主的责任制和生产、供销、信用、消费等各种形式的合作经济,是社会主义劳动群众集体所有制经济。参加农村集体经济组织的劳动者,有权在法律规定的范围内经营自留地、自留山、家庭副业和饲养自留畜。"

5.《宪法》第 15 条:"国家在社会主义公有制基础上实行计划经济。国家通过经济计划的综合平衡和市场调节的辅助作用,保证国民经济按比例地协调发展。""禁止任何组织或者个人扰乱社会经济秩序,破坏国家经济计划。"修改为:"国家实行社会主义市场经济。""国家加强经济立法,完善宏观调控。”“国家依法禁止任何组织或者个人扰乱社会经济秩序。”

6.《宪法》第16条:“国营企业在服从国家的统一领导和全面完成国家计划的前提下,在法律规定的范围内,有经营管理的自主权。”“国营企业依照法律规定,通过职工代表大会和其他形式,实行民主管理。”修改为:“国有企业在法律规定的范围内有权自主经营。”“国有企业依照法律规定,通过职工代表大会和其他形式,实行民主管理。”

7.《宪法》第17条:“集体经济组织在接受国家计划指导和遵守有关法律的前提下,有独立进行经济活动的自主权。”“集体经济组织依照法律规定实行民主管理,由它的全体劳动者选举和罢免管理人员,决定经营管理的重大问题。”修改为:“集体经济组织在遵守有关法律的前提下,有独立进行经济活动的自主权。”“集体经济组织实行民主管理,依照法律规定选举和罢免管理人员,决定经营管理的重大问题。”

8.《宪法》第42条第3款:“劳动是一切有劳动能力的公民的光荣职责。国营企业和城乡集体经济组织的劳动者都应当以国家主人翁的态度对待自己的劳动。国家提倡社会主义劳动竞赛,奖励劳动模范和先进工作者。国家提倡公民从事义务劳动。”修改为:“劳动是一切有劳动能力的公民的光荣职责。国有企业和城乡集体经济组织的劳动者都应当以国家主人翁的态度对待自己的劳动。国家提倡社会主义劳动竞赛,奖励劳动模范和先进工作者。国家提倡公民从事义务劳动。”

9.《宪法》第98条:“省、直辖市、设区的市的人民代表大会每届任期五年。县、不设区的市、市辖区、乡、民族乡、镇的人民代表大会每届任期三年。”修改为:“省、直辖市、县、市、市辖区的人民代表大会每届任期五年。乡、民族乡、镇的人民代表大会每届任期三年。”

(三)1999年《宪法修正案》

1999年3月15日第九届全国人民代表大会第二次会议第三次采用修正案的方式对现行《宪法》进行了修改,共通过了6条修正案,即

《宪法修正案》第 12 条至第 17 条。

1.《宪法》序言第 7 自然段:“中国新民主主义革命的胜利和社会主义事业的成就,都是中国共产党领导中国各族人民,在马克思列宁主义、毛泽东思想的指引下,坚持真理,修正错误,战胜许多艰难险阻而取得的。我国正处于社会主义初级阶段。国家的根本任务是,根据建设有中国特色社会主义的理论,集中力量进行社会主义现代化建设。中国各族人民将继续在中国共产党领导下,在马克思列宁主义、毛泽东思想指引下,坚持人民民主专政,坚持社会主义道路,坚持改革开放,不断完善社会主义的各项制度,发展社会主义民主,健全社会主义法制,自力更生,艰苦奋斗,逐步实现工业、农业、国防和科学技术的现代化,把我国建设成为富强、民主、文明的社会主义国家。”修改为:“中国新民主主义革命的胜利和社会主义事业的成就,是中国共产党领导中国各族人民,在马克思列宁主义、毛泽东思想的指引下,坚持真理,修正错误,战胜许多艰难险阻而取得的。我国将长期处于社会主义初级阶段。国家的根本任务是,沿着建设有中国特色社会主义的道路,集中力量进行社会主义现代化建设。中国各族人民将继续在中国共产党领导下,在马克思列宁主义、毛泽东思想、邓小平理论指引下,坚持人民民主专政,坚持社会主义道路,坚持改革开放,不断完善社会主义的各项制度,发展社会主义市场经济,发展社会主义民主,健全社会主义法制,自力更生,艰苦奋斗,逐步实现工业、农业、国防和科学技术的现代化,把我国建设成为富强、民主、文明的社会主义国家。”

2.《宪法》第 5 条增加 1 款,作为第 1 款,规定:“中华人民共和国实行依法治国,建设社会主义法治国家。”

3.《宪法》第 6 条:“中华人民共和国的社会主义经济制度的基础是生产资料的社会主义公有制,即全民所有制和劳动群众集体所有制。”“社会主义公有制消灭人剥削人的制度,实行各尽所能,按劳分配的原则。”修改为:“中华人民共和国的社会主义经济制度的基础是生产资料的社会主义公有制,即全民所有制和劳动群众集体所有制。社会主义公有制消灭人剥削人的制度,实行各尽所能、按劳分配的原则。”“国家在社会主义初级阶段,坚持公有制为主体、多种所有制经济共同发展的基本经济制度,坚持按劳分配为主体、多种分配方式并存的分配制度。"

4.《宪法》第8条第1款:"农村中的家庭联产承包为主的责任制和生产、供销、信用、消费等各种形式的合作经济,是社会主义劳动群众集体所有制经济。参加农村集体经济组织的劳动者,有权在法律规定的范围内经营自留地、自留山、家庭副业和饲养自留畜。"修改为:"农村集体经济组织实行家庭承包经营为基础、统分结合的双层经营体制。农村中的生产、供销、信用、消费等各种形式的合作经济,是社会主义劳动群众集体所有制经济。参加农村集体经济组织的劳动者,有权在法律规定的范围内经营自留地、自留山、家庭副业和饲养自留畜。"

5.《宪法》第11条:"在法律规定范围内的城乡劳动者个体经济,是社会主义公有制经济的补充。国家保护个体经济的合法的权利和利益。""国家通过行政管理,指导、帮助和监督个体经济。""国家允许私营经济在法律规定的范围内存在和发展。私营经济是社会主义公有制经济的补充。国家保护私营经济的合法的权利和利益,对私营经济实行引导、监督和管理。"修改为:"在法律规定范围内的个体经济、私营经济等非公有制经济,是社会主义市场经济的重要组成部分。""国家保护个体经济、私营经济的合法的权利和利益。国家对个体经济、私营经济实行引导、监督和管理。"

6.《宪法》第28条:"国家维护社会秩序,镇压叛国和其他反革命的活动,制裁危害社会治安、破坏社会主义经济和其他犯罪的活动,惩办和改造犯罪分子。"修改为:"国家维护社会秩序,镇压叛国和其他危害国家安全的犯罪活动,制裁危害社会治安、破坏社会主义经济和其他犯罪的活动,惩办和改造犯罪分子。"1997年《刑法》已经把反革命罪改成危害国家安全罪,1999年《宪法修正案》是为了确认《刑法》的修改。即刑法修改在前,宪法修改在后。

(四)2004年《宪法修正案》

2004年3月14日第十届全国人民代表大会第二次会议第四次采

用修正案的方式对现行《宪法》进行了修改,共通过了 14 条修正案,即《宪法修正案》第 18 条至第 31 条。

1.《宪法》序言第 7 自然段中“在马克思列宁主义、毛泽东思想、邓小平理论指引下”修改为“在马克思列宁主义、毛泽东思想、邓小平理论和‘三个代表’重要思想指引下”,“沿着建设有中国特色社会主义的道路”修改为“沿着中国特色社会主义道路”,“逐步实现工业、农业、国防和科学技术的现代化”之后增加“推动物质文明、政治文明和精神文明协调发展”。这一自然段相应地修改为:“中国新民主主义革命的胜利和社会主义事业的成就,是中国共产党领导中国各族人民,在马克思列宁主义、毛泽东思想的指引下,坚持真理,修正错误,战胜许多艰难险阻而取得的。我国将长期处于社会主义初级阶段。国家的根本任务是,沿着中国特色社会主义道路,集中力量进行社会主义现代化建设。中国各族人民将继续在中国共产党领导下,在马克思列宁主义、毛泽东思想、邓小平理论和‘三个代表’重要思想指引下,坚持人民民主专政,坚持社会主义道路,坚持改革开放,不断完善社会主义的各项制度,发展社会主义市场经济,发展社会主义民主,健全社会主义法制,自力更生,艰苦奋斗,逐步实现工业、农业、国防和科学技术的现代化,推动物质文明、政治文明和精神文明协调发展,把我国建设成为富强、民主、文明的社会主义国家。”

2.《宪法》序言第 10 自然段第 2 句“在长期的革命和建设过程中,已经结成由中国共产党领导的,有各民主党派和各人民团体参加的,包括全体社会主义劳动者、拥护社会主义的爱国者和拥护祖国统一的爱国者的广泛的爱国统一战线,这个统一战线将继续巩固和发展。”修改为:“在长期的革命和建设过程中,已经结成由中国共产党领导的,有各民主党派和各人民团体参加的,包括全体社会主义劳动者、社会主义事业的建设者、拥护社会主义的爱国者和拥护祖国统一的爱国者的广泛的爱国统一战线,这个统一战线将继续巩固和发展。”

3.《宪法》第 10 条第 3 款“国家为了公共利益的需要,可以依照法律规定对土地实行征用。”修改为:“国家为了公共利益的需要,可以依照法律规定对土地实行征收或者征用并给予补偿。”将集体土地征收转为国有土地进行招拍挂,农民的权益必然会受到损失。原来宪法没有规定对农民给予补偿,故对宪法进行修正。

4.《宪法》第 11 条第 2 款“国家保护个体经济、私营经济的合法的权利和利益。国家对个体经济、私营经济实行引导、监督和管理。”修改为:“国家保护个体经济、私营经济等非公有制经济的合法的权利和利益。国家鼓励、支持和引导非公有制经济的发展,并对非公有制经济依法实行监督和管理。”

5.《宪法》第 13 条“国家保护公民的合法的收入、储蓄、房屋和其他合法财产的所有权。”“国家依照法律规定保护公民的私有财产的继承权。”关于个人财产保护,存在两个缺陷:一是保护的范围较窄。原来只保护私有财产的所有权,现在扩大到私有财产权。二是没有规定征收和补偿条款。世界上通行的是,由宣示条款、征收征用条款、补偿条款共同构成对私有财产的保护体系。经过修改,在宪法里面规定了宣示条款、征收征用条款、补偿条款。修改后的条款为:“公民的合法的私有财产不受侵犯。”“国家依照法律规定保护公民的私有财产权和继承权。”“国家为了公共利益的需要,可以依照法律规定对公民的私有财产实行征收或者征用并给予补偿。”

6.《宪法》第 14 条增加 1 款,作为第 4 款:“国家建立健全同经济发展水平相适应的社会保障制度。”

7.《宪法》第 33 条增加 1 款,作为第 3 款:“国家尊重和保障人权。”第 3 款相应地改为第 4 款。

8.《宪法》第 59 条第 1 款“全国人民代表大会由省、自治区、直辖市和军队选出的代表组成。各少数民族都应当有适当名额的代表。”修改为:“全国人民代表大会由省、自治区、直辖市、特别行政区和军队选出的代表组成。各少数民族都应当有适当名额的代表。”

9.《宪法》第 67 条全国人民代表大会常务委员会职权第 20 项“(二

十)决定全国或者个别省、自治区、直辖市的戒严”修改为“(二十)决定全国或者个别省、自治区、直辖市进入紧急状态”。

10.《宪法》第80条“中华人民共和国主席根据全国人民代表大会的决定和全国人民代表大会常务委员会的决定,公布法律,任免国务院总理、副总理、国务委员、各部部长、各委员会主任、审计长、秘书长、授予国家的勋章或荣誉称号,发布特赦令,发布戒严令,宣布战争状态,发布动员令。”修改为:“中华人民共和国主席根据全国人民代表大会的决定和全国人民代表大会常务委员会的决定,公布法律,任免国务院总理、副总理、国务委员、各部部长、各委员会主任、审计长、秘书长,授予国家的勋章和荣誉称号,发布特赦令,宣布进入紧急状态,宣布战争状态,发布动员令。”

11.《宪法》第81条“中华人民共和国主席代表中华人民共和国,接受外国使节;根据全国人民代表大会常务委员会的决定,派遣和召回驻外全权代表,批准和废除同外国缔结的条约和重要协定。”修改为:“中华人民共和国主席代表中华人民共和国,进行国事活动,接受外国使节;根据全国人民代表大会常务委员会的决定,派遣和召回驻外全权代表,批准和废除同外国缔结的条约和重要协定。”

12.《宪法》第89条国务院职权第16项“(十六)决定省、自治区、直辖市的范围内部分地区的戒严”修改为“(十六)依照法律规定决定省、自治区、直辖市的范围内部分地区进入紧急状态”。原来宪法只规定了戒严,同时也制定了《戒严法》。所谓戒严就是用军事力量对付“三乱”(动乱、骚乱、暴乱)。但在实践中发现,社会生活很丰富,如禽流感、“非典”、地震,这些不属于“三乱”,也就不需要动用军事力量,但是宪法只规定了“戒严”,适用范围较窄,故将“戒严”改成“紧急状态”,“戒严”是“紧急状态”的一种情况。

13.《宪法》第98条“省、直辖市、县、市、市辖区的人民代表大会每届任期五年。乡、民族乡、镇的人民代表大会每届任期三年。”修改为:“地方各级人民代表大会每届任期五年。”

14.《宪法》第4章章名“国旗、国徽、首都”修改为“国旗、国歌、国徽、首都”。《宪法》第136条增加1款，作为第2款：“中华人民共和国国歌是《义勇军进行曲》。”1954年《宪法》、1975年《宪法》、1978年《宪法》及1982年《宪法》都没有规定国歌。从1949年到1978年，我国并没有确定正式国歌，而是将《义勇军进行曲》作为中华人民共和国的代国歌，1978年3月，我国第五届全国人大第一次会议通过决定，明确确立正式的国歌，即采用《义勇军进行曲》的曲调、由集体重新填词。1982年12月4日，第五届全国人大第五次会议决定：恢复《义勇军进行曲》为中华人民共和国国歌，废除了1978年第五届全国人大第一次会议通过的关于国歌的决定。然而，该决定与1982年《宪法》同一天由全国人大通过，国歌因而未能及时载入1982年《宪法》。

全国人民代表大会通过四次宪法修改及时地反映了中国共产党领导人民进行改革开放和社会主义现代化建设的成功经验，体现了中国特色社会主义道路、理论、制度、文化的发展成果，保证了我国宪法在中国特色社会主义伟大实践中紧跟时代步伐，不断与时俱进，有力推动和保障了党和国家事业发展，有力推动和加强了我国社会主义法治建设。

第二讲

新时代依宪治国的重要性

习近平总书记在党的十九大上作的《决胜全面建成小康社会　夺取新时代中国特色社会主义伟大胜利》的报告(以下简称党的十九大报告)指出,经过长期努力,中国特色社会主义进入了新时代,这是我国发展新的历史方位。中国特色社会主义进入新时代,我国社会主要矛盾已经转化为人民日益增长的美好生活需要和不平衡不充分的发展之间的矛盾。我国稳定解决了十几亿人的温饱问题,总体上实现小康,不久将全面建成小康社会,人民美好生活需要日益广泛,不仅对物质文化生活提出了更高要求,而且在民主、法治、公平、正义、安全、环境等方面的要求日益增长。同时指出,社会矛盾和问题交织叠加,全面依法治国任务依然繁重,国家治理体系和治理能力有待加强。

2012 年 12 月 4 日,在首都各界纪念现行《宪法》公布施行 30 周年大会上,习近平总书记就强调:“依法治国,首先是依宪治国;依法执政,关键是依宪执政。新形势下,我们党要履行好执政兴国的重大职责,必须依据党章从严治党、依据宪法治国理政。”在中央全面依法治国工作会议上,习近平总书记重要讲话提出“十一个坚持”,其中第四个“坚持”就是“坚持依宪治国、依宪执政”。党的十八大以来,以习近平同志为核心的党中央高度重视宪法在治国理政中的重要地位和作用,多次强调“坚持依法治国首先要坚持依宪治国,坚持依法执政首先要坚持依宪执政”,把实施宪法摆在全面依法治国的突出位置,采取一系列有力措施加强宪法实施和监督工作，为保证宪法实施提供了强有力的政治和制度保障。一以贯之注重发挥宪法的重要作用，持之以恒把国家各项事业和各项工作全面纳入依法治国、依宪治国的轨道，为新时代坚持和发展中国特色社会主义提供有力宪法保障。

一、依宪治国在依法治国中的核心作用

党的十八届四中全会《决定》指出，依法治国，是坚持和发展中国特色社会主义的本质要求和重要保障，是实现国家治理体系和治理能力现代化的必然要求，事关我们党执政兴国，事关人民幸福安康，事关党和国家长治久安。全面建成小康社会、实现中华民族伟大复兴的中国梦，全面深化改革、完善和发展中国特色社会主义制度，提高党的执政能力和执政水平，必须全面推进依法治国。我国正处于社会主义初级阶段，全面建成小康社会进入决定性阶段，改革进入攻坚期和深水区，国际形势复杂多变，我们党面对的改革发展稳定任务之重前所未有、矛盾风险挑战之多前所未有，依法治国在党和国家工作全局中的地位更加突出、作用更加重大。面对新形势新任务，我们党要更好统筹国内国际两个大局，更好维护和运用我国发展的重要战略机遇期，更好统筹社会力量、平衡社会利益、调节社会关系、规范社会行为，使我国社会在深刻变革中既生机勃勃又井然有序，实现经济发展、政治清明、文化昌盛、社会公正、生态良好，实现我国和平发展的战略目标，必须更好发挥法治的引领和规范作用。

基于对长期以来执政经验的反思和总结，特别是对国家治理制度文明结晶的借鉴，党的十五大报告明确将依法治国确定为党领导人民治理国家的基本方略，把依法执政确定为党治国理政的基本方式。全国人民代表大会于 1999 年通过修改宪法，将“中华人民共和国实行依法治国，建设社会主义法治国家”载入宪法。党的十八届四中全会专门就全面推进依法治国作出决定，对全面推进依法治国作出了宏观、系统的部署，这在中国共产党历史上尚属首次，表明了中国共产党实行依法治国、建

设法治国家的坚定决心、勇气和意志。依法治国有两项基本标志和要求,即规则之治和良法之治。

(一)宪法在规则之治中的核心作用

规则之治要求所有的社会主体都在规则之下、服从规则、严格按照规则办事。习近平总书记要求,领导干部要把对法治的尊崇、对法律的敬畏转化成思维方式和行为方式,做到在法治之下、而不是法治之外、更不是法治之上想问题、作决策、办事情。领导干部要牢记法律红线不可逾越、法律底线不可触碰,带头遵守法律、执行法律,带头营造办事依法、遇事找法、解决问题用法、化解矛盾靠法的法治环境。谋划工作要运用法治思维,处理问题要运用法治方式,说话做事要先考虑一下是不是合法。

规则之治的"规则"主要表现为宪法和法律,而在宪法和法律中,宪法在效力上高于法律,法律只有符合宪法才具有效力,宪法是一个国家和社会的最高规则,而且是唯一的最高规则。规则之治要求所有的社会主体都在宪法下,都必须遵从宪法;所有的规则都必须符合宪法、与宪法相一致,以宪法为依据和基础而形成统一的国家治理规则体系;必须实施宪法、维护宪法至上的权威和尊严。可见,如果宪法不发挥作用,那么规则之治就不可能实现。

(二)宪法在良法之治中的核心作用

良法之治要求规则必须是合理的规则、符合人性的规则,只有按照和服从这样的规则处理问题,才能达到预期的治理目标。党的十八届四中全会《决定》指出,良法是善治之前提。

保证规则是良法包括事前、事中和事后三个阶段。

一是事前保证。法律文件在制定之前,要根据社会实际需要,按照成熟与否、轻重缓急,科学制订立法规划;要民主立法,广泛听取各方面的意见和建议,允许社会公众参与。

二是事中保证。要保证人大主导立法，避免部门立法；人大在立法过程中，要允许人大代表充分发表意见；严格按照立法程序依法立法；法律文件草案一般要公开，征求社会公众的意见和建议。

三是事后保证。法律文件生效后，要按照法律规定提交相应的国家机关备案审查；要允许国家机关、社会组织及公民个人申请合宪性审查和合法性审查。

判断规则是否为良法的标准，笔者认为主要有三个方面：规则的实施是否有利于保障人权，规则能否约束执行规则的人，规则能否兼顾不同的利益。众所周知，宪法的核心价值是人权保障，宪法的基本功能是规范公权力，宪法是一国之内政治力量对比关系的集中表现。宪法是一个国家最大的、具有最高效力的良法。是否为良法，最终和最高的判断标准是宪法。与法律文件的合法性审查相比较，合宪性审查机制是检验其是否为良法的最终程序。党的十八届四中全会《决定》要求，使每一项立法都符合宪法精神。

正是在上述意义上，党的十八届四中全会《决定》指出，坚持依法治国首先要坚持依宪治国，坚持依法执政首先要坚持依宪执政。此处的“首先”并不是说，国家机关在作出决定、决议时必须首先依据宪法或者引用宪法。而是指国家机关作出决定、决议依据的法律文件首先必须符合宪法，如此，才是有效的法律文件，才能作为依据；一切违反宪法的法律文件都是无效的。可见，宪法如果不发挥作用，规则之治和良法之治都无法实现。

二、宪法在新时代治国理政逻辑结构中的重要性

通过党的十八大以来党中央的若干个决定，特别是党的十九大报告、十九届四中全会《决定》，实际上形成了以习近平同志为核心的党中央在新时代治国理政的基本逻辑。其逻辑结构为：

1. 坚持和发展中国特色社会主义，总任务是建设社会主义现代化强国和实现中华民族伟大复兴，在全面建成小康社会的基础上，分两

步走,在21世纪中叶建成富强民主文明和谐美丽的社会主义现代化强国。

2. 为了完成新时代的总目标和总任务,必须有效解决新时代我国社会主要矛盾,即人民日益增长的美好生活需要和不平衡不充分的发展之间的矛盾,同时,国家治理必须适应新时代的社会特征。40余年的改革开放政策是为了有效解决中国社会的主要矛盾,即人民群众日益增长的物质文化水平与落后的社会生产力之间的矛盾。经过改革开放,这一主要矛盾得到妥善的解决。进而中国社会进入了新时代,新时代的主要标志是社会的主要矛盾发生了转化。同时,经过40余年的改革开放,中国社会的基本特征发生了变化。计划经济体制下的管理方式、改革开放过程中的某些管理方式已经不能适应今天中国社会的体制。

3. 为了解决新时代我国社会主要矛盾、适应新时代的社会特征,必须:(1)坚持以人民为中心的发展思想,不断促进人的全面发展、全体人民共同富裕;(2)实现国家治理体系和治理能力现代化;(3)不断提高党的执政能力和执政水平;(4)贯彻“五位一体”的新发展理念;(5)夺取反腐败斗争的压倒性胜利;(6)全面从严治党。

4. 为了实现上述目标和任务,必须全面推进依法治国,建设中国特色社会主义法治体系、社会主义法治国家。只有依法治国,才能保证社会公平正义的实现,才能保证国家治理现代化的实现,才能提高党的执政能力和执政水平,才能保证新发展理念的实现,才能保证反腐败斗争的胜利,才能保证全面从严治党的实现。

5. 依法治国首先是依宪治国,依法执政首先是依宪执政。而要依宪治国就必须全面实施宪法。

6. 要确保宪法的全面有效实施,必须建立监督宪法实施的制度,监督宪法实施的基本方式就是对法律文件进行合宪性审查。党的十八届四中全会《决定》要求,加强备案审查制度和能力建设,把所有规范性文件纳入备案审查范围,依法撤销和纠正违宪违法的规范性文件,禁止地方制发带有立法性质的文件。党的十九大报告指出,加强宪法实施和监督,推进合宪性审查工作,维护宪法的权威。习近平总书记在2018年2月中共中央政治局第四次集体学习时要求,要完善宪法监督制度,积极稳妥推进合宪性审查工作,加强备案审查制度和能力建设。

从这一治国理政的基本逻辑中可以看出,实效性的合宪性审查工作关系到宪法的全面有效实施,而宪法的实施关系到依法治国、建设社会主义法治国家的实现,全面推进依法治国又关系到解决新时代主要矛盾、适应具有新时代社会特征的举措的积极推进和实现,这些举措关系到新时代主要矛盾的有效解决和新时代社会特征的适应,最终关系到中华民族伟大复兴这一总目标的实现。可见,宪法在这一治国理政逻辑结构中起着不可或缺的重要作用。

正是在这一意义上,习近平总书记在2018年中共中央政治局第四次集体学习时强调,决胜全面建成小康社会、开启全面建设社会主义现代化国家新征程、实现中华民族伟大复兴的中国梦,推进国家治理体系和治理能力现代化、提高党长期执政能力,必须更加注重发挥宪法的重要作用。加强宪法实施和监督,把国家各项事业和各项工作全面纳入依法治国、依宪治国的轨道,把实施宪法提高到新的水平。

三、宪法在实现国家治理现代化中的重要性

党的十八届三中全会《中共中央关于全面深化改革若干重大问题的决定》要求,全面深化改革的总目标是完善和发展中国特色社会主义制度,推进国家治理体系和治理能力现代化。党的十九届四中全会《决定》确定,坚持和完善中国特色社会主义制度、推进国家治理体系和治理能力现代化的总体目标是,到我们党成立一百年时,在各方面制度更加成熟更加定型上取得明显成效;到2035年,各方面制度更加完善,基本实现国家治理体系和治理能力现代化;到新中国成立一百年时,全面实现国家治理体系和治理能力现代化,使中国特色社会主义制度更加巩固、优越性充分展现。习近平总书记指出,实践证明,通过宪法法律确认和巩固国家根本制度、基本制度、重要制度,并运用国家强制力保证实

施,保障了国家治理体系的系统性、规范性、协调性、稳定性。

无论是国家治理体系现代化还是国家治理能力现代化,任何国家治理都必须依据制度、规则进行。国家治理体系的载体是制度体系,而制度体系的主要表现形式是法律制度;国家治理能力的体现就是执行制度的能力、制度实现的程度,就是能否严格执法、公正司法。习近平总书记指出:"法律是治国之重器,法治是国家治理体系和治理能力的重要依托。"党的十九大报告明确提出,"依法治国是党领导人民治理国家的基本方式"。正如党的十九届四中全会《决定》指出的,坚持改革创新,突出坚持和完善支撑中国特色社会主义制度的根本制度、基本制度、重要制度,着力固根基、扬优势、补短板、强弱项,构建系统完备、科学规范、运行有效的制度体系,加强系统治理、依法治理、综合治理、源头治理,把我国制度优势更好地转化为国家治理效能。因此,国家治理现代化首先是国家治理规则的现代化,而现代、成熟国家治理的基本标志是形成统一权威的国家治理规则体系。

众所周知,任何社会都必须有秩序,而秩序的形成和维持均依赖治理规则,没有治理规则即没有秩序。从这一意义上说,一个社会的治理规则是统一的,秩序即是统一的;治理规则是统一的,治理规则就可能是稳定的和确定的,秩序即是稳定的和确定的;治理规则具有权威性并受到尊重,秩序即受到尊重而稳定。反之,一个社会的治理规则是不统一的,秩序即是不统一的;治理规则不统一,治理规则就不可能稳定和确定,秩序也就不可能稳定、确定;治理规则受不到尊重,秩序也就不可能受到尊重而稳定。

在我国国家治理规则的现状下,如何形成统一的、权威的和稳定的国家治理规则体系,必然是一项十分艰巨的任务和挑战,但又是一项必须完成的任务。

首先,国家治理规则必须是"单轨制",而不能是"双轨制""多轨制"。在奉行人民主权原则的国家,只有由人民选举产生的代表机关,经过法定程序制定的法律文件,才具有法律效力,才具有约束人民的强制力。在我国，宪法、法律、行政法规、地方性法规、规章具有这样的特征，只有这些法律文件才具有法律效力，才能成为约束人民行为的规范。除此之外的一切文件均不具有法律效力，不能成为直接约束人民行为的规范。换言之，其他文件若有法律效力，均必须符合宪法、法律、法规、规章，或者这些文件必须由人民的代表机关经过法定程序转换为体现国家意志的法律文件。因此，要善于使党的主张成为国家意志，基本途径和方式是将党的理论、纲领、路线、方针和政策通过立法程序由国家立法机关上升为法律，以法律条款的形式变成国家政权、社会组织和公众行为必须遵循的普遍准则，并通过国家政权机关的贯彻执行使党的主张落地生根，变为全社会的自觉行动。我国《宪法》和《立法法》等法律法规对不同的法律规范的立法程序作出了专门规定，设置法定程序。党的十八届四中全会通过的《决定》提出，“善于使党的主张通过法定程序成为国家意志，善于使党组织推荐的人选通过法定程序成为国家政权机关的领导人员，善于通过国家政权机关实施党对国家和社会的领导，善于运用民主集中制原则维护中央权威、维护全党全国团结统一”。应做到如习近平总书记所说的那样，“谋划工作要运用法治思维，处理问题要运用法治方式，说话做事要先考虑一下是不是合法”。

其次，“单轨制”内部不同的法律文件必须是统一的。所有的法律文件必须符合宪法、以宪法为依据和基础而形成。党的十八届四中全会《决定》、党的十九大报告、党的十九届四中全会《决定》都明确指出，必须维护国家法制统一、尊严、权威，切实保证宪法、法律有效实施；完善以宪法为核心的中国特色社会主义法律体系，加强宪法实施；坚持依法治国首先要坚持依宪治国，坚持依法执政首先要坚持依宪执政。

保证治理规则统一性的机制主要有合宪性审查和合法性审查，而最重要、最根本的是合宪性审查机制；保证宪法权威和尊严的机制是宪法的全面有效实施，特别是监督宪法实施的合宪性审查机制。

四、宪法在确保社会主义核心价值观中的重要性

在中共中央政治局第十三次集体学习时，习近平总书记指出，一个

国家的文化软实力,从根本上说,取决于其核心价值观的生命力、凝聚力、感召力。培育和弘扬核心价值观,有效整合社会意识,是社会系统得以正常运转、社会秩序得以有效维护的重要途径,也是国家治理体系和治理能力的重要方面。历史和现实都表明,构建具有强大感召力的核心价值观,关系社会和谐稳定,关系国家长治久安。

党的十八大报告《坚定不移沿着中国特色社会主义道路前进　为全面建成小康社会而奋斗》中提出了社会主义核心价值观,即富强、民主、文明、和谐、自由、平等、公正、法治、爱国、敬业、诚信、友善。该24个字的社会主义核心价值观可以分为三组,即富强、民主、文明、和谐为国家核心价值观,自由、平等、公正、法治为社会核心价值观,爱国、敬业、诚信、友善为个人核心价值观。笔者认为,其中的社会核心价值观即自由、平等、公正、法治为社会主义核心价值观最重要、最核心的部分。

任何人都必须、只能在一个特定的社会中生活,而社会总是由不同利益、不同职业、不同阶层、不同地域、不同民族、不同种族、不同性别、不同教育程度、不同家庭背景等差异的个人组成的。所谓核心价值观,就是全体社会成员所共同认同的价值观。换言之,核心价值观就是所有社会成员的价值观中重合的部分。社会作为其成员生活、生存、发展的共同体,必须具有全体社会成员所共同认知的价值标准即社会共识。社会成员无论存在什么差异、有多大的差异、身处什么社会阶层,如果在某些价值观上是一致的、共同的,存在习近平总书记所说的价值观上的"最大公约数",这样的社会才具有凝聚力,社会秩序才能够得以良好维持;反之,社会就可能陷入一盘散沙中。价值观上的"最大公约数"就是社会共识、社会的核心价值观。按照党的十八大报告的要求,自由、平等、公正、法治就是我国社会的核心价值观。因此,每一个社会成员必须将其内化于心、外化于行。

2018年,中共中央印发了《社会主义核心价值观融入法治建设立法修法规划》(以下简称《规划》),并发出通知,要求各地区各部门结合实际认真贯彻落实。《规划》强调,要以习近平新时代中国特色社会主义思想为指导,坚持全面依法治国,坚持社会主义核心价值体系,着力把社会主义核心价值观融入法律法规的立改废释全过程,确保各项立法导向更加鲜明、要求更加明确、措施更加有力,力争经过 5 年到 10 年时间,推动社会主义核心价值观全面融入中国特色社会主义法律体系,筑牢全国各族人民团结奋斗的共同思想道德基础,为决胜全面建成小康社会、夺取新时代中国特色社会主义伟大胜利、实现中华民族伟大复兴的中国梦、实现人民对美好生活的向往,提供坚实制度保障。

核心价值观就是社会共识,就是社会的最大公约数,而作为社会共识、最大公约数的载体,就是宪法。在法治社会中,宪法是全体人民的根本利益和根本意志的体现,社会共识就是宪法共识。

社会层面核心价值观的层次结构是:观念→制度→秩序→生活。

第一,社会层面核心价值观是社会共同体成员对社会生活、个人生活追求的一种观念,是对社会秩序和个人幸福的一种理解和追求。我国经过 40 多年的改革开放,原有社会发展阶段的主要矛盾,即落后的生产力与人民群众日益增长的物质文化生活需求之间的矛盾基本得到解决,人民群众的物质文化生活发生了翻天覆地的变化。在此基础上,人民群众必然提出更高的社会需求,即党的十九大报告提出的,人民群众对美好生活的向往与发展不平衡不充分之间的矛盾。“对美好生活的向往”也就是对自由、平等、公正、法治这样一种社会生活的追求。

第二,社会层面核心价值观是一套制度体系。核心价值观必须转化为制度,实现法定化。核心价值观须转化为宪法制度。宪法规定了国家的根本制度、基本制度、国家的指导思想、基本政策、公民的基本权利等国家生活和社会生活中的重大问题。宪法作为国家根本法,在一个国家和社会的制度体系中,占据着至高无上的地位,所有的制度都必须符合宪法。宪法是人民主权的产物,是人民当家作主的表现和制度保障。本质上,宪法是人民选择的一种生活方式。宪法制度就是按照社会层面核心价值观设计的,是社会层面核心价值观的具体化、法定化。我国宪法按照法治思维进行制度设计,确认了公民广泛的权利和自由,体现了社会主义平等观,依照作为社会主义本质特征的社会公平正义规定了公民的基本权利和自由。法律再依据宪法关于自由、平等、公正、法治的规定,在某一个特定领域进一步具体化。以宪法为核心形成统一的社会主义法律体系,就是以宪法中体现的社会主义核心价值观为核心,保证法律、行政法规、地方性法规、自治条例和单行条例等法律文件中规定的制度符合并体现社会价值观的要求。应按照社会主义核心价值观这一理念形成一整套内部统一的调整社会关系的规则体系;国家治理规则体系是自由、平等、公正、法治理念的制度化,是自由、平等、公正、法治理念的载体。

第三,宪法和法律实施的过程就是捍卫、弘扬、彰显社会层面核心价值观的过程。宪法的实施尤其是合宪性审查的过程、法律的实施特别是追究法律责任的过程,就是一次次弘扬和坚持社会层面核心价值观的过程,是向社会成员传达这些理念的过程。任何一个国家机关依法行使国家权力的过程,特别是司法机关严格依法办案的过程,其效果同样如此。反之,宪法和法律不实施,特别是没有明确地、公开地追究违宪责任和违法责任的过程,社会层面核心价值观就不可能真正成为一种秩序、一种生活方式。合宪性审查公开、司法公开的意义就在于此。

第四,一个国家中所有的制度都必须符合宪法、与宪法保持一致,任何与宪法不一致的法律文件均应予以废除,现行有效的制度都是社会层面核心价值观的体现。

宪法和法律的实施,使制度化的社会层面核心价值观成为一种秩序,所有的制度与宪法相一致,每一部立法都体现宪法精神,以宪法为核心的统一的规则体系实施的结果,使整个社会形成统一的宪法秩序。这一秩序就是以社会层面核心价值观为内容的秩序。我们每一个社会成员都生活在这一秩序中。因此,本质上社会层面核心价值观是我们每一个社会成员的生活。如果宪法没有权威和尊严,宪法不能获得全面有效实施,那么社会层面核心价值观就无法转化为我们每一个人的实际生活。

例如,1982 年国务院制定了《城市流浪乞讨人员收容遣送办法》将乞讨者和“其他露宿街头生活无着落的人”列为收容遣送对象。1991 年国务院发布《关于城市遣送工作改革问题的意见》,将收容遣送的对象扩大到三证(身份证,暂住证,务工证)不全的流动人员。2003 年发生于广州市的孙志刚案,暴露了这一办法所存在的问题。孙志刚因无暂住证而被强制收容,后在收容遣送站被打死。由此,《城市流浪乞讨人员收容遣送办法》因身份而非违法行为即被限制人身自由,受到合法性和合宪性质疑。同年,国务院废止了这一办法。废止《城市流浪乞讨人员收容遣送办法》,实际上是向全社会传达了我国捍卫社会层面核心价值观中的自由(人身自由)和法治两大价值。

五、宪法在夺取反腐败斗争压倒性胜利中的重要性

习近平总书记指出,权力是一把“双刃剑”,在法治轨道上行使可以造福人民,在法律之外行使则必然祸害国家和人民。把权力关进制度的笼子里,就是要依法设定权力、规范权力、制约权力、监督权力。要坚持用制度管权管事管人,抓紧形成不想腐、不能腐、不敢腐的有效机制,让人民监督权力,让权力在阳光下运行,把权力关进制度的笼子里。

必须充分肯定的是,政府通过行使国家权力有效地维持社会秩序、政治秩序、文化秩序、经济秩序等各类秩序,同时为社会成员提供必要的公共产品和公共服务,保障人权。如果没有国家,没有国家权力,没有国家权力的有效运行,没有国家权力完成上述两大基本职能,那么在当今主要以国家为单位进行生活的情况下,人权是不可能实现的。在这一意义上,国家是保障人权实现的最有效的组织,国家权力是保障人权实现的最有效的力量。

不过,国家权力是控制和分配社会有限资源的强制力,也要防止以下两个消极作用:(1)滥用,即绝对的权力必然导致绝对腐败。孟德斯鸠说,一切有权力的人都容易滥用权力,这是万古不易的一条经验。(2)扩张,即如孟德斯鸠所说,有权力的人往往使用权力一直到遇到界限的地方才休止。无论是权力滥用,还是权力扩张,都必然会侵犯人权。

在这一意义上,国家权力又是侵犯人权的重要因素。

依靠人的自律能否防止国家权力的滥用?人类几千年的国家生活经验告诉我们,这是不可能实现的。因此,习近平总书记说,要把权力关进制度的笼子里。

要真正、完全地把权力关进制度的笼子里,正如党的十九大报告所指出的,必须强化不敢腐的震慑,扎牢不能腐的笼子,增强不想腐的自觉,通过不懈努力换来海晏河清、朗朗乾坤。党的十九届四中全会《决定》要求,构建一体推进不敢腐、不能腐、不想腐体制机制。“不敢腐、不能腐、不想腐”3 个笼子共同作用,形成严密的监督制度体系,缺一不可。

所谓不敢腐,即制定严惩贪污腐败行为的制度,包括严厉地追究法律责任和政治责任。不敢腐的制度所解决的主要是在官员贪污腐败之后的惩罚问题,而没有解决如何防止其贪污腐败的问题。因此,不敢腐的制度是必要的,但这一制度“治标而不治本”。

所谓不能腐,是指在人民已知国家权力存在滥用和扩张的危险,也已知依靠掌握国家权力的人的道德自律无法保证杜绝贪污腐败的情况下,面对国家权力和掌握国家权力的人,必然以一种警惕的眼光、预防性的态度,在设计制度时,想尽各种方法、穷尽一切可能,使掌握国家权力的人没有任何机会贪污腐败。不能腐的制度主要是由一个国家的宪法和宪法性法律设计和完成的。法律的功能主要是调整社会成员的行为,而宪法的功能主要是规范国家权力。宪法是由人民制定的,人民在通过宪法规范国家权力时,是以国家权力可能被滥用和扩张这一假设为前提的。贪污腐败主要有两个基本原因:一是高度集权;二是暗箱操作。因此,宪法的基本原则是人民主权原则、国家权力制约和监督原则、法治原则、人权保障原则,即在坚持人民主权的前提下,通过制约和监督国家权力以保障人权。在宪法上绝对不允许任何高度集权,宪法就是与高度集权相对抗的制度安排;在宪法上也绝对不允许任何暗箱操作,除必要者外,任何国家权力的行使必须公开。

所谓不想腐,就是通过对官员的思想教育、道德教育、廉政教育、党性教育，以达到使其在观念上认为贪污腐败是可耻的，最终不想腐的效果。

依据宪法基本原则，宪法和宪法性法律确立的防止国家权力被滥用和扩张的原则及制度，主要是国家权力的授权原则、国家权力分工与监督制度、宪法保留原则、法律保留原则、政府信息公开原则、正当程序原则、财产公开原则、比例原则、税收与财政法定原则、维护公民基本权利（个人权利清单）原则、审判独立原则、合宪性审查制度、合法性审查制度等。

在上述3项反腐败制度中，不能腐的制度是反腐败的根本之道。在已建立不能腐、不想腐制度的前提下，真正能够实施贪污腐败行为的人会大为减少，再辅之以不敢腐的制度，才能彻底解决贪污腐败问题，在反腐败斗争中取得压倒性胜利。

例如，2020年8月11日，天津市第二中级人民法院一审公开开庭审理了中国华融资产管理股份有限公司原董事长赖小民受贿、贪污、重婚一案。天津市人民检察院第二分院起诉指控，2008年至2018年，被告人赖小民索取、非法收受相关单位和个人给予的财物，共计折合人民币17.88亿余元，其中1.04亿余元尚未完成收受。2009年年底至2018年1月，赖小民非法占有公共资金共计人民币2513万余元。天津市第二中级人民法院一审对赖小民以受贿罪判处死刑，剥夺政治权利终身，并处没收个人全部财产。宣判后，赖小民提出上诉。天津市高级人民法院作出驳回上诉、维持原判的裁定，并依法报请最高人民法院核准死刑。2021年1月29日赖小民被执行死刑。在本案中，赖小民在短短的10年间能够受贿如此巨大的数额，其主要原因是手中掌握的权力过于集中，而在制度上又缺乏监督和制约机制。

六、宪法在调整多元利益关系中的重要性

经过经济改革，我国社会由单一利益的社会转变为多元利益的社会。我国社会通过经济体制改革形成了经济形式多元化，经济形式多元

化形成了经济利益多元化,经济利益多元化形成了政治利益多元化,政治利益多元化形成了思想多元化、价值观多元化。可以说,利益多元化是今天我国社会的基本特征。

在承认多元利益合法存在的前提下,必须平等保护、尊重这些多元利益,[1]并建立充分有效的利益表达机制,使不同的利益主体可以通过这些表达机制去反映自己的利益诉求。[2] 在此基础上,通过民主机制和民主程序制定宪法、法律,由宪法、法律以权利义务的形式去界定多元利益各自的边界,即先由宪法、法律将多元利益的权利义务边界固化,再由宪法、法律去调整多元利益之间的关系,因为宪法、法律是多元利益之间的"平衡器"。唯有如此,才能减少社会矛盾和纠纷。党的十八届四中全会《决定》指出,构建对维护群众利益具有重大作用的制度体系,建立健全社会矛盾预警机制、利益表达机制、协商沟通机制、救济救助机制,畅通群众利益协调、权益保障法律渠道。把信访纳入法治化轨道,保障合理合法诉求依照法律规定和程序就能得到合理合法的结果。

利益的外在表现是权利和自由。改革开放本质上就是简政放权,个人和社会,获得了更多的权利和自由。国家、社会、个人三者分离,三者的关系表现为权利义务关系。因此,需要以宪法明确三者之间权利义务的界限,各方必须遵守这一界限。即使是国家在限制社会和个人权利时,也必须具有正当的理由及在合理的限度之内。在处理国家、社会、个

---

〔1〕 党的十八届四中全会《决定》指出,依法保障公民权利,加快完善体现权利公平、机会公平、规则公平的法律制度,保障公民人身权、财产权、基本政治权利等各项权利不受侵犯,保障公民经济、文化、社会等各方面权利得到落实,实现公民权利保障法治化。……必须以保护产权、维护契约、统一市场、平等交换、公平竞争、有效监管为基本导向,完善社会主义市场经济法律制度。健全以公平为核心原则的产权保护制度,加强对各种所有制经济组织和自然人财产权的保护,清理有违公平的法律法规条款。

〔2〕 党的十八届四中全会《决定》指出,健全立法机关和社会公众沟通机制,开展立法协商,充分发挥政协委员、民主党派、工商联、无党派人士、人民团体、社会组织在立法协商中的作用,探索建立有关国家机关、社会团体、专家学者等对立法中涉及的重大利益调整论证咨询机制。拓宽公民有序参与立法途径,健全法律法规规章草案公开征求意见和公众意见采纳情况反馈机制,广泛凝聚社会共识。

人三者关系时,必须以宪法规定的权利义务予以界定。

宪法在制度设计时体现了平等原则,规定了作为公民基本权利的平等权,规定了充分的民意表达机制,规定了民主程序和民主机制,还规定了在“多数决原则”下可能出现的“多数任性”的纠错机制,即合宪性审查制度。可以说,宪法是一个国家和社会不同政治力量对比关系的集中体现,我国宪法就是党和人民意志的高度统一,是全体人民根本利益的集中反映。法律也起着平衡和协调不同利益之间关系的作用和功能,处理因利益之间的冲突而引起的矛盾、纠纷,而归根结底,法律是在宪法总的框架内协调不同利益关系的具体化。

七、宪法在完成新时代中心任务中的重要性

鉴于我国改革开放之前贫困落后的局面,党的十一届三中全会作出了准确的判断,即落后的生产力与人民群众日益增长的物质文化生活需求之间的矛盾是我国社会当时的主要矛盾。改革开放政策所要完成的中心任务是解放生产力、发展经济,集中力量进行社会主义现代化建设。社会主义现代化建设主要是经济方面的现代化。因此,提出了“一个中心,两个基本点”的党的基本路线。

经过40多年的改革开放,中国经济社会取得了举世瞩目的伟大成就,而且是持续性的成就,让整个世界刮目相看。由此,党的十九大报告指出,经过长期努力,中国特色社会主义进入了新时代,这是我国发展新的历史方位。而在进入新时代以后,党和国家的中心任务发生了变化,由单纯发展经济这一个中心任务转变为以下两个中心任务:

(一)在现有经济发展的基础上如何进一步发展经济

我国原有的经济增长模式主要依靠以下几个因素:(1)在强政府下,利用政府强大的动员能力和组织能力,集中力量办大事、难事。(2)人口红利,即极为丰富的劳动力资源和因计划生育政策导致的纯消费性人口的大幅度减少。(3)土地资源。与其他国家不同的是,中国的

土地所有权属于国家和集体,而不属于私人。政府通过出让土地使用权的方式,获得了大量的支撑经济社会发展所需的财政收入。(4)本着“先发展后治理”的原则,通过牺牲自然环境,优先发展经济。(5)牺牲自然资源。(6)通过简政放权,个人和社会获得了更多的权利和自由,激发了勤劳的中国人民的积极性、活力和创造力。(7)作为一个发展中国家,利用发达国家已有的先进技术和资金,借鉴发达国家的先进管理经验。(8)利用成本优势、国际自由贸易规则,产品进入广阔的国际市场。

当前,这些基本因素已经逐渐消减,或者说,我国原有的经济增长模式不具有可持续性。所以,要保持经济的持续增长,需要改变经济增长模式,转型升级,“腾笼换鸟”,由数量型增长转变为质量型增长,而这一切的基本前提是创新。创新是社会永续发展的动力,更是经济发展的永续动力,也是习近平总书记在杭州 G20 峰会上对世界经济发展提出的“中国方案”。然而不容否认的事实是,中国社会的创新能力有待提高,“中国制造”响彻世界,也遍布世界,而中国生产的产品在世界上独占鳌头、首屈一指的为数甚少,绝大多数为技术含量不高的低端产品。正是在这一背景下,党的十九届五中全会《决定》要求,坚持创新在我国现代化建设全局中的核心地位,把科技自立自强作为国家发展的战略支撑,面向世界科技前沿、面向经济主战场、面向国家重大需求、面向人民生命健康,深入实施科教兴国战略、人才强国战略、创新驱动发展战略,完善国家创新体系,加快建设科技强国。要强化国家战略科技力量,提升企业技术创新能力,激发人才创新活力,完善科技创新体制机制。

创新的直观概念当然是技术创新,技术创新的源泉在于社会成员的想象力。因此,技术创新的实质并不在于技术本身,而在于保证技术创新的制度,包括知识产权保护制度、财产权保护制度,尤其要保护公民的权利自由。创新制度的实质在于能够保证创新的理念。保证创新的制度和理念的意义在于,使社会成员有足够的发挥想象力的空间。如若公权力不受限制,社会成员缺乏自由和权利的空间,则技术创新也就成了

“水中月”“镜中花”。因此，以宪法明确公权力的界限，并有效地限制公权力，是技术创新的必由之路。

（二）如何提高尊重和保障人权水平

在经济发展水平相对落后，人民群众物质文化需求得不到满足的情况下，将改革开放的目标定位于“以经济建设为中心”是可以理解的。为了解决人民群众日益增长的物质文化需求与落后的生产力之间的矛盾，一切工作的重心放在解放生产力、发展经济上，是必然的；但当经济发展到一定水平以后，人们自然而然地会提出这样一个问题：发展经济是为了什么？改革开放政策使我国社会取得了令世人瞩目的伟大成就、进步、发展和变化。在原有的基础上，我国的人权状况获得了极大改善，民众的物质生活和精神文化生活水平获得了极大提高，城市和农村的基础设施建设获得了极大改善，民众的自由和权利空间扩大，国家的经济实力大大增强，GDP 已位居世界第二，我国的国际地位获得极大提升，我国的国际话语权明显提高。可以说，改革开放政策的实行，彻底改变了改革开放政策实行之初我国社会的主要矛盾。所有这一切都是不争的事实，也是党的十九大报告提出的我国进入了新时代的基本根据。

新时代我国社会的主要矛盾是人民群众对美好生活的向往与不平衡不充分发展之间的矛盾。“人民群众对美好生活的向往”，在宪法上可以表述为“人权越来越要受到尊重和保障”。改革开放 40 多年来，我国经济社会发展、进步的基本标志就是，人权理论的发展、人权保障制度的发展、人权实践的发展，归根结底是我国人权事业的发展。如何满足人民群众在新时代的这一需求，即如何更好地尊重和保障人权，是新时代的重大命题。宪法的核心价值是尊重和保障人权，只有发挥宪法在新时代的核心作用，才能完成新时代这一中心任务。

八、宪法在制度优化和权利救济中的重要性

如前所述，在改革开放过程中，个人和社会获得了越来越多的权利

和自由。而保障权利和自由的基本方法,或者说,宪法和法律规定权利和自由的模式是,在规定权利自由的同时,赋予个人以当其认为自己的权利自由受到侵害时,有获得救济的权利。这就是所谓的“有权利就必须有救济”“没有救济的权利并不是权利”。

权利救济又可以分为两个相互衔接的层次,即法律救济和宪法救济。所谓法律救济,是指当事人在认为自己的法律权利受到侵害时,向提供法律救济的国家机关提出利益诉求,国家机关依据法律文件作出判断,保护其合法权利。依据公权力的公定力原理,法律在制定以后,虽然存在符合宪法和违反宪法两种可能,但为了维护公共利益和公权力的有效运行,即假定法律是符合宪法的。在当事人并不质疑法律文件的合宪性时,法律即是符合宪法的。法律是宪法的具体化,如果依据法律为当事人的法律权利提供救济,当事人的法律权利获得保障,其宪法权利也就获得了保障,也就无须为当事人的宪法权利单独再提供宪法救济。在我国,法律救济途径包括调解、仲裁、诉讼等,行政诉讼、民事诉讼、刑事诉讼是我国保护当事人法律权利主要的法律救济途径。

只有当事人的正当权利在法律范畴内无法获得救济时,才需要或者必须为当事人提供宪法救济。需要为当事人提供宪法救济主要有两种情形:(1)作为法律救济依据的法律文件的合宪性受到质疑。提供法律救济的国家机关倘若依据存在争议的法律文件为当事人提供救济,那么该法律救济并不彻底,而必须先依据宪法对法律文件是否符合宪法作出判断,再依据这一判断对当事人之间的权利义务纠纷作出裁判。如此,为当事人提供的权利救济才是彻底的。(2)在某一领域立法机关未依据宪法制定法律文件,而争议又属于关于公权力行为的争议。在此种情况下,宪法权利未具体化为法律权利,提供法律救济的国家机关无法在法律范畴内为当事人提供有效的法律救济,而只能由提供宪法救济的国家机关为当事人提供宪法救济。

在新时代,中国特色的社会主义法律体系已经形成。在此背景下,要发挥宪法在法律体系中的核心作用,其蕴含的重要意义之一,是要以宪法为依据和基准判断宪法以下的法律文件是否符合宪法,即通过推进合宪性审查工作,保证每一项立法都符合宪法精神,维护宪法的权威,真正形成以宪法为核心的社会主义法律体系。

如前所述,党的十九届四中全会《决定》的目标是实现国家治理体系和国家治理能力现代化,因而更加注重制度的作用。由此,必然引申出一个基本问题,即制度怎样更加优化?我国社会已进入这样一个阶段:面对复杂、激烈的社会矛盾和问题,必须强化法律救济的功能,与此同时,必须强化宪法救济的功能;没有有效的宪法救济,则无法彻底实现解决社会矛盾、问题的功能,无法形成政通人和的局面,也无法保证社会平稳、健康、可持续发展。如前所述,新时代我国法治建设的一个重大挑战,是实现良法之治。只有强化合法性审查和合宪性审查功能,才能保证制度的进一步优化。其中,最根本的是发挥合宪性审查机制的作用。

宪法救济与制度优化是一体两面的关系。宪法救济就是通过制度优化而达成,制度优化也就实现了宪法救济。法律文件所设计的制度因种种原因可能出现不足,例如,在多数决原则下多数人未能兼顾少数人的正当利益,立法时考虑不周延而出现缺漏,因时势变迁而导致制度需进一步优化等。在这些情况下,通过宪法救济以及时进行制度优化。

1991 年全国人大常委会作出《关于严惩卖淫嫖娼的决定》:"对卖淫、嫖娼的,可以由公安机关会同有关部门强制集中进行法律、道德教育和生产劳动,使之改掉恶习。期限为六个月至二年。具体办法由国务院规定。"根据全国人大常委会的授权,国务院于 1993 年颁发《卖淫嫖娼人员收容教育办法》。

2018 年全国政协第十三届第一次会议期间,有全国政协委员提出提案,建议对收容教育制度进行合宪性审查。2019 年第十三届全国人大第二次会议期间,有 30 名全国人大代表联名提出了关于废止收容教育制度的议案。

2019 年 11 月 27 日,国务院向全国人大常委会提出《关于提请废止收容教育制度的议案》。2019 年 12 月 28 日,第十三届全国人大常委会第十五次会议通过了《全国人民代表大会常务委员会关于废止有关收容教育法律规定和制度的决定》,自2019年12月29日起施行。2020年3月27日,李克强总理签署国务院令,公布《国务院关于修改和废止部分行政法规的决定》,包括《卖淫嫖娼人员收容教育办法》在内的10部行政法规从即日起被废止。

首先,收容教育制度违法。根据《立法法》第8、9条规定,限制人身自由的强制措施和处罚,只能制定法律,不能授权国务院制定行政法规。全国人大《关于严禁卖淫嫖娼的决定》及其第4条对国务院的立法授权不符合《立法法》第8、9条的规定。国务院颁布的《卖淫嫖娼人员收容教育办法》超越了立法法权限。同时,收容教育制度还与《行政处罚法》的规定相抵触。根据《行政处罚法》的规定,国务院的行政处罚不得设定限制人身自由的行政处罚。

其次,收容教育制度违反宪法上的法治原则、人权保障原则。与已被废止的收容遣送制度、劳动教养制度相同,违反正当程序。收容教育由行政机关决定,其程序简单、当事人没有程序性权利,期限过长,处罚过重,违反过罚相当原则。

收容教育制度的废止,充分体现了宪法在权利救济和制度优化方面的特定作用和功能。

第三讲

新时代的宪法发展

2018年3月11日下午3时52分，北京，人民大会堂，《宪法修正案》高票表决通过，如潮的掌声，在万人大礼堂长时间响起。这是我国进入新时代以后，全国人民代表大会第一次以修正案的方式修改现行《宪法》，共通过了21条修正案，按照修正案的排序，此次通过了第32条至第52条修正案，这也是全国人民代表大会第五次以修正案的方式对现行《宪法》进行修改。

一、2018年宪法修改的背景和过程

如前所述，宪法只有不断适应新形势、吸纳新经验、确认新成果、完善宪法所规定的制度，与社会实际保持一致性，才能具有持久生命力，才能实现调整和规范社会生活的功能。从1954年我国第一部《宪法》诞生至今，我国宪法一直处在探索实践和不断完善过程中。1982年《宪法》公布施行后，分别于1988年、1993年、1999年、2004年进行了4次修改。这4次修改顺应了我国改革开放的伟大实践，顺应了我国社会的发展、进步和变化，有力地促进了改革开放和社会主义现代化建设。实践表明，我国宪法是同党团结带领人民进行的实践探索紧密联系在一起的，随着时代进步、党和人民事业发展而不断完善。

从现行《宪法》颁行以来前4次宪法修改间隔的时间看，通常为五、六年修改一次。本次修改自2004年第4次修改时隔14年，相对前4次

修改,本次修改是间隔时间最长的一次。正如王晨副委员长在宪法修正案的说明中指出的,根据新时代坚持和发展中国特色社会主义的新形势新实践,在总体保持我国宪法连续性、稳定性、权威性的基础上,有必要对我国《宪法》作出适当的修改。自 2004 年宪法修改以来,党和国家事业又有了许多重要发展变化。特别是党的十八大以来,以习近平同志为核心的党中央团结带领全国各族人民毫不动摇地坚持和发展中国特色社会主义,统筹推进"五位一体"总体布局、协调推进"四个全面"战略布局,推进党的建设新的伟大工程,形成一系列治国理政新理念新思想新战略,推动党和国家事业取得历史性成就、发生历史性变革,中国特色社会主义进入了新时代。党的十九大在新的历史起点上对新时代坚持和发展中国特色社会主义作出重大战略部署,提出了一系列重大政治论断,确立了习近平新时代中国特色社会主义思想在全党的指导地位,确定了新的奋斗目标,对党和国家事业发展具有重大指导和引领意义。

进入新时代,中国特色社会主义事业发展对修改宪法提出了迫切要求。随着改革开放的全面深入,特别是我国社会进入新时代,宪法的某些具体规定确实已经不适应实际情况,应当及时修改。只有与时俱进,不断完善,才能更好地维护宪法的稳定,更好地维护宪法的尊严和权威。

党的十九届二中全会指出,我国宪法必须随着党领导人民建设中国特色社会主义实践的发展而不断完善发展。这是我国宪法发展的一个显著特点,也是一条基本规律。既保持宪法连续性、稳定性、权威性,又推动宪法与时俱进、完善发展,是我国宪法发展的必由之路。

对宪法进行适当修改,由宪法及时确认党和人民创造的伟大成就和宝贵经验,以更好发挥宪法的规范、引领、推动、保障作用,是实践发展的必然要求,是新时代坚持和发展中国特色社会主义的必然要求。把党和人民在实践中取得的重大理论创新、实践创新、制度创新成果上升为宪法规定,有利于更好发挥宪法在新时代坚持和发展中国特色社会主义中的重大作用，有利于促进全党全国各族人民思想更加统一、行动更加有力，奋发有力地贯彻落实习近平新时代中国特色社会主义思想和党的十九大作出的战略决策和工作部署，共同开创党和国家事业发展新局面。

习近平总书记指出，修改宪法，是党和国家政治生活中的一件大事，是中共中央从新时代坚持和发展中国特色社会主义的全局和战略高度作出的重大政治决策，也是推进全面依法治国、推进国家治理体系和治理能力现代化的重大举措。

党中央决定对宪法进行适当修改，是经过反复考虑、综合方方面面情况作出的，既顺应党和人民事业发展要求，又遵循宪法法律发展规律，是事业所需、人心所向。我们要从政治上、大局上、战略上充分认识这次宪法修改是事关全局的重大政治活动和重大立法活动，是党中央从新时代坚持和发展中国特色社会主义全局和战略高度作出的重大决策，也是推进全面依法治国、推进国家治理体系和治理能力现代化的重大举措。在党中央集中统一领导下，在广察民情、广纳民意、广聚民智的基础上，把党的十九大确定的重大理论观点和重大方针政策特别是习近平新时代中国特色社会主义思想载入国家根本法，体现党和国家事业发展的新成就、新经验、新要求，在保持连续性、稳定性、权威性的基础上推动我国宪法又一次与时俱进，必将为新时代坚持和发展中国特色社会主义提供有力宪法保障，更好地凝聚起全党全国各族人民的意志和力量，为实现“两个一百年”奋斗目标和中华民族伟大复兴的中国梦而不懈奋斗。

2017 年 10 月，党的十九大在新的历史起点上对新时代坚持和发展中国特色社会主义作出重大战略部署，提出了一系列重大政治论断，确立了习近平新时代中国特色社会主义思想在全党的指导地位，确定了新的奋斗目标，对党和国家事业发展具有重大指导和引领意义。

在党的十九大文件起草和形成过程中，在全党全国上下学习贯彻党的十九大精神过程中，许多地方、部门和单位都提出，应该对我国现行

《宪法》作出必要的修改完善,把党和人民在实践中取得的重大理论创新、实践创新、制度创新成果通过国家根本法确认下来,使之成为全国各族人民的共同遵循,成为国家各项事业、各方面工作的活动准则。

2017 年 9 月 29 日,习近平总书记主持召开中央政治局会议,决定启动宪法修改工作,成立宪法修改小组。宪法修改小组由张德江任组长,王沪宁、栗战书任副组长。

2017 年 11 月 13 日,党中央发出征求对修改《宪法》部分内容意见的通知,请各地区各部门各方面在精心组织讨论、广泛听取意见的基础上提出宪法修改建议。

《中共中央关于修改宪法部分内容的建议》起草和完善期间,习近平总书记多次主持中央政治局常委会会议、中央政治局会议,审议草案稿,为下一阶段工作提出要求、指明方向。

2017 年 12 月 12 日,中共中央办公厅发出通知,就党中央修宪建议草案稿下发党内一定范围征求意见。各地区、各部门、各方面反馈书面报告 118 份,共提出修改意见 230 条。

2017 年 12 月 15 日,习近平总书记主持召开党外人士座谈会,当面听取各民主党派中央、全国工商联负责人和无党派人士代表的意见和建议。党外人士提交了书面发言稿 10 份。座谈会上,习近平总书记强调,宪法是人民的宪法,宪法修改要广察民情、广纳民意、广聚民智,充分体现人民的意志。

宪法修改小组举行了 13 次工作班子会议、4 次全体会议,对各方面意见和建议汇总梳理、逐一研究。

从各方面提出的数千条建议到党中央的 21 条修宪建议,党中央慎之又慎,坚持对宪法作部分修改、不作大改,确保宪法的连续性、稳定性、权威性。

2018 年 1 月 2 日至 3 日,根据党中央安排,张德江主持召开 4 场座谈会,分别听取中央和国家机关有关部门党委(党组)负责同志、智库和专家学者、各省区市人大常委会党组负责同志对党中央修宪建议草案稿的意见和建议。与会同志提交书面材料 52 份。

2018 年 1 月 18 日至 19 日，党的十九届二中全会期间，党中央修宪建议草案在充分吸收与会同志的意见和建议，并作进一步修改完善后获得通过。用一次中央全会专门讨论宪法修改问题，这在我们党的历史上还是第一次，充分表明以习近平同志为核心的党中央对宪法修改的高度重视，对依法治国、依宪治国的高度重视。

2018 年 1 月 26 日，中共中央向全国人大常委会提出中国共产党中央委员会《关于修改宪法部分内容的建议》。

2018 年 1 月 29 日至 30 日，第十二届全国人民代表大会常务委员会召开第三十二次会议，中共中央政治局常委、宪法修改小组副组长栗战书受中共中央委托，就党中央修宪建议向全国人民代表大会常务委员会作了说明。会议讨论了党中央修宪建议，全票通过了全国人民代表大会常务委员会《关于提请审议宪法修正案草案的议案》和《宪法修正案（草案）》，决定提请第十三届全国人民代表大会第一次会议审议。

2018 年 2 月 24 日，中央政治局就我国宪法和推进全面依法治国举行第四次集体学习。习近平总书记强调，要坚持党的领导、人民当家作主、依法治国有机统一，加强宪法实施和监督，把国家各项事业和各项工作全面纳入依法治国、依宪治国的轨道，把实施宪法提高到新的水平。

2018 年 3 月 5 日上午，一本本《宪法修正案（草案）》，整齐地摆放在出席第十三届全国人民代表大会第一次会议的每一名全国人民代表大会代表座席前。第十二届全国人民代表大会常务委员会副委员长兼秘书长王晨向大会作关于《宪法修正案（草案）》的说明。

为了加强人大在推进宪法实施中的作用，党的十九届三中全会提出，将全国人民代表大会法律委员会更名为全国人民代表大会宪法和法律委员会。根据党的十九届三中全会的决定，全国人民代表大会会议把这项内容纳入了《宪法修正案》。

肩负全国各族人民的重托,行使宪法、法律赋予的神圣职权,代表们对《宪法修正案(草案)》进行了全面而细致的审议。出席中国人民政治协商会议第十三届全国委员会第一次会议的全国政治协商会议委员,也围绕《宪法修正案(草案)》展开了热烈讨论。大家一致表示,坚决拥护党中央关于宪法修改的决策部署,一致赞同党中央确定的这次宪法修改的总体要求、原则和《宪法修正案(草案)》的各项内容,一致认为《宪法修正案(草案)》已经成熟,建议本次会议审议通过。有些代表也提出了一些修改意见,大会秘书处对每一条意见和建议都作了认真研究并作出回应。

我国现行《宪法》第 64 条规定,宪法的修改,由全国人民代表大会常务委员会或者 1/5 以上的全国人民代表大会代表提议,并由全国人民代表大会以全体代表的 2/3 以上的多数通过。此次宪法修改,全国人民代表大会代表共计 2970 票,2 票反对,3 票弃权,以高票表决通过,完全符合宪法规定的通过程序。

二、2018 年宪法修改的总体要求和基本原则

党中央确定的这次宪法修改的总体要求是,高举中国特色社会主义伟大旗帜,全面贯彻党的十九大精神,坚持以马克思列宁主义、毛泽东思想、邓小平理论、“三个代表”重要思想、科学发展观、习近平新时代中国特色社会主义思想为指导,坚持党的领导、人民当家作主、依法治国有机统一,把党的十九大确定的重大理论观点和重大方针政策特别是习近平新时代中国特色社会主义思想载入国家根本法,体现党和国家事业发展的新成就、新经验、新要求,在总体保持我国宪法连续性、稳定性、权威性的基础上推动宪法与时俱进、完善发展,为新时代坚持和发展中国特色社会主义、实现“两个一百年”奋斗目标和中华民族伟大复兴的中国梦提供有力的宪法保障。

为了贯彻和体现上述总体要求,这次宪法修改遵循了以下原则:

一是坚持党对宪法修改的领导。习近平总书记指出,修改宪法,是

事关全局的重大政治活动和重大立法活动，必须在中共中央集中统一领导下进行，坚持党的领导、人民当家作主、依法治国有机统一，坚定中国特色社会主义道路自信、理论自信、制度自信、文化自信，坚定不移走中国特色社会主义政治发展道路和中国特色社会主义法治道路，确保修宪工作正确政治方向。

我国历次宪法修改，都是由中共中央作出修改宪法的决定，并成立宪法修改小组，中共中央在广泛征求党内外、各界、各级意见的基础上，形成宪法修改建议草案。此次特别召开党的十九届二中全会专门讨论宪法修改建议，形成《中共中央关于修改宪法部分内容的建议（草案）》。党的十九届三中全会又采纳了关于将全国人民代表大会法律委员会更名为全国人民代表大会宪法和法律委员会的建议，纳入正式的《宪法修正案（草案）》中。

二是严格依法按程序推进宪法修改。根据《宪法》第 64 条的规定，宪法修正案的提出主体为全国人民代表大会常务委员会或者全国人民代表大会 1/5 以上的代表。在党中央领导下，通过历次宪法修改实践，已经形成了符合宪法精神、行之有效的修宪工作程序和机制。先形成《中共中央关于修改宪法部分内容的建议（草案）》，经党中央全会审议和通过；再由全国人民代表大会常务委员会依法形成《宪法修正案（草案）》，并提请全国人民代表大会会议审议和通过。

1993 年 2 月 14 日，中共中央向第七届全国人民代表大会常务委员会提出了修宪建议，全国人民代表大会常务委员会讨论后接受该建议，并形成了《宪法修正案（草案）》，提请全国人民代表大会第一次会议审议。在第七届全国人民代表大会常务委员会讨论修宪建议的过程中，中共中央综合了各方面所提出的意见，于 1993 年 3 月提出了《关于修改宪法部分内容的补充建议》。由于第八届全国人民代表大会已经召开，中共中央起初直接将补充建议向会议主席团提交。但是有的代表提出异议，认为中共中央的直接提交行为不符合宪法规定。因此，上述补充建议由北京市等 32 个代表团的 2383 名代表签名，以代表提案的方式，向第八届全国人民代表大会第一次会议提交。全国人民代表大会主席团将该补充议案与全国人民代表大会常务委员会的议案合并,形成了一份修宪提案,交付会议表决。

三是充分发扬民主,广泛凝聚共识。宪法修改关系全局,影响广泛而深远,既要适应党和人民事业发展要求,又要遵循宪法法律发展规律。做好宪法修改工作,必须贯彻科学立法、民主立法、依法立法的要求,充分发扬民主,广泛凝聚共识,注重从政治上、大局上、战略上分析问题,注重从宪法发展的客观规律和内在要求上思考问题。如前所述,此次宪法修改,中共中央顺应民心决定进行修改;在广泛征求各方面意见的基础上形成修改建议;在不同范围内,广泛征求对修改建议的意见;专门召开党的十九届二中全会,广泛讨论对宪法修改建议的意见,最终形成中共中央正式的宪法修改的建议;党的十九届三中全会在听取意见的基础上,又增加了关于全国人民代表大会宪法和法律委员会的修改条款;即使对没有接受的宪法修改建议,也一一进行研究,作出答复。

四是坚持对宪法作部分修改、不作大改。实践证明,我国现行《宪法》是一部好宪法,基本符合我国社会发展的需要。因此,对各方面普遍要求修改、实践证明成熟、具有广泛共识、需要在宪法上予以体现和规范、非改不可的内容,进行了必要的、适当的修改;对不成熟、有争议、有待进一步研究的内容,不作修改;对可改可不改、可以通过有关法律或者宪法解释予以明确的内容,原则上不作修改,保持宪法的连续性、稳定性、权威性。

现行《宪法》颁行以来的前 4 次修改坚持的原则之一,都是在保持宪法稳定性的前提下发展宪法。坚持这一原则的基本前提是,现行《宪法》是一部符合我国社会实际的好宪法,没有必要进行全面修改。贯彻这一原则的基本方法:一是采用修正案的方式修改宪法。这一修改方式既可以保证宪法的稳定性,又可以根据实际需要适当发展宪法。二是小改。即对成熟的部分进行修改,对于不太成熟的部分暂时不作修改。例如,对于公民基本权利部分的内容是否需要修改,修改哪些条款,学者进行了比较多的讨论,提出了一些建议,但也存在一些争议。因此,此次修改没有涉及这一部分的条款。

三、2018年《宪法修正案》的主要内容

(一)关于习近平新时代中国特色社会主义思想

《宪法》序言第7自然段中"在马克思列宁主义、毛泽东思想、邓小平理论和'三个代表'重要思想指引下"修改为"在马克思列宁主义、毛泽东思想、邓小平理论、'三个代表'重要思想、科学发展观、习近平新时代中国特色社会主义思想指引下"。

笔者认为,这一修改主要有以下三个原因:

第一,基于"科学发展观"特别是"习近平新时代中国特色社会主义思想"的重要地位。增加"科学发展观、习近平新时代中国特色社会主义思想",将其与"马克思列宁主义、毛泽东思想、邓小平理论、'三个代表'重要思想"并列作为国家政治和社会生活的指导思想,固化理论成果,确立指导地位,反映了全国各族人民的共同意愿,体现了党的主张和人民意志的统一,明确了全党全国人民为实现中华民族伟大复兴而奋斗的共同思想基础,意义深远。

科学发展观是党的十六大以来以胡锦涛同志为主要代表的中国共产党人推进马克思主义中国化的重大成果,党的十八大《中国共产党党章(修正案)》已经将其确立为党的指导思想。

党的十九大明确提出:经过长期努力,中国特色社会主义进入了新时代,这是我国发展新的历史方位。中国特色社会主义进入新时代,意味着近代以来久经磨难的中华民族迎来了从站起来、富起来到强起来的伟大飞跃,迎来了实现中华民族伟大复兴的光明前景;意味着科学社会主义在21世纪的中国焕发出强大生机活力,在世界上高高举起了中国特色社会主义伟大旗帜;意味着中国特色社会主义道路、理论、制度、文化不断发展,拓展了发展中国家走向现代化的途径,给世界上那些既希望加快发展又希望保持自身独立性的国家和民族提供了全新选择,为解

决人类问题贡献了中国智慧和中国方案。

习近平新时代中国特色社会主义思想,是中国特色社会主义进入新时代的最新理论成果,是开启新征程的指导思想和行动指南。党的十八大以来,中国共产党坚持以马克思列宁主义、毛泽东思想、邓小平理论、“三个代表”重要思想、科学发展观为指导,坚持解放思想、实事求是、与时俱进、求真务实,坚持辩证唯物主义和历史唯物主义,紧密结合新的时代条件和实践要求,以全新的视野深化对共产党执政规律、社会主义建设规律、人类社会发展规律的认识,进行艰辛理论探索,取得重大理论创新成果,形成了习近平新时代中国特色社会主义思想。这一重大思想的核心要义,就是坚持和发展中国特色社会主义,具体体现在它从理论和实践结合上系统回答了新时代坚持和发展什么样的中国特色社会主义、怎样坚持和发展中国特色社会主义这个重大时代课题,回答了新时代坚持和发展中国特色社会主义的总目标、总任务、总体布局、战略布局和发展方向、发展方式、发展动力、战略步骤、外部条件、政治保证等基本问题,并且根据新的实践对经济、政治、法治、科技、文化、教育、民生、民族、宗教、社会、生态文明、国家安全、国防和军队、“一国两制”和祖国统一、统一战线、外交、党的建设等各方面作出理论分析和政策指导,为更好坚持和发展中国特色社会主义提供了思想武器和行动指南。

习近平新时代中国特色社会主义思想内容十分丰富,涵盖改革发展稳定、内政外交国防、治党治国治军等各个领域、各个方面,构成了一个系统完整、逻辑严密、相互贯通的思想理论体系。党的十九大报告用“八个明确”概括了这一重大思想的主要创新观点。明确坚持和发展中国特色社会主义,总任务是实现社会主义现代化和中华民族伟大复兴,在全面建成小康社会的基础上,分两步走,在21世纪中叶建成富强民主文明和谐美丽的社会主义现代化强国。明确新时代我国社会主要矛盾是人民日益增长的美好生活需要和不平衡不充分的发展之间的矛盾,必须坚持以人民为中心的发展思想,不断促进人的全面发展、全体人民共同富裕。明确中国特色社会主义事业总体布局是“五位一体”、战略布局是“四个全面”,强调坚定道路自信、理论自信、制度自信、文化自信。明确全面深化改革总目标是完善和发展中国特色社会主义制度、推进国家治理体系和治理能力现代化。明确全面推进依法治国总目标是建设中国特色社会主义法治体系、建设社会主义法治国家。明确党在新时代的强军目标是建设一支听党指挥、能打胜仗、作风优良的人民军队,把人民军队建设成为世界一流军队。明确中国特色大国外交要推动构建新型国际关系,推动构建人类命运共同体。明确中国特色社会主义最本质的特征是中国共产党领导,中国特色社会主义制度的最大优势是中国共产党领导,党是最高政治领导力量,提出新时代党的建设总要求,突出政治建设在党的建设中的重要地位。

为贯彻落实习近平新时代中国特色社会主义思想,党的十九大报告提出新时代坚持和发展中国特色社会主义的 14 条基本方略:(1)坚持党对一切工作的领导。党政军民学,东西南北中,党是领导一切的。(2)坚持以人民为中心。人民是历史的创造者,是决定党和国家前途命运的根本力量。(3)坚持全面深化改革。只有社会主义才能救中国,只有改革开放才能发展中国、发展社会主义、发展马克思主义。(4)坚持新发展理念。发展是解决我国一切问题的基础和关键,发展必须是科学发展,必须坚定不移贯彻创新、协调、绿色、开放、共享的发展理念。(5)坚持人民当家作主。坚持党的领导、人民当家作主、依法治国有机统一是社会主义政治发展的必然要求。(6)坚持全面依法治国。全面依法治国是中国特色社会主义的本质要求和重要保障。(7)坚持社会主义核心价值体系。(8)坚持在发展中保障和改善民生。(9)坚持人与自然和谐共生。(10)坚持总体国家安全观。完善国家安全制度体系,加强国家安全能力建设,坚决维护国家主权、安全、发展利益。(11)坚持党对人民军队的绝对领导。建设一支听党指挥、能打胜仗、作风优良的人民军队,是实现“两个一百年”奋斗目标、实现中华民族伟大复兴的战略支撑。(12)坚持“一国两制”和推进祖国统一。(13)坚持推动构建人类命运共同体。(14)坚持全面从严治党。

习近平新时代中国特色社会主义思想,是对马克思列宁主义、毛泽东思想、邓小平理论、“三个代表”重要思想、科学发展观的继承和发展,是马克思主义中国化的最新成果,是党和人民实践经验和集体智慧的结晶,是中国特色社会主义理论体系的重要组成部分,是全党全国人民为实现中华民族伟大复兴而奋斗的行动指南,必须长期坚持并不断发展。这一重大思想开辟了马克思主义新境界、中国特色社会主义新境界、党治国理政新境界、管党治党新境界,使马克思主义中国化实现了一次新的飞跃、达到了一个新的起点。

第二,符合社会主义宪法和我国宪法的传统做法。受经济、政治、文化和历史传统等因素的影响,世界各国宪法对其指导思想的规定也各不相同。有的国家在宪法文本中虽然没有明确规定指导思想,但是其宪法的制定、修改和实施过程中都体现了一定的指导思想。例如,美国1787年《宪法》和法国1793年、1848年《宪法》都以资产阶级启蒙思想作为基本指导思想;一些亚洲、非洲国家以某种民族主义理念作为宪法指导思想,也有一些中东、中亚国家甚至直接将宗教教义规定为宪法指导思想。

社会主义国家普遍重视宪法指导思想问题,一般在宪法文本中直接阐明马克思列宁主义在国家、社会生活中的指导地位。1968年德意志民主共和国《宪法》第1条明确指出:德意志民主共和国是德意志民族的社会主义国家。它是工人阶级及其马列主义政党领导下的共同实现社会主义的城乡劳动人民的政治组织。1976年阿尔巴尼亚《宪法》第3条规定:阿尔巴尼亚社会主义人民共和国的指导思想是马克思列宁主义。整个社会主义制度是在马克思列宁主义原则基础上发展的。1977年苏联《宪法》第6条规定:用马克思列宁主义学说武装起来的苏联共产党规定社会发展的总的前景,规定苏联的内外政策路线,领导苏联人民进行伟大的创造性活动,使苏联人民争取共产主义胜利的斗争具有计划性,并有科学根据。1992年越南《宪法》序言规定:在向社会主义转变的时期,在马克思列宁主义和胡志明思想的指导下。

我国宪法始终是在马克思主义指导下制定、修改和实施的。1949

年起临时宪法作用的《共同纲领》和1954年新中国第一部《宪法》，其法理基础和指导思想是马克思列宁主义、毛泽东思想，制定后的实施也是在马克思列宁主义、毛泽东思想指导下进行的。由于当时的特殊背景和其他具体原因，两部重要法律文献的文本中并没有写明宪法的指导思想。1975年《宪法》写入了马克思主义、列宁主义、毛泽东思想。1978年《宪法》在“序言”中对马克思主义、列宁主义、毛泽东思想的指导地位作了具体表述。改革开放以后颁布的1982年《宪法》，在序言中强调必须坚持四项基本原则，写入并深刻阐明了马克思主义、列宁主义、毛泽东思想在国家和社会生活中的指导地位。

根据时代和实践发展的要求，1982年《宪法》的3次修正案，推动和实现了宪法指导思想的与时俱进。1999年3月，第九届全国人民代表大会第二次会议通过的《宪法修正案》第12条，将邓小平理论作为指导思想载入宪法，确立了马克思列宁主义、毛泽东思想和邓小平理论在国家和社会生活中的指导思想地位。2004年3月，第十届全国人民代表大会第二次会议通过的《宪法修正案》第18条，把“三个代表”重要思想写入宪法，使之同马克思列宁主义、毛泽东思想、邓小平理论一道被确立为国家和社会生活中的指导思想。

此次宪法修改，是在原有宪法关于指导思想规定的基础上，把科学发展观和习近平新时代中国特色社会主义思想增加为宪法的指导思想，承续了社会主义国家和我国宪法的传统做法，使之成为新时代的国家意志和宪法指导思想，进一步丰富和发展了宪法指导思想的科学内涵和时代精神。

第三，将习近平新时代中国特色社会主义思想载入宪法具有重大的法律意义。党的十九大通过修改党章，已经将习近平新时代中国特色社会主义思想作为全党的指导思想载入党章，此次宪法修改将其作为宪法的指导思想载入宪法。由于中国共产党的性质及其在国家生活中的全面领导作用和长期执政地位，我国宪法指导思想与党的指导思想有着密切联系。

我国宪法集中体现了党的基本理论、基本路线、基本方略,将以马克思主义为指导的社会主义意识形态从思想观念层面落实到国家根本制度和宪法规范中,以国家根本法的形式明确了党的指导思想作为国家根本指导思想的地位。从改革开放以来我国几次修宪的实践来看,党的指导思想的与时俱进,有力地推动了宪法指导思想的与时俱进。这是因为,党的主张来源于人民意愿,党的宗旨是为人民服务,党的宗旨、人民利益和国家意志在根本上是一致的。党的指导思想和执政理念成为宪法制定和修改的指导思想,反映了中国最广大人民的根本利益,体现了党和人民的共同意志。党的指导思想通过国家制宪修宪原则和程序,将党的主张和人民意志转化为国家根本意志,表现为宪法指导思想。从这个意义上讲,党的指导思想和宪法指导思想在本质上是一致的。

党的指导思想与宪法指导思想也有区别。党的指导思想只有通过国家法定程序上升为宪法指导思想,才能成为具有最高法律效力的国家指导思想,成为制定和修改宪法、贯彻实施宪法的根本理论依据。而宪法指导思想既要集中体现党的指导思想,同时作为国家根本法的指导思想和核心组成部分,又要体现国家根本意志,成为国家和社会生活的行动指南。宪法指导思想适用于一切国家机关和武装力量、各政党和各社会团体、各企业事业组织,任何政党、团体和组织都必须遵循和维护宪法指导思想。

把习近平新时代中国特色社会主义思想载入宪法,明确了习近平新时代中国特色社会主义思想在国家政治和社会生活中的指导地位。习近平新时代中国特色社会主义思想是马克思主义中国化的最新成果,是党和人民实践经验和集体智慧的结晶,是党的十八大以来党和国家事业取得历史性成就、发生历史性变革的根本的理论指引,具有重大的政治意义、理论意义、实践意义。马克思列宁主义、毛泽东思想、邓小平理论、“三个代表”重要思想、科学发展观、习近平新时代中国特色社会主义思想,共同构成我国现行《宪法》的思想原则和理论基础,是现行《宪法》制定、修改和实施的指导思想。

把习近平新时代中国特色社会主义思想载入宪法,把党的指导思想转化为国家指导思想,以国家根本法的形式确立习近平新时代中国特色社会主义思想在国家政治和社会生活中的指导地位,是党和国家事业发展的迫切需要,也是我国宪法完善发展的内在要求。把习近平新时代中国特色社会主义思想载入宪法,进一步明确新时代国家发展的根本任务、奋斗目标、战略步骤,有利于更好地团结激励全党全国各族人民为实现中华民族伟大复兴的中国梦而奋斗;进一步明确坚持党对一切工作的领导这一最高政治原则,有利于巩固党的执政地位和执政基础、为国家发展和民族振兴提供坚强政治保证。习近平新时代中国特色社会主义思想是马克思主义中国化最新成果,是党和人民实践经验和集体智慧的结晶,是中国特色社会主义理论体系的重要组成部分,是全党全国人民为实现中华民族伟大复兴而奋斗的行动指南,是党的十八大以来党和国家事业取得历史性成就、发生历史性变革的根本理论指引,其政治意义、理论意义、实践意义已被实践充分证明,在全党全国各族人民中已经达成高度共识。

(二)关于习近平新时代中国特色社会主义思想的科学内涵

习近平新时代中国特色社会主义思想最重要、最核心的是其科学内涵,贯彻落实习近平新时代中国特色社会主义思想的关键是实施这一思想的科学内涵。此次宪法修改,将指导新时代的这一思想的科学内涵载入了作为国家根本法的宪法中。

《宪法》序言第 7 自然段在"自力更生,艰苦奋斗"前增写"贯彻新发展理念"。"创新、协调、绿色、开放、共享"的新发展理念是党的十八大以来以习近平同志为核心的党中央推动我国经济发展实践的理论结晶,是习近平新时代中国特色社会主义经济思想的主要内容,把"新发展理念"写入宪法,既能确认这一重要理论成果,又能更好地发挥新发展理念在决胜全面小康、建设社会主义现代化强国征程中的重要指导作用。

《宪法》序言第7自然段“推动物质文明、政治文明和精神文明协调发展,把我国建设成为富强、民主、文明的社会主义国家”修改为“推动物质文明、政治文明、精神文明、社会文明、生态文明协调发展,把我国建设成为富强民主文明和谐美丽的社会主义现代化强国,实现中华民族伟大复兴”,在《宪法》第89条增加“生态文明建设”相关内容。形成了“经济建设、政治建设、文化建设、社会建设、生态文明建设”“五位一体”的总体布局,这是党对社会主义建设规律认识的深化,是对中国特色社会主义事业总体布局的丰富和完善。

把我国建设成为富强、民主、文明、和谐、美丽的社会主义现代化强国,实现中华民族伟大复兴,是党的十九大确立的奋斗目标。作这样的宪法修改,在表述上与党的十九大报告相一致,有利于引领全党全国各族人民把握规律、科学布局,在新时代不断开创党和国家事业发展新局面,齐心协力为实现“两个一百年”奋斗目标、实现中华民族伟大复兴的中国梦而不懈奋斗。

《宪法》序言的修改,充实了以下三大方面的内容:

一是充实我国革命和建设发展历程的内容。《宪法修正案》将《宪法》序言第10自然段中“在长期的革命和建设过程中”修改为“在长期的革命、建设、改革过程中”;将《宪法》序言第12自然段中“中国革命和建设的成就是同世界人民的支持分不开的”修改为“中国革命、建设、改革的成就是同世界人民的支持分不开的”。作这些修改,党和人民团结奋斗的光辉历程就更加完整。

二是充实爱国统一战线和民族关系的内容。《宪法修正案》将《宪法》序言第10自然段中“包括全体社会主义劳动者、社会主义事业的建设者、拥护社会主义的爱国者和拥护祖国统一的爱国者的广泛的爱国统一战线”修改为“包括全体社会主义劳动者、社会主义事业的建设者、拥护社会主义的爱国者、拥护祖国统一和致力于中华民族伟大复兴的爱国者的广泛的爱国统一战线”。主要考虑是基于实现中华民族伟大复兴的中国梦已经成为团结海内外中华儿女的最大公约数。实现中国梦,需要凝聚各方面的力量共同奋斗。只有把全体社会主义劳动者、社会主义事业的建设者、拥护社会主义的爱国者、拥护祖国统一和致力于中华民族伟大复兴的爱国者都团结起来、凝聚起来,实现中国梦才能获得强大持久广泛的力量支持。将《宪法》序言第 11 自然段中“平等、团结、互助的社会主义民族关系已经确立,并将继续加强”修改为“平等团结互助和谐的社会主义民族关系已经确立,并将继续加强”。与此相适应,将《宪法》第 1 章“总纲”第 4 条第 1 款中“国家保障各少数民族的合法的权利和利益,维护和发展各民族的平等、团结、互助关系”修改为“国家保障各少数民族的合法的权利和利益,维护和发展各民族的平等团结互助和谐关系”。主要考虑是基于巩固和发展平等团结互助和谐的社会主义民族关系,是党的十八大以来以习近平同志为核心的党中央反复强调的一个重要思想。作这样的修改,有利于铸牢中华民族共同体意识,加强各民族交往交流交融,促进各民族和睦相处、和衷共济、和谐发展。

三是充实和平外交政策方面的内容。《宪法修正案(草案)》在《宪法》序言第 12 自然段中“中国坚持独立自主的对外政策,坚持互相尊重主权和领土完整、互不侵犯、互不干涉内政、平等互利、和平共处的五项原则”后增加“坚持和平发展道路,坚持互利共赢开放战略”;将“发展同各国的外交关系和经济、文化的交流”修改为“发展同各国的外交关系和经济、文化交流,推动构建人类命运共同体”。作这样的修改,有利于正确把握国际形势的深刻变化,顺应和平、发展、合作、共赢的时代潮流,统筹国内国际两个大局、统筹发展安全两件大事,为我国发展拓展广阔的空间、营造良好的外部环境,为维护世界和平、促进共同发展作出更大贡献。

(三)关于健全社会主义法治

《宪法》序言第 7 自然段中“健全社会主义法制”修改为“健全社会主义法治”。实现了党依法治国理念和方式的新飞跃,有利于推进全面依法治国,建设中国特色社会主义法治体系,加快实现国家治理体系和治理能力现代化,为党和国家事业发展提供根本性、全局性、稳定性、长期性的制度保障。

作出这样的修改,笔者认为主要有以下 3 个原因:

第一,新时代法治建设的新挑战是实现规则之治和良法之治。法治可以分为 3 个层次:第一个层次是通过制宪机关的制宪活动和立法机关的立法活动,形成具有实施基础的宪法和法律体系;第二个层次是国家机关在行使职权时严格依据宪法和法律、遵照宪法和法律的规定,保证宪法和法律至上,即实现规则之治;第三个层次是法律的规定应当具有正当性和合理性,即实现良法之治。

就上述法治的第一个层次的任务而言,中国法治建设已经基本完成。2008 年发布的《中国的法治建设》白皮书从 8 个方面描述了中国的法治建设状况,包括建设社会主义法治国家的历史进程、中国特色的立法体制和法律体系、尊重和保障人权的法律制度、规范市场经济秩序的法律制度、依法行政与建设法治政府、司法制度与公正司法、普法和法学教育、法治建设的国际交流与合作。

《中国的法治建设》白皮书对中国法治建设不同阶段的工作进行了详细的回顾。在中国共产党的领导下,中国人民经过革命、建设、改革和发展,逐步走上了建设社会主义法治国家的道路。1949 年中华人民共和国的成立,开启了中国法治建设的新纪元。20 世纪 70 年代末,中国共产党总结历史经验,特别是吸取"文化大革命"的惨痛教训,作出把国家工作中心转移到社会主义现代化建设上来的重大决策,实行改革开放政策,并明确了一定要靠法制治理国家的原则。20 世纪 90 年代,中国开始全面推进社会主义市场经济建设,由此进一步奠定了法治建设的经济基础,也对法治建设提出了更高要求。1997 年召开的中国共产党第十五次全国代表大会,将"依法治国"确立为治国基本方略,将"建设社会主义法治国家"确定为社会主义现代化的重要目标,并提出了建设中国特色社会主义法律体系的重大任务。1999 年,将"中华人民共和国实行依法治国,建设社会主义法治国家”载入宪法,中国的法治建设揭开了新篇章。进入21世纪,中国的法治建设继续向前推进。2002年召开的中国共产党第十六次全国代表大会,将社会主义民主更加完善,社会主义法制更加完备,依法治国基本方略得到全面落实,作为全面建设小康社会的重要目标。2004年,将“国家尊重和保障人权”载入宪法。2007年召开的中国共产党第十七次全国代表大会,明确提出全面落实依法治国基本方略,加快建设社会主义法治国家,并对加强社会主义法治建设作出了全面部署。

中华人民共和国成立70多年来,特别是改革开放40多年来,在建设中国特色社会主义的伟大实践中,中国的法治建设取得了巨大成就。

《中国的法治建设》白皮书指出,经过多年不懈的努力,以宪法为核心的中国特色社会主义法律体系基本形成。当代中国的法律体系,部门齐全、层次分明、结构协调、体例科学,主要由7个法律部门和3个不同层级的法律规范构成。7个法律部门是宪法及宪法相关法、民法商法、行政法、经济法、社会法、刑法、诉讼与非诉讼程序法。3个不同层级的法律规范是法律,行政法规,地方性法规、自治条例和单行条例。据最新资料,《立法法》修改后,地方有立法权的立法主体有353个,法律273部,行政法规近800部,地方性法规有11,000余部,部门规章有2700余部,地方政府规章有10,000部左右,还有司法解释3000多件(含司法解释性质文件),有法可依问题在我国基本上已经解决了。

在法治的上述3个层次中,“法制”主要指的是第一个层次,即制度建设,其不能包含法治的第二个层次和第三个层次。我国新时代法治建设的主要任务是完成法治后两个层次的任务,即重点保证规则之治和良法之治的实现。实现国家治理现代化和全面推进依法治国都在于完成这两大任务,因此,必须将“法制”改为“法治”。也正因如此,党的十八届四中全会《决定》把长期以来坚持的我国法制建设的基本原则,由“有法可依、有法必依、执法必严、违法必究”改为“科学立法、严格执法、公正司法、全民守法”。

第二,为了保持宪法文本表述的一致性。1999 年《宪法修正案》将“中华人民共和国实行依法治国,建设社会主义法治国家”载入宪法。在同一个宪法文本之中,表述同一个含义的概念应当保持统一性。

第三,为了贯彻落实党中央关于法治建设的部署。党的十一届三中全会以后,在很长一段时间里,党中央的文件提到的是“发扬社会主义民主,加强社会主义法制建设”,从 20 世纪 90 年代,党中央的文件开始提出“社会主义法治”。特别是党的十五大报告把依法治国、建设社会主义法治国家,确定为党领导人民治理国家的基本方略。党的十八大以来,党中央一直要求领导干部按照“法治思维”“法治方式”,而不是“法制思维”处理问题。习近平总书记要求领导干部谋划工作要运用法治思维,处理问题要运用法治方式,说话做事要先考虑一下是不是合法。领导干部要牢记法律红线不可逾越、法律底线不可触碰,带头遵守法律、执行法律,带头营造办事依法、遇事找法、解决问题用法、化解矛盾靠法的法治环境。领导干部要把对法治的尊崇、对法律的敬畏转化成思维方式和行为方式,做到在法治之下而不是法治之外,更不是法治之上想问题、作决策、办事情。

党的十八届四中全会《决定》中普遍使用的是“法治”。建设中国特色社会主义法治体系,建设社会主义法治国家;在中国共产党领导下,坚持中国特色社会主义制度,贯彻中国特色社会主义法治理论;形成完备的法律规范体系、高效的法治实施体系、严密的法治监督体系、有力的法治保障体系,形成完善的党内法规体系;坚持依法治国、依法执政、依法行政共同推进,坚持法治国家、法治政府、法治社会一体建设。

党的十九大报告关于坚持全面依法治国部分也使用的是“法治”。全面依法治国是中国特色社会主义的本质要求和重要保障;必须把党的领导贯彻落实到依法治国全过程和各方面,坚定不移走中国特色社会主义法治道路,完善以宪法为核心的中国特色社会主义法律体系,建设中国特色社会主义法治体系,建设社会主义法治国家,发展中国特色社会主义法治理论,坚持依法治国、依法执政、依法行政共同推进,坚持法治国家、法治政府、法治社会一体建设，坚持依法治国和以德治国相结合，依法治国和依规治党有机统一，深化司法体制改革，提高全民族法治素养和道德素质。

党的十九届四中全会《决定》提出，坚持和完善中国特色社会主义法治体系，提高党依法治国、依法执政能力；建设中国特色社会主义法治体系、建设社会主义法治国家是坚持和发展中国特色社会主义的内在要求；必须坚定不移走中国特色社会主义法治道路，全面推进依法治国，坚持依法治国、依法执政、依法行政共同推进，坚持法治国家、法治政府、法治社会一体建设，加快形成完备的法律规范体系、高效的法治实施体系、严密的法治监督体系、有力的法治保障体系，加快形成完善的党内法规体系，全面推进科学立法、严格执法、公正司法、全民守法，推进法治中国建设。

党的十九届五中全会提出了到 2035 年基本实现社会主义现代化远景目标，其中包括基本建成法治国家、法治政府、法治社会。

（四）关于宪法宣誓制度

《宪法》第 27 条增加 1 款，作为第 3 款："国家工作人员就职时应当依照法律规定公开进行宪法宣誓。"

2018 年 3 月 17 日上午，在第十三届全国人民代表大会第一次会议第五次全体会议上，中共中央总书记、中共中央军委主席习近平全票当选中华人民共和国主席、中华人民共和国中央军事委员会主席。随后，在人民大会堂举行了隆重庄严的宪法宣誓仪式。第十三届全国人民代表大会第一次会议选举产生或决定任命的全国人民代表大会常务委员会委员长、国务院总理等其他新一届国家领导人，也在人民大会堂进行了隆重庄严的宪法宣誓，成为中华人民共和国历史上首批进行宪法宣誓的国家领导人。这充分体现了习近平主席等国家领导人身体力行，率先垂范，坚持和践行依宪治国、依宪执政、维护宪法权威的理念要求。

习近平总书记就党的十八届四中全会《决定》提出建立宪法宣誓制

度指出,“这样做,有利于彰显宪法权威,增强公职人员宪法观念,激励公职人员忠于和维护宪法,也有利于在全社会增强宪法意识、树立宪法权威”。王晨副委员长在第十三届全国人民代表大会第一次会议上,在关于《宪法修正案(草案)》的说明中指出,“将宪法宣誓制度在宪法中确认下来,有利于促使国家工作人员树立宪法意识、恪守宪法原则、弘扬宪法精神、履行宪法使命,也有利于彰显宪法权威,激励和教育国家工作人员忠于宪法、遵守宪法、维护宪法,加强宪法实施”。作为宪法实施的重要形式,宪法宣誓是推进宪法从文本走向现实的一场庄严的仪式,是政治文明和法治进步的重要标志。

宪法宣誓制度是党的十八届四中全会《决定》提出的要求。该决定提出:“建立宪法宣誓制度,凡经人大及其常委会选举或者决定任命的国家工作人员正式就职时公开向宪法宣誓。”宪法宣誓则是一种庄严的法定仪式,是国家法律制度的重要组成部分。

我国法律中关于宣誓制度的规定,此前主要见之于《香港特别行政区基本法》《澳门特别行政区基本法》中。两部基本法分别对特别行政区长官、主要官员、行政会议成员(委员)、立法会议员、法官和其他司法人员(检察官)等人员在就职时的宣誓作出了明确规定。如《香港特别行政区基本法》第104条规定,香港特别行政区行政长官、主要官员、行政会议成员、立法会议员、各级法院法官和其他司法人员在就职时必须依法宣誓拥护《中华人民共和国香港特别行政区基本法》,效忠中华人民共和国香港特别行政区。

近年来,随着社会主义民主法治建设的不断发展,一些部门和地方开始积极探索宪法宣誓制度,有的还制定了具体规则,大致有三种情况:一是政府部门组织公务员宣誓;二是司法机关组织法官和检察官宣誓;三是地方人民代表大会常务委员会组织任命的地方国家机关工作人员宣誓。与此同时,人大代表也提出建立宣誓制度的建议。2013年,党的十八届三中全会提出,要进一步健全宪法实施监督机制和程序,把全面贯彻实施宪法提高到一个新水平。2014年,党的十八届四中全会《决定》明确提出建立宪法宣誓制度。这是加强宪法实施、树立宪法权威、强化公职人员宪法意识的具有开创性的重要举措。该决定颁布后，一些地方人民代表大会常务委员会为了贯彻落实其精神，结合当地国家机关工作人员的任命情况，相继组织开展了宪法宣誓活动。

宪法宣誓是一项重要的国家制度，应当统一誓词、形式和程序，需要从立法上作出规定。为了落实党的十八届四中全会《决定》的要求，2015 年 7 月 1 日第十二届全国人民代表大会常务委员会第十五次会议通过了《关于实行宪法宣誓制度的决定》(2018 年 2 月 24 日修订)。该决定修改后的主要内容如下：

一、各级人民代表大会及县级以上各级人民代表大会常务委员会选举或者决定任命的国家工作人员，以及各级人民政府、监察委员会、人民法院、人民检察院任命的国家工作人员，在就职时应当公开进行宪法宣誓。

二、宣誓誓词如下：

我宣誓：忠于中华人民共和国宪法，维护宪法权威，履行法定职责，忠于祖国、忠于人民，恪尽职守、廉洁奉公，接受人民监督，为建设富强民主文明和谐美丽的社会主义现代化强国努力奋斗！

三、全国人民代表大会选举或者决定任命的中华人民共和国主席、副主席，全国人民代表大会常务委员会委员长、副委员长、秘书长、委员，国务院总理、副总理、国务委员、各部部长、各委员会主任、中国人民银行行长、审计长、秘书长，中华人民共和国中央军事委员会主席、副主席、委员，国家监察委员会主任，最高人民法院院长，最高人民检察院检察长，以及全国人民代表大会专门委员会主任委员、副主任委员、委员等，在依照法定程序产生后，进行宪法宣誓。宣誓仪式由全国人民代表大会会议主席团组织。

四、在全国人民代表大会闭会期间，全国人民代表大会常务委员会任命或者决定任命的全国人民代表大会专门委员会个别副主任委员、委员，国务院部长、委员会主任、中国人民银行行长、审计长、秘书长，中华人民共和国中央军事委员会副主席、委员,在依照法定程序产生后,进行宪法宣誓。宣誓仪式由全国人民代表大会常务委员会委员长会议组织。

五、全国人民代表大会常务委员会任命的全国人民代表大会常务委员会副秘书长,全国人民代表大会常务委员会工作委员会主任、副主任、委员,全国人民代表大会常务委员会代表资格审查委员会主任委员、副主任委员、委员等,在依照法定程序产生后,进行宪法宣誓。宣誓仪式由全国人民代表大会常务委员会委员长会议组织。

六、全国人民代表大会常务委员会任命或者决定任命的国家监察委员会副主任、委员,最高人民法院副院长、审判委员会委员、庭长、副庭长、审判员和军事法院院长,最高人民检察院副检察长、检察委员会委员、检察员和军事检察院检察长,中华人民共和国驻外全权代表,在依照法定程序产生后,进行宪法宣誓。宣誓仪式由国家监察委员会、最高人民法院、最高人民检察院、外交部分别组织。

七、国务院及其各部门、国家监察委员会、最高人民法院、最高人民检察院任命的国家工作人员,在就职时进行宪法宣誓。宣誓仪式由任命机关组织。

八、宣誓仪式根据情况,可以采取单独宣誓或者集体宣誓的形式。单独宣誓时,宣誓人应当左手抚按《中华人民共和国宪法》,右手举拳,诵读誓词。集体宣誓时,由一人领誓,领誓人左手抚按《中华人民共和国宪法》,右手举拳,领诵誓词;其他宣誓人整齐排列,右手举拳,跟诵誓词。

宣誓场所应当庄重、严肃,悬挂中华人民共和国国旗或者国徽。宣誓仪式应当奏唱中华人民共和国国歌。

负责组织宣誓仪式的机关,可以根据本决定并结合实际情况,对宣誓的具体事项作出规定。

九、地方各级人民代表大会及县级以上地方各级人民代表大会常务委员会选举或者决定任命的国家工作人员,以及地方各级人民政府、监察委员会、人民法院、人民检察院任命的国家工作人员,在依照法定程序产生后,进行宪法宣誓。宣誓的具体组织办法由省、自治区、直辖市人民代表大会常务委员会参照本决定制定,报全国人民代表大会常务委员会备案。

十、本决定自2018年3月12日起施行。

全国人民代表大会常务委员会《关于实行宪法宣誓制度的决定》规定的宪法宣誓誓词是70个字。党的十九大召开以后,根据新的精神,全国人民代表大会常务委员会对原来的誓词又作了必要的修改,增加了5个字,即“美丽”“现代化”,把“国家”改成“强国”,新的宪法宣誓誓词是75个字。

在《宪法修正案》关于宪法宣誓规定的条款中,笔者认为,有3个关键词:一是“就职时”;二是“公开宣誓”;三是“向宪法宣誓”。在全国人民代表大会常务委员会已经作出关于宪法宣誓的决定以后,把这一制度通过修正案再规定在宪法中,笔者认为主要有以下四个方面的意义:

第一,符合国际惯例。在宪法中确立宪法宣誓制度,是世界上大多数有成文宪法的国家所普遍采取的一种方式。据统计,在142个有成文宪法的国家中,规定相关国家公职人员必须宣誓拥护或效忠宪法的有97个,虽然各国关于宪法宣誓的主体、内容、程序的规定不尽相同,但一般都在有关人员开始履行职务之前或就职时举行宣誓。宪法宣誓逐渐在国际社会得到广泛认可,成为世界上大多数国家宪法制度的一项重要内容。

第二,就职时公开宣誓的意义。首先,就职时宣誓有一种仪式感,显得庄严、神圣、庄重。其次,就职时必须宣誓,意味着宣誓之后正式开始行使权力、履行职责,彰显行使权力的正当性和合法性。最后,公开宣誓意味着宣誓人向作为国家权力所有者的人民以及全社会,甚至向全世界承诺要按照誓词来行使权力、履行职责。

第三,向宪法宣誓的形式意义。宪法是国家的根本法,是治国安邦的总章程,具有最高的法律地位、法律权威、法律效力。向宪法宣誓的形式意义在于表明宪法与宣誓人的关系,即宣誓人的权力来自宪法,宣誓人在宪法之下。这一宪法关系彰显了宪法的权威和尊严,有利于树立国家工作人员的宪法意识,教育国家工作人员忠于宪法、遵守宪法、维护宪法,加强宪法实施,恪守宪法原则,弘扬宪法精神,履行宪法使命。

第四,向宪法宣誓的实质意义。国家工作人员就职时必须向宪法宣誓,不能将宣誓仅仅理解为一种就职仪式,其实质上是要求国家工作人员从内心尊崇宪法、认同宪法作为国家根本法的价值及宪法中所确认的价值、严格依据宪法的理念和按照宪法思维行使权力。

有的国家工作人员可能从来没有系统地阅读过宪法文本,不了解宪法的基本内容、基本原理、基本原则、基本理念,只把宣誓当作一种仪式。针对这种状态,习近平总书记在 2018 年中央政治局第四次集体学习时指出,要加强宪法学习宣传教育,弘扬宪法精神、普及宪法知识,为加强宪法实施和监督营造良好氛围。宪法法律的权威源自人民的内心拥护和真诚信仰,加强宪法学习宣传教育是实施宪法的重要基础。要在全社会广泛开展尊崇宪法、学习宪法、遵守宪法、维护宪法、运用宪法的宣传教育,弘扬宪法精神,弘扬社会主义法治意识,增强广大干部群众的宪法意识,使全体人民成为宪法的忠实崇尚者、自觉遵守者、坚定捍卫者。要坚持从青少年抓起,把宪法法律教育纳入国民教育体系,引导青少年从小掌握宪法法律知识、树立宪法法律意识、养成遵法守法习惯。要完善国家工作人员学习宪法法律的制度,推动领导干部加强宪法学习,增强宪法意识,带头尊崇宪法、学习宪法、遵守宪法、维护宪法、运用宪法,做尊法学法守法用法的模范。栗战书委员长在 2018 年 3 月举行的“深入学习宣传和贯彻实施宪法座谈会”上强调,加强宪法学习宣传教育是实施宪法的重要基础。并提出四点:一要抓住党员领导干部这个“关键少数”,推动领导干部带头尊崇宪法、学习宪法、遵守宪法、维护宪法、运用宪法;二要加强宪法理论研究,增强我国宪法的时代特色和实践特色;三要丰富宪法宣传教育形式,使宪法走入日常生活、走入人民群众;四要做好解疑释惑工作。栗战书委员长在第十三届全国人民代表大会常务委员会组成人员履职学习专题讲座上,要求全国人民代表大会常务委员会组成人员要带头学习宣传宪法和法律。自觉做尊崇宪法、学习宪法、遵守宪法、维护宪法、运用宪法的表率。提高运用法治思维和法治方式推动工作的能力。

国家工作人员尊崇宪法、遵守宪法、维护宪法、运用宪法的具体表现就是按照宪法思维行使权力。宪法思维的基本要求具体如下:

(1)人民主权思维。《宪法》第2条明确规定,中华人民共和国的一切权力属于人民。国家工作人员所掌握的权力是人民通过宪法赋予的,而不是上级给予的,更不是自己私有的。在我国,人民代表大会制度是中国共产党领导人民行使当家作主的政权组织形式,是保证国家的一切权力属于人民的根本政治制度。如何更好地以人民为主体、以人民为中心、一切为了人民的利益,是人民代表大会制度发展的出发点和最终归宿。一切国家机关及其工作人员必须自觉接受人民代表大会的监督,对其负责。

(2)宪法法律至上思维。在一个现代、成熟的国家,宪法是一个国家的最高规则,而且是唯一的最高规则,所有的规则都必须符合宪法,形成统一的国家治理规则体系。这样,国家和社会才能形成统一的宪法秩序。因此,必须形成以宪法为核心的中国特色的社会主义法律体系;必须通过推进合宪性审查工作,以维护宪法的权威和尊严。法律是依据宪法制定的,是宪法理念、原则、精神、规范内涵的具体化,树立了法律至上,实质上维护了宪法的至上地位。《宪法》第5条规定,国家维护社会主义法制的统一和尊严。一切法律、行政法规和地方性法规都不得同宪法相抵触。一切国家机关和武装力量、各政党和各社会团体、各企业事业组织都必须遵守宪法和法律。一切违反宪法和法律的行为,必须予以追究。任何组织或者个人都不得有超越宪法和法律的特权。

(3)尊重和保障人权的思维。2004 年《宪法修正案》将“国家尊重和保障人权”条款载入宪法,对于中国共产党和国家都具有里程碑意义,它标志着中国共产党的执政理念和国家的理念为尊重和保障人权。党的十八大以来所确立的新发展理念、“四个全面”部署都是为了践行这一理念,国家的存在、国家权力的运行都是为了践行这一理念,宪法和法律的实施也是为了践行这一理念。

(4)权力制约和监督的思维。除了人民代表大会及其常务委员会必须接受人民的监督之外,人民代表大会及其常务委员会必须代表人民有效地监督其他国家机关及其工作人员;在“不能腐”方面,人民代表大会及其常务委员会在制度建设方面应当发挥更大的积极作用;作为专门监督机关的监察委员会和检察院在“不敢腐”方面应当发挥有效的作用;国家机关及其工作人员应当自觉接受人民和社会的监督,做到“不想腐”。

(5)正当程序思维。正当程序具有诸多价值,包括防止公权力滥用、保护人民的知情权、保护当事人的实体权利、保障公权力的行使获得正当性和合法性等。国家机关在立法程序、行政程序、司法程序中应当公开、透明,保证人民的知情权、参与权的实现。

(6)平等思维。社会主义制度的本质在于社会公平正义,社会主义制度的优越性在于社会公平正义。党的十九大报告中提出:“增进民生福祉是发展的根本目的。必须多谋民生之利、多解民生之忧,在发展中补齐民生短板、促进社会公平正义,在幼有所育、学有所教、劳有所得、病有所医、老有所养、住有所居、弱有所扶上不断取得新进展,深入开展脱贫攻坚,保证全体人民在共建共享发展中有更多获得感,不断促进人的全面发展、全体人民共同富裕。”在社会主义制度下,平等既要求首先保护社会全体成员的机会平等,又要求保护弱者的实质平等。

党的十八大以来,以习近平同志为核心的党中央高度重视法治建设,强调落实依法治国基本方略,加快建设社会主义法治国家,全面推进依法治国。习近平总书记鲜明地指出:“宪法与国家前途、人民命运息息相关。维护宪法权威,就是维护党和人民共同意志的权威。捍卫宪法尊严，就是捍卫党和人民共同意志的尊严。保证宪法实施，就是保证人民根本利益的实现。”党的十八届四中全会《决定》特别强调“坚持依法治国首先要坚持依宪治国，坚持依法执政首先要坚持依宪执政”。习近平总书记还提出：“我们就是在不折不扣贯彻着以宪法为核心的依宪治国、依宪执政，我们依据的是中华人民共和国宪法。”建立宪法宣誓制度并将其载入宪法，是加强宪法实施，推进全面依法治国的重大举措和制度成果。

（五）关于中国共产党的全面领导

《宪法修正案》第 36 条在《宪法》第 1 条第 2 款“社会主义制度是中华人民共和国的根本制度”后增写一句，内容为“中国共产党领导是中国特色社会主义最本质的特征”。全国人民代表大会常务委员会副委员长王晨在《宪法修正案（草案）》说明中指出，中国共产党是执政党，是国家的最高政治领导力量。中国共产党领导是中国特色社会主义最本质的特征，是中国特色社会主义制度的最大优势。宪法从社会主义制度的本质属性角度对坚持和加强党的全面领导进行规定，有利于在全体人民中强化党的领导意识，有效把党的领导落实到国家工作全过程和各方面，确保党和国家事业始终沿着正确方向前进。

关于中国共产党的领导，《共同纲领》和我国历部《宪法》规定的基本情况为：(1) 1949 年《共同纲领》在序言中规定“以工人阶级为领导”，没有直接出现“中国共产党领导”字眼。(2) 1954 年《宪法》在序言中明确规定了“中国共产党领导”。(3) 1975 年《宪法》不仅在序言中规定了“中国共产党领导”，而且在正文第 2 条、第 15 条、第 16 条规定了中国共产党领导，尤其是第 26 条在关于公民的基本权利和义务中规定“公民的基本权利和义务是，拥护中国共产党的领导”。(4) 1978 年《宪法》与 1975 年《宪法》的规定模式完全相同。(5) 1982 年《宪法》在序言中有 5 处明确规定了“中国共产党领导”，在正文中没有直接规定“中国共产党领导”，只规定了“工人阶级领导”。

此次宪法修改,在原有《宪法》序言规定中国共产党领导的基础上,正文中明确增加“中国共产党的领导”。笔者认为,这一增加在宪法上主要有以下五个意义:

第一,进一步明确中国共产党在国家中领导地位的宪法依据。世界上绝大多数国家宪法在正文之前安排一段称为“序言”的文字,以阐述宪法制定权的来源、制定宪法的目的、宪法的基本原则等不便于以规范的文字表达的内容。我国自 1954 年《宪法》开始,以后的历部宪法都在正文之前设有“序言”部分。现行《宪法》在序言中简述国家的斗争历史、记载了 20 世纪以来在中国发生的四件大事、规定国家今后的根本任务、肯定四项基本原则、指明实现社会主义现代化建设的国内外条件及确认宪法的地位和作用。

宪法序言与正文的表述方式不同。序言是以叙述性的文字来表达内容,而正文是以规范的语言表达内容。作为行为规范的法律规范,通常是以严谨的语言界定内涵和外延,明确行为的边界。而叙述性表述方式不是很严谨,难以明确界定行为的边界。由此,在学理上产生了序言是否具有法律效力的争议:第一种观点认为序言全部都有法律效力,第二种观点认为序言全部都没有法律效力,第三种观点认为序言部分有法律效力部分没有法律效力,第四种观点认为序言的效力高于正文。另外,我国现行《宪法》序言还因规定了 20 世纪以来在中国发生的四件大事这一历史事实。历史事实是否具有法律效力的疑问,更加重了序言效力的争议。

笔者认为,宪法序言是宪法的有机组成部分,其修改、通过的程序和正文是完全相同的,毫无疑义,当然全部具有法律效力。如果序言不具有法律效力,或者说序言的法律效力与正文存在某些差异,而中国共产党的领导因只是规定在序言中,容易使人们产生疑义。因此,此次宪法修改,在正文第 1 条明确规定中国共产党的领导,可以说,进一步强化了中国共产党在我国领导地位的宪法依据,保证了中国共产党领导地位的正当性和合法性。

第二,解决了宪法序言作为判断是否合宪基准的难题。通常认为,序言规定制宪目的、制宪权来源、制宪原则等内容,因此,其基本功能是指导宪法正文的解释。换言之,在宪法正文存在需要解释的情形时,必须以序言的规定为基点去理解,才能准确地把握正文的含义,包括制宪目的、制宪权来源,尤其是制宪原则。一部宪法同时存在多项基本原则,这些基本原则之间可能存在一定的抵牾,而正文所设定的制度是不同基本原则的展开和具体化,在解释正文时就必须依据不同的基本原则,综合地判断其含义。

法律文件违反宪法而无效,这在一般意义上是完全成立的。宪法通常分为序言和正文两部分。法律文件违反了宪法的正文,构成违反宪法,是毫无争议的。但是,法律文件如果没有违反宪法的正文,而只是违反了宪法的序言,是否违反宪法?或者说,合宪性审查机关能否仅仅根据序言就能判断法律文件违反宪法?宪法序言能否独立地作为判断是否合宪的基准?世界上除法国以外,其他国家通常都认为不可以。

法国之所以特殊,是因为法国宪法结构与其他国家不同。绝大多数国家的宪法正文通常包括公民的基本权利和义务与国家机构两大部分,而法国的宪法正文中没有规定公民的基本权利,而将这部分内容放在序言。因此,在法国,如果作为合宪性审查机关的宪法委员会不能将序言作为单独的基准来判断法律文件是否违反宪法,那么法国公民的基本权利和自由就不能得到保障了。法国《第四共和国宪法》将序言明确排除在宪法委员会的审查基准之外。法国的现行《宪法》即《第五共和国宪法》没有像《第四共和国宪法》那样明确规定宪法委员会的审查基准。人们从以往的思维惯性出发,认为宪法序言也不是第五共和国宪法委员会的审查基准,即第五共和国宪法委员会也同样不具有保障公民基本权利和自由的职能。《第五共和国宪法》正文中也没有规定公民基本权利和自由,而是在宪法序言中对公民基本权利和自由采取了简单的规定方法,即法兰西人民郑重宣告恪遵 1789 年宣言中所明定及 1946 年宪法序言中所确认与补充之人权暨国家主权原则。宪法序言是不是宪法委员会的审查基准,关系宪法委员会的功能和作用,更关系公民基本权利和自由能否得到有效的和根本性的保障问题。从1970年以后,宪法委员会在多个判决中确认宪法序言是宪法委员会审查法律等规范性文件是否符合宪法的基准。例如,宪法委员会在1970年6月19日的判决中确认宪法序言与宪法正文的其他条款具有相同的法律效力和法律价值,应作为审查基准;在1973年12月27日的裁决中,明确确认1946年法国《宪法》序言的各项规定具有宪法价值;在1971年7月19日的裁决中把1946年法国《宪法》序言中所规定的"由共和国法律所承认的基本原则"作为审查基准;在1971年7月16日的裁决中,将法国《宪法》序言所肯定的1789年制定的《人权宣言》作为宪法委员会的审查基准。

我国现行《宪法》之前关于中国共产党的领导规定在"序言"中,正文中没有明确规定中国共产党的领导。如果"序言"不能作为合宪性审查独立的判断基准,则对于反对中国共产党的行为处理起来可能力度不够。通过此次宪法修改,在正文中明确规定中国共产党的领导,这一难题迎刃而解。

第三,回答了中国共产党如何实现对国家的全面领导。《宪法》序言关于中国共产党领导的规定,从逻辑上看,主要回答了中国共产党执政的正当性和合法性问题。中国共产党作为执政党的地位,是由中国共产党的先进性决定的,是人民选择和历史选择的必然结果。而《宪法》序言关于中国共产党领导的规定即是人民选择和历史选择的载体。宪法是人民主权原则的产物,人民制定宪法选择了中国共产党作为中国的执政党;《宪法》序言中有大段的文字叙述了20世纪以后中国发生的四件大事,以及1949年以后中国发生的变化,其目的就是从历史的逻辑中,回答中国共产党在国家中领导地位的正当性。《宪法》序言明确规定中国共产党的领导,同时也回答了中国共产党在我国处于领导地位的合法性。

《宪法》序言在回答了中国共产党在我国执政的正当性和合法性之

后,还必须回答另一个重要问题,即中国共产党在中国如何实现其对国家的全面领导? 此次宪法修改,即回答了这一重大问题。因此,《宪法》序言关于中国共产党的领导的规定与宪法正文关于中国共产党的领导的规定,是回答不同的重大问题。

第四,强化了对社会主义制度的认识。在很长一段时间里,对于“什么是社会主义制度”这一重大问题,一直流行着一种“说不清”的观点。如果什么是社会主义制度说不清,也就难以判断世界上哪些国家是社会主义国家,哪些国家是资本主义国家,同时,坚持社会主义道路,需要坚持什么也就不可能清晰。学术上对于什么是社会主义制度,曾经流行的观点认为中国共产党的领导、公有制、计划经济、社会公平正义这些要素是社会主义制度的特征。邓小平同志在南方谈话中提出,“计划经济不等于社会主义,资本主义也有计划;市场经济不等于资本主义,社会主义也有市场。计划和市场都是经济手段”。根据这一谈话,计划经济已经不是社会主义制度的特征。那么,对于哪些要素是社会主义制度的特征,在建设中国特色社会主义事业、实现中华民族伟大复兴的过程中必须予以回答。此次宪法修改,明确提出“中国共产党的领导是中国特色社会主义的最本质特征”这一论断,实际上明确回答了“什么是社会主义制度”这一重大问题。换言之,坚持社会主义制度,最重要的、最本质的问题是坚持中国共产党的领导。

第五,明确揭示了中国共产党的领导。《宪法》第 1 条第 1 款规定:“中华人民共和国是工人阶级领导的、以工农联盟为基础的人民民主专政的社会主义国家。”“工人阶级领导”当然是通过自己的先锋队——中国共产党的领导来实现。因此,原有的宪法条款中实际上已经包含了中国共产党的领导。只不过,在原有的表述中,“中国共产党的领导”是一种隐性规定,需要通过解释而阐明。此次宪法修改,在正文第 1 条明确规定了中国共产党的领导,这样,就把中国共产党的领导由隐性的规定显性化、刚性化。

(六)关于社会主义核心价值观

《宪法》第 24 条第 2 款中“国家提倡爱祖国、爱人民、爱劳动、爱科学、爱社会主义的公德”修改为“国家倡导社会主义核心价值观,提倡爱祖国、爱人民、爱劳动、爱科学、爱社会主义的公德”。《宪法修正案》在宪法“总纲”部分原有的社会主义道德之前,增加规定“国家倡导社会主义核心价值观”。笔者认为,《宪法修正案》增加这一规定,对于捍卫、弘扬、彰显社会主义核心价值观,具有极其重大的意义。

关于宪法与社会主义核心价值观的关系,本书在“宪法在新时代的重要性”部分已作阐述,此处不作赘述。

(七)关于国家主席制度

《宪法》第 79 条第 3 款“中华人民共和国主席、副主席每届任期同全国人民代表大会每届任期相同,连续任职不得超过两届”,修改为:“中华人民共和国主席、副主席每届任期同全国人民代表大会每届任期相同。”对于作出这一修改的主要原因,全国人民代表大会常务委员会副委员长王晨及人民日报评论员文章作了以下说明:

第一,反映民意、顺应民心的需要。这次宪法修改,在征求意见和在基层调研过程中,许多地区、部门和广大党员干部群众一致呼吁修改宪法中国家主席任职期限的有关规定。党的十八届七中全会和党的十九大召开期间,与会委员代表在这方面的呼声也很强烈。大家一致认为,目前,党章对党的中央委员会总书记、党的中央军事委员会主席,《宪法》对中华人民共和国中央军事委员会主席,都没有作出“连续任职不得超过两届”的规定。

第二,党的十九大期间修改通过《中国共产党党章》,保持了中华人民共和国中央军事委员会和中国共产党军事委员会在主席负责制上的一致性。《宪法》第 93 条规定,中央军事委员会实行主席负责制。党的十九大之前,《中国共产党党章》中对于党的中央军委的责任制问题未作出明确规定。党的十九大修改了《中国共产党党章》的规定,明确规定中国共产党军事委员会实行主席负责制,在中央军委主席负责制上《中国共产党党章》与《宪法》保持了一致性,完善和加强国家领导体制。

第三，与党的中央委员会总书记、党的中央军事委员会主席没有“连续任职不得超过两届”的规定保持了一致，有利于维护以习近平同志为核心的党中央权威和集中统一领导，有利于加强和完善国家领导体制。修改《宪法》第 79 条关于国家主席任职期限方面的规定，这是在全面总结党和国家长期历史经验的基础上，从全局和战略高度完善党和国家领导体制的重大举措，体现了中国特色社会主义政治优势和制度优势。

第四，党的十四大以后，我国形成了“三位一体”的领导体制，即党的总书记、中央军委主席、国家主席由一个人担任。经过 20 多年的实践，证明这一体制符合我国国情，有利于维护党中央的权威和集中统一领导。其中，《中国共产党党章》对党的中央委员会总书记、党的中央军事委员会主席，《宪法》对中华人民共和国中央军事委员会主席，都没有作出“连续任职不得超过两届”的规定。在修改宪法征求意见的过程中，各地各方面普遍认为，《宪法》对国家主席的相关规定也采取上述做法，是非常必要的、重要的。这样修改，有利于维护以习近平同志为核心的党中央权威和集中统一领导，有利于加强和完善国家领导体制，有利于保证党和国家长治久安。

在国家主席、副主席任职规定上作出修改，是着眼于健全党和国家领导体制，在宪法上作出制度安排。这一修改，不意味着改变党和国家领导干部退休制，也不意味着领导干部职务终身制。

（八）关于扩大地方立法权

《宪法》第 100 条增加 1 款，作为第 2 款：“设区的市的人民代表大会和它们的常务委员会，在不同宪法、法律、行政法规和本省、自治区的地方性法规相抵触的前提下，可以依照法律规定制定地方性法规，报本省、自治区人民代表大会常务委员会批准后施行。”增加设区市的地方立法权，有利于设区市为加强社会治理、促进经济社会发展，在不与上位法相冲突的前提下结合本地实际制定地方法规，促进有效治理。

实际上，2015 年 3 月第十二届全国人民代表大会第三次会议对《立法法》进行了修改,已经赋予设区市立法权。此次宪法修改实际上是确认2015年《立法法》的修改。《立法法》第72条第2款规定,设区的市的人民代表大会及其常务委员会根据本市的具体情况和实际需要,在不同宪法、法律、行政法规和本省、自治区的地方性法规相抵触的前提下,可以对城乡建设与管理、环境保护、历史文化保护等方面的事项制定地方性法规,法律对设区的市制定地方性法规的事项另有规定的,从其规定。设区的市的地方性法规须报省、自治区的人民代表大会常务委员会批准后施行。省、自治区的人民代表大会常务委员会对报请批准的地方性法规,应当对其合法性进行审查,同宪法、法律、行政法规和本省、自治区的地方性法规不抵触的,应当在4个月内予以批准。全国人民代表大会《关于修改〈中华人民共和国立法法〉的决定》中还规定,广东省东莞市和中山市、甘肃省嘉峪关市、海南省三沙市,比照适用该决定有关赋予设区的市地方立法权的规定。

《立法法》修改之前,全国设区的市有284个,其中,享有地方立法权的49个,尚没有地方立法权的235个。党的十八届三中全会指出,逐步增加有地方立法权的较大的市数量。党的十八届四中全会决定进一步明确提出,依法赋予设区的市地方立法权。为落实好党中央的精神,既要依法赋予所有设区的市地方立法权,以适应地方的实际需要,又要相应明确其地方立法权限和范围,避免重复立法,维护国家法制统一。为此,根据各方面的意见,在依法赋予所有设区的市地方立法权的同时,《立法法》明确设区的市可以对"城乡建设与管理、环境保护、历史文化保护等方面的事项"制定地方性法规,法律对较大的市制定地方性法规的事项另有规定的,从其规定。原有49个较大的市已经制定的地方性法规,涉及上述事项范围以外的,继续有效。同时,考虑到设区的市数量较多,地区差异较大,这一工作要本着积极稳妥的精神予以推进,由省、自治区的人大常委会综合考虑本省、自治区所辖的设区的市的人口数量、地域面积、经济社会发展情况以及立法需求、立法能力等因素,确定其他设区的市开始制定地方性法规的具体步骤和时间,并报全国人民代表大会常务委员会和国务院备案。此外,《立法法》还规定,设区的市、自治州的人民政府可以相应制定地方政府规章。

根据《民族区域自治法》关于“自治州的自治机关行使下设区、县的市的地方国家机关的职权,同时行使自治权”的规定,在自治州人民代表大会可以依法制定自治条例、单行条例的基础上,相应赋予自治州人民代表大会及其常务委员会设区的市的地方立法权。

《宪法》和《立法法》赋予设区的市立法权,其基本考虑是基于:

第一,地方发展的需要。改革开放以来,地方经济社会发生了巨大变化,许多设区的市规模相当大,属于特大城市的设区的市有 87 个;属于大型城市的设区的市有 82 个,大型、特大型城市加起来近 60%。管理这样一个人口众多的区域,特别是随着城镇化建设的发展,与其相关的土地、人口、环境、城乡建设与管理、社会治理等问题日益复杂,当然需要依靠法治来管理。我国幅员辽阔,各地发展很不平衡,情况不一,法律的统一规定还需要结合各地的实际去贯彻;各地有各地的情况,都希望结合本地的情况进行城乡建设管理。

第二,各地环境保护的需要。国家的环境保护职责最终分解到了各个地方,而各个地方的环境保护现实情况不同,这也需要各地权力机关根据具体情况制定相应的法律规范。

第三,地方历史文化保护和传承的需要。目前地方文化保护在地方建设中越来越重要,但又并非所有的地方历史文化都属于国家保护的范围,这也需要各地根据现实情况制定地方法规。

第四,落实宪法关于中央与地方关系的需要。我国是单一制国家,各地的情况又很不一样,在处理中央和地方国家机关的关系时,遵循在中央统一领导下,充分发挥地方主动性、积极性的原则。扩大地方立法权就是发挥地方主动性、积极性的具体表现。

为了保证国家法制的统一性,又能够让地方按照自己的具体情况进行治理,在赋予设区的市的立法权的同时,也作出了一定的限制:(1)必须根据本市的具体情况和实际需要;(2)在不同宪法、法律、行政法规和本省、自治区的地方性法规相抵触的前提下制定;(3)可以对城乡建设与管理、环境保护、历史文化保护等方面的事项制定地方性法规;(4)须报省、自治区的人民代表大会常务委员会批准后施行。

(九)关于设立监察委员会

深化国家监察体制改革是一项事关全局的重大政治体制、监督体制改革,是强化党和国家自我监督的重大决策部署。宪法修改是为设立监察委员会、制定监察法提供宪法依据,以确认国家监察体制改革的成果。《宪法修正案》在《宪法》第3章“国家机构”第6节后增加一节,专门就监察委员会作出规定,以宪法的形式明确国家监察委员会和地方各级监察委员会的性质、地位、名称、人员组成、任期任届、监督方式、领导体制、工作机制等,为监察委员会行使职权提供了宪法依据。这些规定,体现了中国特色社会主义政治发展道路和法治发展道路的一致性,为监察委员会履职尽责提供了依据和遵循,是国家治理体系的重大完善,也是国家治理能力现代化的重大进步。

《宪法修正案》21条修改中11条涉及监察委员会。主要明确了:(1)县级以上的地方各级人民代表大会有权选举、罢免本级监察委员会主任;(2)县级以上的地方各级人民代表大会常务委员会根据本级监察委员会主任提请,任免本级监察委员会副主任、委员;(3)县级以上的地方各级人民代表大会常务委员会的组成人员不得担任监察机关的职务;(4)县级以上的地方各级人民代表大会常务委员会监督本级监察委员会的工作;(5)国务院不再行使领导和管理监察工作的职权;(6)监察委员会主任每届任期同本级人民代表大会每届任期相同。国家监察委员会主任连续任职不超过两届。自此,“一府一委两院”格局在宪法中予以确定。

2016年9月,习近平总书记在中国共产党第十八届中央纪律检查委员会第六次全体会议上指出,“要坚持党对党风廉政建设和反腐败工作的统一领导,扩大监察范围,整合监察力量,健全国家监察组织架构,形成全面覆盖国家机关及其公务员的国家监察体系”。2016 年 10 月，中国共产党第十八届中央委员会第六次全体会议审议通过的《中国共产党党内监督条例》明确规定，“各级党委应当支持和保证同级人大、政府、监察机关、司法机关等对国家机关及公职人员依法进行监督”。2016 年 11 月 7 日，中共中央办公厅印发《关于在北京市、山西省、浙江省开展国家监察体制改革试点方案》。根据该方案，中央部署在 3 省市设立各级监察委员会，从体制机制、制度建设上先行先试、探索实践，为在全国推开积累经验。

该方案强调，国家监察体制改革是事关全局的重大政治改革，是国家监察制度的顶层设计。深化国家监察体制改革的目标，是建立党统一领导下的国家反腐败工作机构。实施组织和制度创新，整合反腐败资源力量，扩大监察范围，丰富监察手段，实现对行使公权力的公职人员监察全面覆盖，建立集中统一、权威高效的监察体系，履行反腐败职责，深入推进党风廉政建设和反腐败斗争，构建不敢腐、不能腐、不想腐的有效机制。

为了贯彻落实党中央的部署，2016 年 12 月 25 日第十二届全国人民代表大会常务委员会通过《关于在北京市、山西省、浙江省开展国家监察体制改革试点工作的决定》。其主要内容如下：(1) 设立监察委员会，行使监察职权。(2) 试点地区人民政府的监察厅(局)、预防腐败局及人民检察院查处贪污贿赂、失职渎职以及预防职务犯罪等部门的相关职能整合至监察委员会。(3) 试点地区监察委员会由本级人民代表大会产生。监察委员会主任由本级人民代表大会选举产生；监察委员会副主任、委员，由监察委员会主任提请本级人民代表大会常务委员会任免。(4) 监察委员会对本级人民代表大会及其常务委员会和上一级监察委员会负责，并接受监督。(5) 试点地区监察委员会按照管理权限，对本地区所有行使公权力的公职人员依法实施监察。(6) 履行监督、调查、处置职责，监督检查公职人员依法履职、秉公用权、廉洁从政以及道德操守情况，调查涉嫌贪污贿赂、滥用职权、玩忽职守、权力寻租、利益输送、徇私舞弊以及浪费国家资财等职务违法和职务犯罪行为并作出处置决定,对涉嫌职务犯罪的,移送检察机关依法提起公诉。(7)监察委员会可以采取谈话、讯问、询问、查询、冻结、调取、查封、扣押、搜查、勘验检查、鉴定、留置等措施。(8)暂时调整或者暂时停止适用《行政监察法》,《刑事诉讼法》第3条、第18条、第148条以及第2编第2章第11节关于检察机关对直接受理的案件进行侦查的有关规定,《人民检察院组织法》第5条第2项,《检察官法》第6条第3项,《地方各级人民代表大会和地方各级人民政府组织法》第59条第5项关于县级以上的地方各级人民政府管理本行政区域内的监察工作的规定。其他法律中规定由行政监察机关行使的监察职责,一并调整由监察委员会行使。

党的十九大报告提出,深化国家监察体制改革,将试点工作在全国推开,组建国家、省、市、县监察委员会,同党的纪律检查机关合署办公,实现对所有行使公权力的公职人员监察全覆盖。制定国家监察法,依法赋予监察委员会职责权限和调查手段,用留置取代"两规"措施。

2017年10月,中共中央办公厅印发《关于在全国各地推开国家监察体制改革试点方案》。该方案强调,党的十九大对深化国家监察体制改革作出重大决策部署。在总结北京市、山西省、浙江省改革试点工作经验基础上,在全国各地推开改革试点,是贯彻落实党的十九大精神,推动全面从严治党向纵深发展的重大战略举措,对于健全中国特色国家监察体制,强化党和国家自我监督具有重要意义。在2017年年底、2018年年初召开的省、市、县人民代表大会上产生三级监察委员会,使改革与地方人大换届工作紧密衔接,有利于加快改革步伐,确保改革有序深入推进。

2017年11月4日,第十二届全国人民代表大会常务委员会第三十次会议审议通过了《全国人民代表大会常务委员会关于在全国各地推开国家监察体制改革试点工作的决定》,国家监察体制改革由试点3省市推开至全国。

在《宪法》中增加"监察委员会"一节,是对国家监察体制改革成果的深刻总结，具有坚实的政治基础、理论基础、实践基础和充分的法理支撑。习近平总书记强调，我们要坚持改革决策和立法决策相统一、相衔接，立法主动适应改革需要，积极发挥引导、推动、规范、保障改革的作用，做到重大改革于法有据，改革和法治同步推进，增强改革的穿透力。深化国家监察体制改革，是强化党和国家自我监督、坚持和加强党的领导的重大决策部署，是事关全局的重大政治体制改革。以习近平同志为核心的党中央从历史文化中汲取智慧、从治国理政中总结经验，积极推进理论和实践创新，坚持加强顶层设计和“摸着石头过河”相结合，在从试点向全面推开拓展、从局部向全局发展中引领改革持续深化。截至2018年2月底，全国省、市、县三级监委全部组建完成，并就监委的职责定位、领导体制、工作机制、权限手段、监督保障等方面作了积极深入的探索，取得丰硕成果，积累宝贵经验。

修改宪法确认国家监察体制改革的成果，笔者认为主要有以下原因：

第一，增设监察委员会属于宪法上国家机构体系和国家权力结构的变化。增设监察委员会，就中央层面而言，是在原有的中央国家机构体系中增加了一个独立的居于全国人民代表大会及其常务委员会之下而与国家主席、国务院、中央军事委员会、最高人民法院、最高人民检察院相平行的国家机关，相应地改变了宪法上原有的国家机构体系、国家权力的配置及国家机关之间的相互关系，在体制层面上丰富了我国的人民代表大会制度。在地方层面上亦是如此。那么，必须修改宪法明确监察委员会的宪法性质、地位、职权。

第二，监察委员会在性质上不同于行政监察机关，《监察法》并不是对《行政监察法》的修改。监察委员会是独立于行政机关，与行政机关相平行的国家机关，其职能的内涵与外延也远远大于行政监察机关。在国家层面设立的国家监察委员会在国家机构体系中也应当是这一格局。监察委员会与行政监察机关属于完全不同性质的机关，《监察法》与《行政监察法》所规范的组织、职权、程序等方面存在根本性差异。

第三,先修改宪法,规定监察委员会在国家机构体系中的性质、地位、职权、与其他国家机关之间的关系等,再依据《宪法》制定《监察法》,设立国家及地方各级监察委员会,是国家治理现代化和依宪治国的必然要求,符合"重大改革必须于法有据"的改革思维。党的十八届四中全会《决定》提出,要"实现立法和改革决策相衔接,做到重大改革于法有据、立法主动适应改革和经济社会发展需要"。监察体制改革属于重大改革,重大改革必须于法有据,需要有宪法上的依据。此次宪法修改遵循了这一改革的思维:先由全国人民代表大会常务委员会作出试点授权决定,在三省市和全国范围内进行监察体制改革试点;在三省市及全国范围内设立的监察委员会依据全国人民代表大会常务委员会的试点授权决定行使监察权;全国人民代表大会修改《宪法》确认国家监察体制改革的成果;全国人民代表大会依据《宪法》通过《监察法》;依据《宪法》和《监察法》在全国范围内设立正式的国家监察委员会和地方各级监察委员会;监察委员会依据《宪法》和《监察法》行使监察权。

(十)关于全国人民代表大会宪法和法律委员会

党的十九大报告要求,加强宪法实施和监督,推进合宪性审查工作,维护宪法权威。习近平总书记在 2018 年中央政治局第四次学习会上提出,要完善宪法监督制度,积极稳妥推进合宪性审查工作,加强备案审查制度和能力建设;《在首都各界纪念现行宪法发布施行三十周年大会上的讲话》中提出,"全国人大及其常委会和国家有关监督机关要担负起宪法和法律监督职责,加强对宪法和法律实施情况的监督检查,健全监督机制和程序,坚决纠正违宪违法行为"。决胜全面建成小康社会、开启全面建设社会主义现代化国家新征程、实现中华民族伟大复兴的中国梦,推进国家治理体系和治理能力现代化、提高党长期执政能力,必须更加注重发挥宪法的重要作用。加强宪法实施和监督,把国家各项事业和各项工作全面纳入依法治国、依宪治国的轨道,把实施宪法提高到新的水平。

党的十八届四中全会《决定》按照依法治国首先是依宪治国、依法执政首先是依宪执政的逻辑,要求健全宪法实施和监督制度,完善全国人民代表大会及其常务委员会宪法监督制度,健全宪法解释程序机制。加强备案审查制度和能力建设,把所有规范性文件纳入备案审查范围,依法撤销和纠正违宪违法的规范性文件,禁止地方制发带有立法性质的文件。

《深化党和国家机构改革方案》决定,为弘扬宪法精神,增强宪法意识,维护宪法权威,加强宪法实施和监督,推进合宪性审查工作,将全国人民代表大会法律委员会更名为全国人民代表大会宪法和法律委员会。《宪法修正案》第 44 条规定,《宪法》第 70 条第 1 款中"全国人民代表大会设立民族委员会、法律委员会、财政经济委员会、教育科学文化卫生委员会、外事委员会、华侨委员会和其他需要设立的专门委员会。"修改为:"全国人民代表大会设立民族委员会、宪法和法律委员会、财政经济委员会、教育科学文化卫生委员会、外事委员会、华侨委员会和其他需要设立的专门委员会。"

2018 年 6 月第十三届全国人民代表大会常务委员会第三次会议表决通过了《关于全国人民代表大会宪法和法律委员会职责问题的决定》,该决定规定,宪法和法律委员会在继续承担统一审议法律草案等工作的基础上,增加推动宪法实施、开展宪法解释、推进合宪性审查、加强宪法监督、配合宪法宣传等工作职责。可见,其主要职责是推进合宪性审查工作。合宪性审查即依据宪法对宪法以下的法律文件是否符合宪法的审查,是监督宪法实施的基本方式。这一机制对于确保宪法的全面有效实施是不可或缺的,是现代、成熟国家的基本标志,是国家治理现代化的重要组成部分。

全国人民代表大会宪法和法律委员会名义上虽说是由全国人民代表大会法律委员会更名而来,但实际上可以理解为是全国人民代表大会新设立的一个专门委员会。这一举措对于推进我国的合宪性审查工作,保证我国宪法监督制度的实效性,无疑具有极其重大的意义。

第一,完善了我国宪法监督制度。综观世界各国,宪法监督制度的建立并有效运行,需要两个基本条件:

一是具有根本法地位的宪法。宪法作为国家根本法,在效力位阶上高于法律,如此,法律文件才有与宪法相抵触的可能,也才有建立以审查法律是否与宪法相抵触为目的的宪法监督制度的必要性。关于宪法的地位和效力,我国现行《宪法》的规定可以说在当今世界各国宪法中是最全面的。《宪法》序言规定,本宪法以法律的形式确认了中国各族人民奋斗的成果,规定了国家的根本制度和根本任务,是国家的根本法,具有最高的法律效力。全国各族人民、一切国家机关和武装力量、各政党和各社会团体、各企业事业组织,都必须以宪法为根本的活动准则,并且负有维护宪法尊严、保证宪法实施的职责。《宪法》第 5 条规定,一切法律、行政法规和地方性法规都不得同宪法相抵触。一切国家机关和武装力量、各政党和各社会团体、各企业事业组织都必须遵守宪法和法律。一切违反宪法和法律的行为,必须予以追究。任何组织或者个人都不得有超越宪法和法律的特权。依据宪法这一规定的逻辑,我国当然具有建立宪法监督制度的必要。

二是明确合宪性审查机关。在解决建立宪法监督制度的必要性的前提下,必须确定合宪性审查机关。合宪性审查机关是合宪性审查体制的核心,其关系合宪性审查的启动主体资格、审查程序、审查对象、审查效力及违宪责任等内容。我国现行《宪法》根据中国特定的政治理念、宪法制度,确定由作为最高国家权力机关的全国人民代表大会及其常务委员会行使合宪性审查权的体制。同时,考虑到全国人民代表大会作为非常设机关,其会期短、代表人数众多,实际上不可能进行具体的合宪性审查工作,《立法法》第 99 条和第 100 条确定由全国人民代表大会常务委员会作为日常性的合宪性审查机关。《宪法》《立法法》进一步考虑到全国人民代表大会常务委员会虽为常设机关,但其宪法权力达到 22 项之多,是我国实际行使国家立法权和对国家生活中重大问题作出决定的机关,且其委员人数众多,事实上也无法进行具体的合宪性审查工作。因此,作为制度安排,《宪法》和《全国人民代表大会组织法》规定,由全国人民代表大会的专门委员会协助全国人民代表大会和全国人民代表大会常务委员会行使合宪性审查权;《立法法》规定,由全国人民代表大会专门委员会和全国人民代表大会常务委员会法制工作委员会协助全国人民代表大会常务委员会进行合宪性审查。

鉴于我国前三部《宪法》实施状况,现行《宪法》在起草征求意见时,许多群众和学者主张设立专门的宪法委员会、宪法监督委员会、宪法法院协助全国人民代表大会及其常务委员会进行合宪性审查工作。[1] 宪法修改委员会秘书处在草拟讨论稿时,曾经对宪法委员会提出两个方案:一是设立与全国人民代表大会常务委员会地位平行的宪法委员会(此为主导意见);二是设立地位低于全国人民代表大会常务委员会作为协助机构的宪法委员会。[2] 现行《宪法》在全民讨论中,仍有一些人提出设立宪法委员会的建议。[3] 现行《宪法》通过之后,王叔文等 30 位全国人民代表大会代表曾联名提案,建议在最高国家权力机关内设置专门的宪法监督机构。

2018 年《宪法修正案》虽然未能单独设立宪法委员会,而是在原有全国人民代表大会法律委员会的基础上,设立全国人民代表大会宪法和法律委员会,并确定设立的目的是“加强宪法实施和监督,推进合宪性审查工作”,可以预见,未来合宪性审查工作主要由全国人民代表大会宪法和法律委员会进行,实际上解决了具体进行合宪性审查工作的专门机构问题。

第二,解决了合宪性审查供给能力不足问题。现行《宪法》确立了我国的宪法监督制度,但自其颁行以来,合宪性审查工作一直鲜为人知。[4]

---

〔1〕 参见许崇德:《中华人民共和国宪法史》,福建人民出版社 2003 年版,第 575 页、第 580 页、第 581 页、第 588 页、第 596 页、第 600 页。

〔2〕 同上书,第 611 页。

〔3〕 同上书,第 720 页。

〔4〕 2017 年 12 月全国人民代表大会常务委员会副秘书长信春鹰在接受记者采访时说,“很长一段时间,社会包括学术界认为我国的宪法监督制度是一个空白,我们过去形容备案审查就像鸭子凫水一样,表面看起来很平静,但脚掌在下面一直工作,被社会称为‘鸭子理论’”。

2000年《立法法》第99条、第100条规定了启动合宪性审查的主体、审查对象和审查程序等内容,2000年第九届全国人民代表大会常务委员会第三十四次委员长会议通过《行政法规、地方性法规、自治条例和单行条例、经济特区法规备案审查工作程序》,2004年全国人民代表大会常务委员会法制工作委员会内还设立了法规备案审查室,作为协助全国人民代表大会及其常务委员会行使宪法监督权的专门机构,2005年第十届全国人民代表大会常务委员会第四十次委员长会议对《行政法规、地方性法规、自治条例和单行条例、经济特区法规备案审查工作程序》进行了修订,并通过了《司法解释备案审查工作程序》,但合宪性审查工作情况却一直未能公开。[1]

全国人民代表大会常务委员会法制工作委员会副主任许安标在2017年"两会"期间举行的记者招待会上,回答记者提问时说:"对公民提出的认为违宪违法的审查建议进行了处理,过去一年总共研究处理了92件,发现了与法律不一致的问题进行了监督纠正。我也注意到有一些媒体关心,说你们有没有公开撤销的案例?应该说目前还没有。但是我们从2004年备案审查专门机构成立以来,通过沟通协商、督促制宪机关纠正的法规、司法解释累计有上百件,所以这个制度是发挥了实实在在功效的。"

合宪性审查的价值在于公开。通过公开受理、公开审查过程、公开审查结论和处理结果,向社会传达宪法精神、宪法价值,以凝聚社会共识,弘扬、彰显和捍卫社会核心价值观。

2017年年底,第十二届全国人民代表大会常务委员会第三十一次会议听取和审议了《关于十二届全国人大以来暨2017年备案审查工作

---

[1] 2019年,全国人大常委会委员长会议通过了《法规、司法解释备案审查工作办法》,取代了原来的《行政法规、地方性法规、自治条例和单行条例、经济特区法规备案审查工作程序》《司法解释备案审查工作程序》。

情况的报告》,这是全国人民代表大会常务委员会首次听取相关工作报告。[1] 据上述备案审查工作情况报告显示,第十二届全国人民代表大会以来共接收各类审查建议 1527 件(2013 年 62 件、2014 年 43 件、2015 年 246 件、2016 年 92 件、2017 年 1084 件),其中属于全国人民代表大会常务委员会备案审查范围的有 1206 件,占 79.0%;不属于审查范围的有 321 件,占 21.0%,涉及国务院决定、部门规章、地方政府规章等,对应当由其他国家机关审查的,全部转送至了相应机关,并要求其对研究处理结果进行反馈。对 1 万多件现行有效的地方性法规及有关规范性文件,有重点地开展了专项审查研究工作。

具有里程碑意义的是,该备案审查工作情况报告首次公布了 5 起典型的审查案件;[2] 该报告披露,第十二届全国人民代表大会第五次会议

---

〔1〕 2017 年 12 月 14 日召开的第十二届全国人民代表大会常务委员会第一百零五次委员长会议决定,审议全国人民代表大会常务委员会法制工作委员会《关于十二届全国人大以来暨 2017 年备案审查工作情况的报告》。

〔2〕 (1)根据 2016 年浙江省 1 位公民提出的审查建议,对有关地方性法规在法律规定之外增设"扣留非机动车并托运回原籍"的行政强制的问题进行审查研究,经与制定机关沟通,相关地方性法规已于 2017 年 6 月修改。(2)根据 2016 年内蒙古自治区 1 位公民提出的审查建议,对有关司法解释规定"附条件逮捕"制度的问题进行审查研究,经与制定机关沟通,相关司法解释已于 2017 年 4 月停止执行。(3)根据 2016 年中国建筑业行业组织提出的审查建议,对地方性法规中关于政府投资和以政府投资为主的建设项目以审计结果作为工程竣工结算依据的规定进行审查研究,于 2017 年 2 月致函各省、自治区、直辖市人民代表大会常务委员会,要求对地方性法规中直接规定以审计结果作为竣工结算依据,或者规定建设单位应当在招标文件或合同中要求以审计结果作为竣工结算依据的条款进行清理,适时予以纠正。至少已有 7 个地方对相关地方性法规作出修改。(4)根据 2017 年 4 位学者联名提出的审查建议,对涉及人口与计划生育的地方性法规中关于"超生即辞退"的规定进行审查研究,于 2017 年 9 月致函有关地方人民代表大会常务委员会,建议对有关地方性法规中类似的控制措施和处罚处分处理规定作出修改。至少已有 1 个地方对相关地方性法规作出修改。(5)根据 2017 年上海大学等 20 多所高校 108 位知识产权专业研究生联名提出的审查建议,对地方性法规中规定的著名商标制度进行审查研究,于 2017 年 11 月致函有关地方人民代表大会常务委员会,要求对有关著名商标制度的地方性法规予以清理废止,并致函原国务院法制办公室,建议其对涉及著名商标制度的地方政府规章和部门规范性文件同步进行清理。

期间,有45位全国人民代表大会代表分别联名提出5件建议,要求对最高人民法院《关于适用〈中华人民共和国婚姻法〉若干问题的解释(二)》第24条关于夫妻共同债务承担的规定进行审查。法制工作委员会就此与最高人民法院有关部门沟通研究,最终在2016年1月17日,最高人民法院发布新的司法解释,明确夫妻共同债务"共债共签",明确一方所借"超出家庭日常生活需要所负的债务"不是共同债务。另外,第十二届全国人民代表大会以来,建议对司法解释进行审查有1116件。

在2018年"两会"期间举行的记者招待会上,全国人民代表大会常务委员会法制工作委员会副主任许安标在回答有关备案审查工作问题时说,2017年12月,全国人民代表大会常务委员会首次听取和审议备案审查工作情况报告,在社会上产生了很大的反响。审查建议的数量出现大幅度增加,仅2018年1月和2月,就收到了4000多件。[1]

另外,根据全国人民代表大会常务委员会法制工作委员会关于2018年备案审查工作规划,主要工作重点如下:(1)开展"回头看",是2018年备案审查的第一项重点工作。要防止出现"你提你的,我做我的",以及对审查研究意见不理不睬不办的现象发生。(2)设区的市地方立法中出现的问题、环境生态保护领域法规中存在的一些问题,部门规章、地方政府规章、地方"两院"规范性文件中存在的问题。(3)实现有件必备、有备必审、有错必纠。对于公民寄来的每一件审查建议,法规备案审查室都要逐一登记,其中属于全国人民代表大会备案审查范围的,要逐件进行研究。

面对数量如此巨大的合宪性审查建议、法规、司法解释备案审查的工作量,必须设立一个专门委员会才能对其进行真正有效的处理、实效性的审查。

---

〔1〕 据全国人大常委会法工委关于2020年备案审查工作情况的报告:2020年,全国人大常委会办公厅共收到报送备案的行政法规、地方性法规、自治条例和单行条例、经济特区法规、司法解释、特别行政区法律1310件;共收到公民、组织提出的审查建议5146件,其中属于全国人大常委会审查范围的有3378件。

第三，区分合宪性审查与合法性审查的必要性。“合宪”与“合法”、“违宪”与“违法”是相对应的概念、范畴和制度，是两个既有联系又有区别的问题。违宪与合宪中的“宪”是指宪法，判断违宪与合宪的基准是一个国家具有最高效力的宪法。违法与合法中的“法”是指法律，判断违法与合法的基准是一个国家的法律，在违法与合法范畴，其最高判断基准是立法机关制定的法律。违法与合法中的“法”并不包括宪法。违宪与违法，在法学上、宪法学上、法规范意义上，都是一个非常特定化的概念、范畴和制度。合宪与合法的区别在于，合宪是符合宪法，合法是符合法律；违宪与违法的区别在于，违宪是直接违反了宪法，违法是直接违反了法律。[1] 两者的界限在于，在需要对某个行为作出法规范的判断时，采用法律适用优先原则，即如果存在法律时先适用法律进行判断，在没有法律或者适用法律仍然不能作出判断时，才需要适用宪法作出判断。

依据公权力的公定力原理，立法机关在制定法律、行政法规、自治条例和单行条例、地方性法规、规章及授权法规以后，虽然这些法律文件存在合宪与违宪两种可能性，但为了公共利益的实现和维护，这些法律文件的权威性，在合宪性审查机关作出撤销该法律文件决定之前，该法律文件被推定为合宪。那么，既然该法律是合宪的，当然具有法律效力，所有的社会成员均必须遵从。而在法律、行政法规、自治条例和单行条例、地方性法规、规章及经济特区法规中，法律的效力高于其他法律文件。[2] 行政法规、自治条例和单行条例、地方性法规、规章及经济特区法规首先必须符合法律。[3]

因此，在需要依据法规范对某项行为作出判断时，应当遵循法律适用优先原则、穷尽法律适用原则，即对某项行为先进行合法性审查成为

〔1〕 参见杨泉明：《给予加强我国宪法监督的几个问题》，载《政治学研究》1988 年第 6 期。

〔2〕 《立法法》第 88 条规定，法律的效力高于行政法规、地方性法规、规章。

〔3〕 依据《宪法》和《立法法》的规定，自治条例和单行条例可以对法律的规定变通执行或停止执行，但法律对民族自治地方作出的专门规定除外。

合宪性审查的一项重要的“过滤”机制。换言之,在有法律规定的情况下,必须优先适用法律进行审查判断,而没有必要适用宪法进行审查判断。在穷尽法律适用之后,仍然无法作出判断的情况下,才有必要适用宪法,作出宪法上的判断。[1]

同时,违宪与违法在制裁形式上也存在极大的差异。违反宪法的制裁取决于违宪的主体和违宪的形态。违宪的主体通常仅限于公权力的行使机关和个人,因此,违宪的制裁仅仅针对作为公权力行使者的国家机关及其工作人员。在实践中,公权力行使的形态主要有两种,即直接依据宪法制定法律规范和直接依据宪法作出的具体行为。宪法制裁主要有三种情况:(1)合宪性审查机关对于违反宪法的法律文件,通常的制裁形式是撤销、废除、改变、确认无效、不予批准和拒绝适用。(2)合宪性审查机关对于违反宪法的具体行为,通常的制裁形式是撤销、确认无效。(3)针对实施违宪行为的国家机关工作人员,通常由具有弹劾权或者罢免权的国家机关,通过特定的法律程序予以弹劾或者罢免。弹劾或者罢免的理由不限于国家机关工作人员的行为构成了违宪。换言之,具有弹劾权或者罢免权的国家机关并不是先就国家机关工作人员的行为是否构成违宪作出判断,再作出是否弹劾或者罢免的决定,而是根据该国家机关工作人员是否仍然能够履行其职务来判断是否需要予以弹劾或者罢免,违宪只是其中的一个因素。[2] 而违反法律的制裁是根据违法的主体和违法的形态确定的,包括民事制裁、行政制裁和刑事制裁,它们与宪法制裁的形式存在极大差异。

依据《立法法》第99条的规定,全国人民代表大会常务委员会法制工作委员会既进行合法性审查又进行合宪性审查,提起审查的程序也完全相同。笔者认为,协助全国人民代表大会常务委员会进行合宪性审查

---

〔1〕 需要适用宪法的情形主要是两种:一是法律的合宪性遇到质疑,需要适用宪法以判断法律的合宪性;二是未能依据宪法制定法律。

〔2〕 参见姚国建:《违宪责任论》,知识产权出版社2006年版,第366~388页。

与合法性审查的主体应当分离,以避免违宪案件与违法案件的混淆。

全国人民代表大会常务委员会法制工作委员会负责接受自治区人民代表大会自治条例和单行条例的批准请求、法规备案、“五大主体”[1]提出审查要求、其他国家机关和社会主体提出审查建议。在接受后,本着法律适用优先原则、穷尽法律救济原则,先进行合法性审查;如果认为已经超出合法性范畴,而可能存在违宪嫌疑时,由其提请全国人民代表大会宪法和法律委员会进行合宪性审查。

全国人民代表大会宪法和法律委员会负责合宪性审查工作。全国人民代表大会宪法和法律委员会作为全国人民代表大会的专门委员会,依照《宪法》《全国人民代表大会组织法》的规定,其主要职责是协助全国人民代表大会和全国人民代表大会常务委员会行使职权,其中包括监督宪法实施、进行合宪性审查工作。由全国人民代表大会宪法和法律委员会进行合宪性审查,可以明确区分合宪性审查与合法性审查。按照目前的做法,全国人民代表大会常务委员会法制工作委员会既进行合宪性审查,又进行合法性审查,其所进行的审查属于合宪性审查还是合法性审查,难以区分,易于使社会成员产生我国国家机关的违宪行为数量巨大的错觉。[2]

第四,解决了全国人民代表大会常务委员会法律的合宪性审查难题。《宪法》规定,全国人民代表大会和全国人民代表大会常务委员会行使国家立法权;全国人民代表大会常务委员会有权制定和修改除应当由全国人民代表大会制定的法律以外的其他法律;在全国人民代表大会闭会期间,对全国人民代表大会制定的法律进行部分补充和修改,但是

---

〔1〕《立法法》第99条第1款及全国人民代表大会常务委员会通过的《行政法规、地方性法规、自治条例和单行条例、经济特区法规备案审查工作程序》和《司法解释备案审查工作程序》,国务院、中央军委、最高人民法院、最高人民检察院和省级人民代表大会常务委员会有权向全国人民代表大会常务委员会提出对法规及司法解释的审查要求。

〔2〕2017年年底,全国人民代表大会常务委员会公布的5起典型审查案件实际上均为合法性审查,并未涉及合宪性问题。

不得同该法律的基本原则相抵触。作为全国人民代表大会的常设机关,全国人民代表大会常务委员会实际上已经成为我国的日常性的立法机关。

《宪法》第5条规定,一切法律、行政法规和地方性法规都不得同宪法相抵触。《立法法》第87条规定,宪法具有最高的法律效力,一切法律、行政法规、地方性法规、自治条例和单行条例、规章都不得同宪法相抵触。可见,在我国,因法律的效力低于宪法,而存在违反宪法的可能性。

《立法法》第88条规定,法律的效力高于行政法规、地方性法规、规章。《立法法》第75条规定,自治条例和单行条例可以依照当地民族的特点,对法律和行政法规的规定作出变通规定,但不得违背法律或者行政法规的基本原则,不得对宪法和民族区域自治法的规定以及其他有关法律、行政法规专门就民族自治地方所作的规定作出变通规定。也由此可见,因其他法律文件在效力上低于法律,其主要存在违反法律的情形;与其他法律文件相比较,法律违反宪法的可能性是最大的。

既然法律最有可能违反宪法,那么谁来审查法律的合宪性?我国是实行民主集中制的人民代表大会制度,在这一宪法体制下,在国家机关之中,设立最高国家权力机关,所有一切国家机关均在其之下,而同时由其性质决定,只能由其行使国家立法权。在这一制度背景下,由体制外的其他国家机关审查其制定的法律的合宪性,显然是不可接受的。按照这一基本逻辑,只有全国人民代表大会才具有审查全国人民代表大会常务委员会法律合宪性的资格。[1] 因此,《立法法》第97条规定,全国人民代表大会有权改变或者撤销其常务委员会制定的不适当的法律,有权撤销全国人民代表大会常务委员会批准的违背宪法和本法第75条第

〔1〕《立法法》虽然规定全国人大有权审查全国人大常委会的不适当的法律,但对于由什么主体启动审查,并未作出规定。另外,全国人大制定的法律的合宪性审查问题仍然是目前设计上的一大空白。

2 款规定的自治条例和单行条例。

全国人民代表大会常务委员会法制工作委员会是在全国人民代表大会常务委员会之内设立的工作机构,由其审查全国人民代表大会常务委员会的法律是否合宪,自我审查的意味过于明显。设立全国人民代表大会宪法和法律委员会,由其对全国人民代表大会常务委员会的法律进行合宪性审查,正当性和公正性易于被接受,也能够强化对其合宪性审查的实效性。

第五,能够有效统一审查体系和审查标准。依据我国《宪法》《立法法》《各级人民代表大会常务委员会监督法》《香港特别行政区基本法》《澳门特别行政区基本法》,以及《行政法规制定程序条例》《规章制定程序条例》《法规规章备案条例》《法规、司法解释备案审查工作办法》等规定,我国目前实际上存在关于法律文件的 6 套备案审查机制:(1)全国人民代表大会常务委员会对行政法规、监察法规、地方性法规、自治州和自治县的自治条例和单行条例、经济特区法规、司法解释进行备案审查。(2)国务院对地方性法规、部门规章、地方政府规章进行备案审查。(3)地方各级人民代表大会常务委员会对本行政区域的其他国家机关、下级人大及其常委会的规范性文件备案审查。(4)中共中央办公厅和地方党委对党内法规及规范性文件进行备案审查。(5)中央军事委员会法制局对军事规章和军事规范性文件进行备案审查。(6)全国人大常委会对特别行政区立法机关制定的法律进行备案审查。

依据审查的基准和目的,备案审查可以分为:(1)合宪性审查,即依据宪法对法律文件是否符合宪法进行的审查。这一意义上的审查机关必须具有宪法解释权。目前存在的 5 套法规审查机制中,只有全国人民代表大会常务委员会对宪法具有解释权。换言之,只有全国人民代表大会常务委员会才能对提请备案的法律文件的合宪性进行审查。(2)合法性审查,即依据法律对法律文件是否合法进行审查。这一意义上的审查机关必须具有法律解释权。目前存在的 5 套法规审查机制中,全国人民代表大会常务委员会和国务院拥有法律解释权,有权对提请备案的法律文件的合法性进行审查。换言之,其他备案审查主体不得依据法律而只能依据其他高位阶的法律文件对提请备案的法律文件进行审查。(3)适当性审查,即审查机关对提请备案的法律文件所规定的内容是否适当、合理进行审查。[1] 目前存在的6套规范性文件审查机制均可以进行这一意义上的审查。

目前,5套法规审查机制(除特别行政区法律外)之间仅存在衔接联动机制,即各自在接受法律文件备案和社会主体请求审查建议之后,按照各自的审查分工,对于不属于自己审查的法律文件移送相应的审查机关进行审查。其中,最重要的是全国人民代表大会常务委员会在接受《立法法》第99条第2款规定的主体提请的审查建议之后,移送其他审查机关进行审查。[2] 反之,其他审查主体在接受法律文件备案之后,也可移送全国人民代表大会常务委员会进行审查。

《宪法》已明确规定全国人民代表大会和全国人民代表大会常务委员会是我国的宪法监督机关,《立法法》也明确确定全国人民代表大会常务委员会是我国进行合宪性审查的日常性机关。同时,也只有全国人民代表大会常务委员会具备对所有法律文件进行合宪性审查的基本条件。因此,对于法律文件的合宪性审查工作职能由全国人民代表大会常务委员会承担。设立全国人民代表大会宪法和法律委员会,明确其性质和地位为协助全国人民代表大会常务委员会进行合宪性审查的专门委

---

[1] 《立法法》第96条规定:……(4)规章的规定被认为不适当,应当予以改变或者撤销的。《立法法》第97条规定:(1)全国人民代表大会有权改变或者撤销它的常务委员会制定的不适当的法律,有权撤销全国人民代表大会常务委员会批准的违背宪法和本法第75条第2款规定的自治条例和单行条例……(3)国务院有权改变或者撤销不适当的部门规章和地方政府规章;(4)省、自治区、直辖市的人民代表大会有权改变或者撤销它的常务委员会制定的和批准的不适当的地方性法规;(5)地方人民代表大会常务委员会有权撤销本级人民政府制定的不适当的规章;(6)省、自治区的人民政府有权改变或者撤销下一级人民政府制定的不适当的规章。

[2] 为落实有件必备、有备必审、有错必纠的要求,全国人民代表大会常务委员会法制工作委员会建立健全与中共中央办公厅、原国务院法制办公室、中央军委法制局之间的备案审查衔接联动机制;2017年通过该机制,向有关机关转送规范性文件审查建议37件。

员会,6 套备案审查主体在审查过程中,如果遇到这些法律文件中存在是否合宪的疑义时,可以移送全国人民代表大会宪法和法律委员会,由其统一进行合宪性审查。

推进合宪性审查工作是一项系统工程,除设立全国人民代表大会宪法和法律委员会之外,还需要研究宪法实施机制、合宪性审查与合法性审查的关系、宪法解释程序机制、合宪性审查的程序、合宪性审查原则、合宪性审查的方法、合宪性审查的原理、合宪性审查决定的类型及效力等问题,并建立相关的工作制度。

《深化党和国家机构改革的方案》还指出,全国人民代表大会宪法和法律委员会在继续承担统一审议法律草案工作的基础上,增加推动宪法实施、开展宪法解释、推进合宪性审查、加强宪法监督、配合宪法宣传等职责。因此,该委员会除推进合宪性审查工作之外,还承担着推动宪法实施、开展宪法解释、加强宪法监督、配合宪法宣传等职责。

第四讲 领导干部学习宪法的意义

一、宪法与领导干部的权力

每一个领导干部手中都握有权力，有的甚至是巨大的权力，掌握诸多资源。某些领导干部在谈及宪法和法律时，往往认为是来管自己的，约束自己的权力的。这一认识是正确的，但并不全面。那么，在一个法治国家，宪法与领导干部手中的权力是一种什么关系？

（一）确认国家权力的合法性

通过宪法赋予国家机关以国家权力，保证了国家权力的正当性和合法性基础。自有国家以来，国家权力均必须具有正当性和合法性。人类在近代以前，统治者通常以某种神秘的自然现象为依据或者以正义者自居，以获取统治的正当性和合法性。自近代以后，因确立了人民主权原则，国家权力的正当性和合法性必须从宪法中获取，即统治者的地位是依据宪法规定或者依据宪法规定的程序获得的。依据人民主权原则，国家的一切权力属于人民，同时人民对国家事务又不可能事事亲自作出决定，必须委托自己选举产生的代理人作出决定。因此，近代以来的民主制度通常以间接民主为主、以直接民主为辅。人民在保留选举权、被选举权、对代理人的监督权、直接表达意愿的自由等权利的前提下，通过宪法将绝大部分国家权力委托给自己的代理人。国家的主权者为人民，人民是国家的主人，国家机关的权力是人民赋予的，这只是回答了国家权力的政治归属和政治来源。在法治社会中，还必须回答国家权力的法律来源，即回答宪法是如何赋权的、赋予了多少权力的问题。离开了宪法，国家权力就成为无源之水、无本之木。

中华人民共和国成立之初，由于不具备召开普选的全国人民代表大会、制定宪法的条件，全国人民代表大会的职权是由中国人民政治协商会议全体会议代行的，中国人民政治协商会议第一届全体会议通过的《共同纲领》，则具有临时宪法的作用。到 1952 年，全国范围的大规模军事行动已经结束，土地改革基本完成，国民经济恢复的任务也顺利完成。在这种形势下，中共中央决定领导人民向社会主义过渡。1952 年 9 月 24 日，毛泽东同志在中央书记处会议上提出了从现在起开始向社会主义过渡的设想，随后进行了多次论述。

在决定向社会主义过渡的同时，召开全国人民代表大会和制定宪法的问题也纳入中共中央的统筹考虑中。按照《中国人民政治协商会议组织法》的规定：中国人民政协全体会议每三年召开一次。到 1952 年年底，第一届中国人民政治协商会议即将到期，因此应尽快召开第二次中国人民政治协商会议全体会议，否则就要召开第一次全国人民代表大会。考虑到在较短的时间内无法完成召开全国人民代表大会所要做的各项准备工作，加上中国人民政治协商会议在全国人民心中的崇高地位，中央决定先在 1953 年召开第二届中国人民政治协商会议，在晚些时候再召开全国人民代表大会。

针对当时党内有人提出了制定宪法的问题，中共中央认为，在过渡时期，以社会各界认可并共同遵守的《共同纲领》作为国家的根本大法是可以的，因为过渡时期的阶级关系没有发生根本的转变，即使制定宪法，恐怕绝大部分也是重复《共同纲领》的内容，不会有大的改变。因此，中共中央考虑，在过渡时期可以暂时不制定宪法，而继续以《共同纲领》代替宪法，并在以后的中国人民政治协商会议全体会议或全国人民代表大会上对《共同纲领》进行修改、补充。在我国基本上进入社会主义,消灭资产阶级,阶级关系有了根本改变以后,再制定社会主义类型的宪法。

领导苏联人民建立了社会主义制度、制定了世界上第一部社会主义宪法的斯大林,却认为中国应尽早召开全国人民代表大会,制定宪法。1952 年 10 月,刘少奇率领中共代表团参加苏共第十九次全国代表大会。他受毛泽东的委托,就中国向社会主义过渡的设想,向斯大林征求意见,其中一个问题就是中共中央关于召开全国人民代表大会和制定宪法的设想。斯大林赞成中共关于向社会主义过渡的设想,同时提出,为了驳斥国际上敌对势力对中华人民共和国的攻击和便于中国更好地开展建设事业,中国应该将召开全国人民代表大会和制定宪法的时间提前。他说:我建议,你们可在 1954 年进行选举和通过宪法。

这是斯大林第三次对这个问题提建议。第一次是在中华人民共和国成立前夕。1949 年 6 月至 8 月,为同苏共直接交换意见,取得斯大林和苏联对即将成立的中华人民共和国各项工作的支持,刘少奇秘密访问苏联。在会谈中,斯大林谈到了宪法问题,建议中国现在可用《共同纲领》,但应准备宪法。刘少奇问:"您所说的宪法是否指社会主义性质的?"斯大林摇摇头说:"不是,我说的是现阶段的宪法。"他接着说:"我同意你们的意见,把《共同纲领》变成国家的根本大法。"[1]

实际上,1954 年我国正处于新民主主义向社会主义过渡的阶段,1949 年的《共同纲领》完全可以代行临时宪法的作用,此时制定宪法的基本条件并不成熟。斯大林关于应当通过制定宪法确认通过革命所获得的政权,赋予无产阶级政权合法性的建议,可以说起到了至关重要的作用。

我国现行《宪法》第 2 条规定:"中华人民共和国的一切权力属于人民。人民行使国家权力的机关是全国人民代表大会和地方各级人民代表大会。人民依照法律规定,通过各种途径和形式,管理国家事务,管理

〔1〕 师哲:《我的一生——师哲自述》,人民出版社 2001 年版,第 303 ~304 页。

经济和文化事业,管理社会事务。”这一条款确认了国家权力的政治归属,同时确认了我国的间接民主制和直接民主制。宪法通过赋予不同性质和不同层级的国家机关以国家权力,保证了这些国家机关所享有的国家权力的正当性和合法性。

(二)保障国家权力的有效运行

宪法赋予国家机关以国家权力的目的,是要求国家机关通过行使这些国家权力,积极地、有效地维持社会秩序、经济秩序、政治秩序、文化秩序等秩序,为社会成员提供必要的公共产品和公共服务,保障人权。因此,宪法在赋予国家权力的同时,还规定了一系列保证国家权力有效运行的原则和制度。

第一,国家权力由宪法赋予或者授予。人民通过制定宪法授予国家机关以国家权力,授权在法律上的更大的意义是保证了国家权力的合法性和正当性。保证国家权力有效运行的原则和制度,均以此为出发点和基础。

第二,国家权力的公定力原理。在宪法层面上,国家机关直接依据宪法作出的行为,可能符合宪法,也可能违反宪法;在法律层面上,国家机关如果是直接依据法律作出的行为,同样可能合法,也可能违法。例如,立法机关制定的法律,可能违反宪法,也可能符合宪法。行政机关作出的行政行为可能合法,也可能违法。所谓国家权力的公定力原理,是指在国家机关的行为存在可能违宪或者合宪、可能违法或者合法的情况下,为保障国家权力的有效行使和保护公共利益,作符合宪法和合法的假定,而不作违宪或者违法的假定。因国家机关的行为已经被假定为合宪、合法,在有权机关依据法定程序撤销该行为之前,该行为被认定为是有效的。相应地,所有的社会成员或者特定的当事人就必须遵守和服从。

第三,国家权力的优先性原则。优先性原则,主要是指国家机关行为上的优先性,即国家机关在行使国家权力时,因其代表公共利益,体现了国家意志和国家强制力,故相关的社会成员负有协助、配合和服从的义务;否则,即构成妨碍公务。而妨碍公务是一种严重的违法甚至犯罪行为。国家机关在行使国家权力的过程中,依法享有职务上的优先条件,如获得社会协助权、优先通过权、优先使用权、公务人员的特别人身保护权等。

第四,国家权力的受益性原则。这主要是指国家机关在行使国家权力时,依法享有物质上的优益条件,如国家向国家机关提供办公经费、办公条件和交通工具;公务员享有必要的物质待遇,有权参加各类培训等。

第五,强制执行制度。国家机关制定的法律,作出的决定、决议、判决等都是国家意志的体现,具有高度的权威性和严肃性。社会成员违反了法律所确定的行为规范,必须承担法律责任,包括刑事责任、民事责任和行政责任。国家机关及其工作人员违反了法律规定,同样要承担法律责任。社会成员不履行国家机关作出的决定、决议、判决等所确定的义务,国家机关有权强制执行,保证国家意志的实现。例如,对于拒不执行法院判决的"老赖",法院不仅有权向社会公布其姓名,而且对情节严重者,可以追究刑事责任。

(三)限制国家权力

习近平总书记指出,要坚持用制度管权管事管人,抓紧形成不想腐、不能腐、不敢腐的有效机制,让人民监督权力,让权力在阳光下运行,把权力关进制度的笼子里。权力是一把"双刃剑",在法治轨道上行使可以造福人民,在法律之外行使则必然祸害国家和人民。把权力关进制度的笼子里,就是要依法设定权力、规范权力、制约权力、监督权力。党的十九大报告中特别强调,要强化不敢腐的震慑,扎牢不能腐的笼子,增强不想腐的自觉,通过不懈努力换来海晏河清、朗朗乾坤。习近平总书记强调:"用法治给行政权力定规矩、划界限,规范行政决策程序,加快转变政府职能。"

2012年12月，习近平总书记走访8个民主党派中央和中华全国工商业联合会，并同各民主党派中央和中华全国工商业联合会领导人分别座谈。习近平谈到毛泽东和黄炎培在延安窑洞关于历史周期律的著名对话，称这段对话至今对中国共产党都是很好的鞭策和警示。

人民制定宪法的基本前提是，绝对的国家权力必然绝对滥用，而依靠掌握国家权力的个人的道德自律以防止国家权力的滥用又是靠不住的。宪法规范的是国家权力，而在面对国家权力时，宪法的基本精神是以警惕的眼光、预防的态度，在设计制度时，想尽各种办法、穷尽各种可能，使国家权力及掌握国家权力的人没有任何机会滥用权力。

如前所述，法治首先是规则之治。而规则之治要求所有的国家机关及其工作人员、企业事业组织、个人都必须在宪法和法律之下。其中，最重要和最根本的是，执行规则者必须受到规则的约束、遵守规则，严格依照规则办事，如此，规则才有权威。习近平总书记指出，全面依法治国必须抓住"关键少数"。领导干部要做尊法的模范、要牢固树立基本法治观念，学法懂法是守法用法的前提。法治是良法之治。而良法之治最重要的是规则能够兼顾社会不同的利益。根据这一要求，制定规则者和执行规则者都不得任性，不能单凭自己的意志行事，而必须符合信息公开的要求，并充分听取社会成员的不同意见。

宪法关于国家权力的3项基本功能的目的是完全一致的，即尊重和保障人权。通过宪法赋予国家权力的目的是尊重和保障人权，宪法规定了一系列保障国家权力有效运行的原则和制度的目的是尊重和保障人权，通过宪法限制国家权力、防止国家权力滥用的目的也是尊重和保障人权。在3项基本功能中，限权是基本前提。只有在宪法能够有效限制国家权力的前提下，赋予国家权力、保障国家权力才有意义，才能使国家权力起到保障人权的积极作用。反之，在宪法无法限制国家权力的情况下，越是赋予国家权力、保障国家权力有效运行，国家权力的消极作用越大。因此，法治就是法的统治，首要的是以法治权、以法治官。

二、领导干部是实施宪法的“关键少数”

(一)宪法实施的重要性

众所周知,制宪和修宪的目的在于实施宪法,确保党的意志与人民意志高度集中统一的现行宪法能够全面有效地实施。此次通过修改宪法,发展宪法的内容,保证宪法与时俱进,其目的也在于使宪法具备实施的基础和条件。

习近平总书记在主持2018年中央政治局第四次学习时强调,决胜全面建成小康社会、开启全面建设社会主义现代化国家新征程、实现中华民族伟大复兴的中国梦,推进国家治理体系和治理能力现代化、提高党长期执政能力,必须更加注重发挥宪法的重要作用。要坚持党的领导、人民当家作主、依法治国有机统一,加强宪法实施和监督,把国家各项事业和各项工作全面纳入依法治国、依宪治国的轨道,把实施宪法提高到新的水平。宪法的生命在于实施,宪法的权威也在于实施。我们要坚持不懈抓好宪法实施工作,把全面贯彻实施宪法提高到一个新水平。

在首都各界纪念现行宪法公布施行30周年大会上,习近平总书记指出,宪法的生命在于实施,宪法的权威也在于实施。我们要坚持不懈抓好宪法实施工作,把全面贯彻实施宪法提高到一个新水平。全面贯彻实施宪法,是建设社会主义法治国家的首要任务和基础性工作。宪法是国家的根本法,是治国安邦的总章程,具有最高的法律地位、法律权威、法律效力,具有根本性、全局性、稳定性、长期性。全国各族人民、一切国家机关和武装力量、各政党和各社会团体、各企业事业组织,都必须以宪法为根本的活动准则,并且负有维护宪法尊严、保证宪法实施的职责。任何组织或者个人,都不得有超越宪法和法律的特权。一切违反宪法和法律的行为,都必须予以追究。

在2014年党的十八届四中全会上,习近平总书记在《关于〈中共中央关于全面推进依法治国若干重大问题的决定〉的说明》中指出,宪法是国家的根本法。法治权威能不能树立起来,首先要看宪法有没有权威。必须把宣传和树立宪法权威作为全面推进依法治国的重大事项抓紧抓好,切实在宪法实施和监督上下功夫。依法治国,关键是依宪治国;依法执政,关键是依宪执政;新形势下,我们党要履行好执政兴国的重大职责,必须依据党章从严治党、依据宪法治国理政;党领导人民制定宪法和法律,党领导人民执行宪法和法律,党自身必须在宪法和法律范围内活动,真正做到党领导立法、保证执法、带头守法。

党的十九届四中全会《决定》要求,健全保证宪法全面实施的体制机制。依法治国首先要坚持依宪治国,依法执政首先要坚持依宪执政。加强宪法实施和监督,落实宪法解释程序机制,推进合宪性审查工作,加强备案审查制度和能力建设,依法撤销和纠正违宪违法的规范性文件。坚持宪法法律至上,健全法律面前人人平等保障机制,维护国家法制统一、尊严、权威,一切违反宪法法律的行为都必须予以追究。

(二)宪法实施的主体和基本方式

宪法实施是与法律实施相对应的概念,是指所有的国家机关和社会主体依据宪法和法律行使权力(权利)、履行义务的行为。我国《宪法》序言规定,全国各族人民、一切国家机关和武装力量、各政党和各社会团体、各企业事业组织,都必须以宪法为根本的活动准则,并且负有维护宪法尊严、保证宪法实施的职责。习近平总书记深刻指出,“宪法的根基在于人民发自内心的拥护,宪法的伟力在于人民出自真诚的信仰”。13亿多人民养成人人遵守宪法、维护宪法的观念和习惯,这是一个伟大的力量。

宪法所调整的基本社会关系是国家与公民的关系,而这一社会关系的基本内容是国家权力与公民基本权利,即国家的基本权力和义务、公民的基本权利和义务,两者实际上呈对应关系,即公民的基本权利意味着国家的基本义务,公民的基本义务意味着国家的基本权力。宪法调整这一社会关系的基本方式是规范国家权力,包括赋予国家权力、保障国家权力和限制国家权力。而国家机关是行使国家权力的主体,因此,宪法实施的主体主要是所有行使国家权力的国家机关。现代政治均为政党政治,宪法需要规范政党的宗旨及活动,社会主义国家还需要在宪法上直接确认执政党的地位和执政党在国家中的领导地位。因此,政党也是宪法实施的主体。

宪法实施的基本方式主要分为两类,即直接实施和间接实施。

宪法的直接实施,是指国家机关直接依据宪法作出宪法行为,包括直接依据宪法进行立法活动和直接依据宪法针对国家生活、社会生活中的重大问题作出决定、决议。其具体的表现主要如下:

第一,依据宪法设立国家机关,形成国家机构体系,并各自行使宪法授予的国家权力。从理论上说,国家机构体系是由宪法按照一定的原则创设的,所有国家机关的设立必须具有宪法上的依据,形成国家机关之间的宪法关系,宪法在此基础上对国家权力进行配置,各国家机关依据宪法行使自己的权力。我国宪法依据民主集中制原则,创设了人民代表大会制度。人民代表大会制度的出发点和宗旨是一切权力属于人民。按照人民代表大会制度原理,由人民选举产生代表人民行使国家权力的地方各级人民代表大会及全国人民代表大会;再由人民代表大会产生并监督其他国家机关,包括行政机关、监察机关、审判机关和检察机关。处理中央与地方关系的原则是,保证中央的统一领导,发挥地方的主动性和积极性。2016 年开始实施的国家监察体制改革的成果,就是在国家机构体系中增设监察委员会,为了保证其合宪性,2018 年《宪法修正案》第 52 条规定,在宪法第 3 章“国家机构”中增加 1 节,作为第 7 节“监察委员会”;增加 5 条,分别作为第 123 条至第 127 条。该宪法修正案并对宪法涉及国家机构的相关条款进行了修改。

第二,依据宪法对宪法进行修改。修改宪法既是保证宪法能够有效实施的基本条件和前提,也是实施宪法的一项具体行为。修宪权由制宪权创设,必须受到作为行使制宪权载体的宪法的约束。宪法通常规定了修宪权主体及修宪程序,宪法修改必须依据宪法的规定进行。宪法修改不得违反宪法的根本精神,否则即超出了修宪权的界限。修宪权主体依据宪法的授权，遵循宪法规定的修改程序，在不违背宪法的理念、基本原则和精神的前提下，对宪法进行修改，发展宪法的内容。现行《宪法》第64条规定，宪法的修改，由全国人民代表大会常务委员会或者1/5以上的全国人民代表大会代表提议，并由全国人民代表大会以全体代表的2/3以上的多数通过。据此规定，在我国，只有全国人民代表大会有权修改宪法，只有全国人民代表大会常务委员会或者1/5以上的全国人民代表大会代表有权提议修改宪法，全国人民代表大会必须以全体代表的2/3的多数才能通过宪法修改。修改宪法必须符合宪法的这一程序规定，同时必须符合宪法的基本原则、基本理念和基本精神。

第三，依据宪法对宪法进行解释。与宪法修改相同，宪法解释既是保证宪法能够有效实施的基本条件和前提，也是实施宪法的一项具体行为。宪法解释机关必须遵循宪法的理念、基本原则和精神，按照宪法解释程序，对宪法规范的内涵进行说明，使宪法规范与社会实际保持一致性，更好地调整宪法关系。

第四，依据宪法进行立法。狭义的立法，是指立法机关依据宪法创制规范的活动，这一意义上的立法活动属于宪法实施的范畴，并且是宪法实施的主要方式。

在我国，立法活动主要有以下几类：(1)全国人民代表大会及其常务委员会制定的法律。宪法规定，全国人民代表大会及其常务委员会行使国家立法权，制定国家的基本法律和其他法律。(2)国务院依据授权制定的行政法规。《立法法》第9条规定，本法第8条规定的事项尚未制定法律的，全国人民代表大会及其常务委员会有权作出决定，授权国务院可以根据实际需要，对其中的部分事项先制定行政法规，但是有关犯罪和刑罚、对公民政治权利的剥夺和限制人身自由的强制措施和处罚、司法制度等事项除外。(3)国务院对于在法律保留范围之外而又属于《宪法》第89条规定的国务院行政管理职权的事项所制定的行政法规。(4)民族自治地方的人民代表大会制定的自治条例和单行条例。(5)设区的市级以上的地方人民代表大会及其常务委员会在未制定法律、行政法规及上级地方性法规的情况下,所制定的地方性法规。(6)经济特区人民代表大会及其常务委员会制定的授权法规。《立法法》第74条规定,经济特区所在地的省、市的人民代表大会及其常务委员会根据全国人民代表大会的授权决定,制定法规,在经济特区范围内实施。依据法律制定行政法规、地方性法规、规章等规范性法律文件的行为属于法律实施的范畴。

第五,依据宪法针对具体事项作出的决定、决议。与具有普遍效力的立法不同,针对国家生活和社会生活中的重大问题作出的决定、决议等,只具有个别效力,因其也是直接依据宪法行使国家权力的表现,属于宪法实施的重要方式。当然,并不是所有国家机关都有权直接依据宪法作出决定、决议,绝大多数国家机关是依据法律作出决定、决议,因此,只有那些直接依据宪法作出的决定、决议才是宪法实施的活动。例如,《宪法》第62条规定,全国人民代表大会行使下列职权:……(4)选举中华人民共和国主席、副主席。(5)根据中华人民共和国主席的提名,决定国务院总理的人选;根据国务院总理的提名,决定国务院副总理、国务委员、各部部长、各委员会主任、审计长、秘书长的人选。(6)选举中央军事委员会主席;根据中央军事委员会主席的提名,决定中央军事委员会其他组成人员的人选。(7)选举国家监察委员会主任。(8)选举最高人民法院院长。(9)选举最高人民检察院检察长。(10)审查和批准国民经济和社会发展计划和计划执行情况的报告。(11)审查和批准国家的预算和预算执行情况的报告。(12)改变或者撤销全国人民代表大会常务委员会不适当的决定。(13)批准省、自治区和直辖市的建置。(14)决定特别行政区的设立及其制度。(15)决定战争和和平的问题……

2016年12月25日第十二届全国人民代表大会常务委员会审议通过的《关于在北京市、山西省、浙江省开展国家监察体制改革试点工作的决定》,2017年11月4日,第十二届全国人民代表大会常务委员会第三十次会议审议通过的《关于在全国各地推开国家监察体制改革试点工作的决定》,就是直接依据宪法作出的具体行为。

第六,确认政党的地位、宗旨及活动规范。基于现代政治均为政党政治的考量,无论是资本主义国家还是社会主义国家的宪法都对政党制定了相应的规范。资本主义国家宪法通常只规定公民的结社自由,再由立法机关据此制定结社法,第二次世界大战以后制定的资本主义国家宪法还对政党的宗旨作出规定,并据此制定专门的政党法。社会主义国家宪法通常直接规定执政党的地位,赋予执政党的合法性,并规定政党的活动原则。例如,我国现行《宪法》在序言中 5 处明确规定坚持中国共产党领导,并在第 1 条中规定:“中国共产党领导是中国特色社会主义最本质的特征”。序言规定了具有中国特色的政党制度,即中国共产党领导的多党合作和政治协商制度。第 5 条规定,一切国家机关和武装力量、各政党和各社会团体、各企业事业组织都必须遵守宪法和法律。一切违反宪法和法律的行为,必须予以追究。任何组织或者个人都不得有超越宪法和法律的特权。

宪法直接实施的主要表现是立法活动,拥有立法权的立法机关如何保证每一部立法都符合宪法精神,是衡量宪法实施状况的重要指标。

宪法的间接实施,是指立法机关依据宪法制定了法律文件以后,所有国家机关、社会团体、企业事业组织和公民个人严格依照这些法律文件进行的活动。法律文件都是依据宪法和以宪法为基础制定的,我国绝大多数法律第 1 条明确规定,本法依据宪法制定。“本法依据宪法制定”有如下基本含义:(1)依据宪法的立法授权;(2)依据宪法规定的立法程序;(3)依据宪法的理念、基本原则、精神;(4)依据宪法的规范内涵。立法机关不仅要依据宪法形成完整的法律体系,而且要让每一部立法体现宪法精神。

法律文件制定之后,宪法的理念、基本原则、精神、规范内涵已经体现在这些法律文件中,换言之,已经隐含在这些法律文件中。这些法律文件获得有效实施,即意味着宪法获得了实施。相对而言,宪法的规定比较原则,必须通过这些法律文件将其规定具体化,法律文件就是宪法的具体化、制度化。在这一意义上,实施这些法律文件必须理解这些法律文件,而这些法律文件又是宪法的具体化,那么理解这些法律文件就必须首先理解宪法的理念、基本原则、精神和规范内涵。否则,就无法全面、准确地理解,也就无法实施。因此,理解法律文件不能仅局限于这些法律文件本身,还必须从宪法的高度去理解。

在宪法的直接实施和间接实施两种方式中,宪法的间接实施是宪法实施的主要方式,绝大多数国家机关和其他社会主体主要依据法律文件进行活动。因此,宪法实施不仅仅是立法机关的职责,更是所有国家机关和社会主体的职责。

(三)宪法实施的基本功能

宪法实施的基本功能就是通过实施宪法,将宪法的理念、基本原则、精神及规范内涵付诸实践,实现宪法价值和功能,维护社会共同体的统一秩序,使宪法成为社会成员的生活方式。

第一,通过宪法实施,保证人权作为宪法核心价值的实现。我国2004年通过修改《宪法》,将"国家尊重和保障人权"载入宪法,使其成为中国共产党的执政理念和国家的理念。国家的目的、国家权力的目的、国家权力的运行都必须符合这一理念。国家权力不仅必须尊重人权,不得侵犯人权,而且必须通过积极充分有效的运行,以保障人权。

第二,通过宪法实施,设立国家机关,形成完整的国家机构体系,并依据宪法上的国家权力配置、行使国家权力的原则,各自行使国家权力,以实现和保证人民当家作主。

第三,通过宪法实施,形成以宪法为核心的统一的法律体系,并以此为基础形成统一的宪法秩序。

第四,通过宪法实施,传达宪法所承载的社会核心价值观,以凝聚社会共识。

第五,通过宪法实施,依照法治思维处理国家生活和社会生活中的重大问题,保证国家和社会的平稳、和谐。

（四）宪法实施的条件

宪法实施需要具备以下条件：

第一，宪法与社会实际保持一致性。宪法属于上层建筑领域及规范范畴，社会实际是第一位的。宪法需要通过解释、修改等方式，与社会实际保持一致性。只有这样，宪法才能对特定的社会关系发挥调整作用。因此，现行《宪法》颁行以来，随着我国经济社会的发展、变化和进步，以修正案的方式进行了5次修改，保证了宪法规范与社会实际的一致性，使宪法具备了实施的基本前提。

第二，社会成员内心尊崇宪法、信仰宪法。信仰宪法即信仰法治，选择在法的统治下生活，将宪法作为自己的生活方式。全国人民代表大会常务委员会将每年的12月4日即现行《宪法》颁行之日确定为"国家宪法日"，举行各种纪念宪法及宣传宪法知识的活动，以增强民众的宪法观念和宪法意识。同时，教育部在义务教育阶段的《道德与法治》《高校思想道德修养与法律基础》《法学教育》等教材中增加宪法教育的知识点；在中小学生中开展"学宪法、讲宪法"活动；实施法治课教师"国培"计划，培养中小学法治教育"种子"教师，提升教师的宪法信仰、宪法素养和教学技能。

第三，国家权力的行使者能够以宪法思维行使国家权力。《宪法》不仅仅约束国家权力，还赋予国家权力以保证国家权力的合法性和正当性，保障国家权力充分有效地运行。党的十八届四中全会《决定》要求建立领导干部的宪法宣誓制度，全国人民代表大会常务委员会于2015年7月1日作出了《关于实行宪法宣誓制度的决定》，具体规定了领导干部进行宪法宣誓的范围、宪法宣誓的程序及誓词。2018年《宪法修正案》第40条规定，在《宪法》第27条增加1款，作为第3款："国家工作人员就职时应当依照法律规定公开进行宪法宣誓。"宪法宣誓制度在宪法中予以确认，有利于促使国家工作人员树立宪法意识、恪守宪法原则、弘扬宪法精神、履行宪法使命，也有利于彰显宪法权威，激励和教育国家工作人员忠于宪法、遵守宪法、维护宪法，加强宪法实施。

(五)宪法适用与法律适用的关系

宪法实施是通过国家机关和其他社会主体适用宪法而完成的，那么国家机关和社会主体在什么情况下适用宪法，又在什么情况下适用法律，两者之间存在什么衔接关系？

在法治国家，宪法是国家的根本法，是一个国家唯一的最高规则。在一个国家中，所有的规则必须依据宪法并以宪法为基础制定，必须符合宪法。在宪法之下，由不同效力位阶形式的法律、法规等构成一个统一的规则体系，并以此规则体系形成统一的秩序，即宪法秩序。〔1〕

依据《宪法》和《立法法》的规定，我国的法律体系内部根据效力位阶依次分为：宪法、法律、行政法规、自治条例和单行条例、地方性法规、规章及授权法规等。在这一法律体系之中，宪法居于最高的地位，〔2〕法律、行政法规、自治条例和单行条例、地方性法规、规章及授权法规等在效力上低于宪法。换言之，法律、行政法规、自治条例和单行条例、地方性法规、规章及授权法规等违反宪法即为无效。

因此，在需要适用法规范对任何一个行为作出判断时，应当“法律适用优先”“穷尽法律适用”，即对任何一个行为先适用法律文件。换言之，在有法律文件规定的情况下，必须优先适用法律文件，而没有必要适用宪法。在穷尽法律文件适用之后，仍然无法解决问题的情况下，才有必要适用宪法，作出宪法上的判断。

---

〔1〕 党的十九大报告和党的十八届四中全会《决定》都指出，要形成以宪法为核心的社会主义法律体系，树立宪法法律至上。

〔2〕 《宪法》序言规定，本宪法以法律的形式确认了中国各族人民奋斗的成果，规定了国家的根本制度和根本任务，是国家的根本法，具有最高的法律效力。《宪法》第5条规定，中华人民共和国实行依法治国，建设社会主义法治国家。一切法律、行政法规和地方性法规都不得同宪法相抵触。一切国家机关和武装力量、各政党和各社会团体、各企业事业组织都必须遵守宪法和法律。一切违反宪法和法律的行为，必须予以追究。任何组织或者个人都不得有超越宪法和法律的特权。

“穷尽法律文件适用之后，仍然无法解决问题”，主要指的两种情况：一是所适用的法律文件是否符合宪法存在质疑，必须先由合宪性审查机关适用宪法对该法律文件是否符合宪法作出判断。否则，如果适用一个存在争议的法律文件去解决问题，该问题不可能得到彻底解决。二是立法机关还未能依据宪法制定相应的法律文件，即没有法律文件可以适用，而又必须有法规范上的依据去解决问题。

在社会生活中，常常出现这样的情形：一旦发生一个事件或者国家机关做出了一个行为，有人即认为侵犯了自己的宪法权利。实际上，在法律文件将宪法具体化、制度化之后，宪法权利也已经具体化为法律权利。法律权利受到侵害，其宪法权利也就受到了侵害；法律权利获得了救济，其宪法权利也就获得了救济。在法律适用优先原则下，国家机关适用法律文件保护了当事人的权利，也就是保护了当事人的宪法权利。

可见，根据法律适用优先原则，宪法的实施主要是通过国家机关和社会主体适用法律文件、遵守法律文件而实现的。领导干部是适用法律的“关键少数”，因此，学习宪法、理解宪法、领会宪法，对于宪法的全面有效实施具有极其重大的、不可或缺的意义。

三、与行使国家权力有关的若干宪法原理

领导干部学习宪法，必须读宪法文本。而展现在我们面前的宪法文本是宪法条文，这些条文构成宪法上的制度。这些条文并不是孤立的，而是由条文背后的宪法原理支撑而形成一个有机的整体。因此，理解宪法条文首要的是必须领会宪法原理。宪法上承载着诸多原理，每一个原理与行使国家权力都有着密切的关系，都对领导干部行使国家权力具有重要的指导价值。限于篇幅，本书仅介绍其中的 3 个宪法原理。

（一）人权原理

众所周知，人权是宪法的核心价值。马克思说，宪法是人权保障书。

列宁说,宪法就是一张写着人民权利的纸。习近平主席于2015年9月16日致“2015·北京人权论坛”的贺信中说,中国共产党和中国政府始终尊重和保障人权。长期以来,中国坚持把人权的普遍性原则同中国实际相结合,不断推动经济社会发展,增进人民福祉,促进社会公平正义,加强人权法治保障,努力促进经济、社会、文化权利和公民、政治权利全面协调发展,显著提高了人民生存权、发展权的保障水平,走出了一条适合中国国情的人权发展道路。

1.人权入宪的意义

我国对于人权的认识有一个转变的过程。最初将人权定性为资产阶级欺骗劳动人民的工具、资产阶级的专利,在国际交往的话语体系中,常常处于不利的处境。为转被动为主动,我国出版了年度性的美国人权白皮书等。在以美国为代表的西方国家攻击我国的人权状况时,我国以西方特别是美国侵犯人权的事实予以回击。后期,我国认识到实行社会主义制度的根本目的就是保障绝大多数人的人权,而资本主义制度只保障少数人的人权,社会主义制度与人权是高度契合的。因此,我们更应理直气壮地坚持人权。基于这一认识,我国完全承认了人权。所谓完全承认人权,即不仅承认“人权”这一概念,还承认人权的理念。承认人权的基本标志是在2004年《宪法修正案》中,明确增加了“国家尊重和保障人权”条款。这一条款表明,承诺尊重和保障人权是国家的义务;国家的目的在于尊重和保障人权;国家权力存在和运行的目的在于尊重和保障人权。同时,出版了近40部关于中国人权的白皮书,全面介绍中国各方面的人权状况。

“国家尊重和保障人权”条款进入宪法,对于中国共产党及中国社会的发展具有里程碑意义,是中国共产党“以人为本”“执政为民”等思想理念的法律化。这实际上就意味着,中国共产党的执政方式、执政方法、执政政策、执政战略、执政规划等方面均围绕着这一执政理念,并且是为实现这一执政理念的具体做法、方略。党的十八大以后,党中央提出了“四个全面”的战略部署,而后又提出了“新发展理念”。要更好地、透彻地理解“四个全面”和“新发展理念”，必须站在国家尊重和保障人权的高度，而不能仅仅囿于“四个全面”和“新发展理念”本身。实际上，这些部署和理念均是为了实现尊重和保障人权这一目标。发展是人类社会永恒的主题。联合国《发展权利宣言》确认发展权利是一项不可剥夺的人权。作为一个拥有13亿多人口的世界最大发展中国家，发展是解决中国所有问题的关键，也是中国共产党执政兴国的第一要务。中国坚持把人权的普遍性原则同本国实际相结合，坚持生存权和发展权是首要的基本人权。多年来，中国坚持以人民为中心的发展思想，把增进人民福祉、保障人民当家作主、促进人的全面发展作为发展的出发点和落脚点，有效保障了人民发展权益，走出了一条中国特色人权发展道路。中国积极参与全球治理，着力推进包容性发展，努力为各国特别是发展中国家人民共享发展成果创造条件和机会。[1]

人权入宪意味着我国不仅承认了“人权”这一概念，而且还承认了人权的基本理念。正是基于这一认识，自20世纪90年代初以来，中国在人权问题上进行了重大的外交战略调整。之后，中国开始积极主动地参加国际人权活动，在国际人权领域发挥了重要作用。中国在与国际人权条约机制的合作、与联合国人权机构的合作、参与国际人权对话和人权交流等方面都取得了积极进展。据统计，中国已参加27项国际人权条约。

人权入宪意味着我国宪法所列举的公民基本权利获得了更大的拓展空间。我国现行《宪法》中列举的公民基本权利是历部《宪法》中最全面、最具体的，但这部《宪法》是在我国改革开放初期颁行的，对公民基本权利的认识并不完全清晰，随着改革开放政策的实行，特别是我国社会的发展、进步和变化，宪法中关于公民基本权利的规定已经落后于我国社会实际的需要，而现行《宪法》颁行之后的4次修改均未涉及公民基本权利条款。例如，宪法中没有生命权、知情权、环境权、迁徙自由、诉

---

〔1〕 2016年12月4日，习近平致“纪念《发展权利宣言》通过30周年国际研讨会”的贺信。

讼权等权利和自由的规定。为适应社会的发展需要,对《宪法》中关于公民基本权利体系部分进行修改完善,可以说迫在眉睫。在修改之前,基于人权入宪,可以对现行《宪法》中关于公民基本权利体系的理解作出扩大解释,以适应社会的需要。

人权入宪意味着对宪法的核心价值有了更加清晰的认识。宪法是什么,制宪的目的是什么,国家的目的是什么,国家权力的目的是什么等,这些基本问题在人权入宪之前是一种理解,在人权入宪之后则是另一种理解。马克思说宪法是一部人权保障书,列宁说宪法是一张写着人民权利的纸。只有在人权入宪之后,我们对马列主义经典作家对宪法的论述才有了更加深刻的认识。

近些年来,我国在制度上作出了很大的改进和完善。例如,废除收容遣送制度、废除劳动教养制度、废止收容教育制度、禁止刑讯逼供、减少死刑和严格死刑复核制度、个人权利自由扩大、把权力关进制度的笼子、更加关注民生、要求政府信息公开、让民众在每一个案件中感受到公平正义等。这些制度的改进极大地推进了我国的人权进步,因而受到广大民众及国际社会的一致好评。人们也因此得出结论,中国社会进步了。可见,判断一个社会进步的标准即是人权,判断一项制度好坏的标准也在此。

2. 人权原理的基本要求

宪法上的"尊重和保障人权"是针对公权力而作出的规定,是对公权力提出的基本要求。这一规定,首先要求公权力必须"尊重人权",即立法机关不得制定侵犯人权的法律,行政机关不得在执法过程中侵犯人权,司法机关在审判过程中不得滥用司法权侵犯人权;其次要求公权力必须"保障人权",即立法机关必须制定保障人权的法律,行政机关在执行法律过程中必须有效地保障人权,司法机关必须通过审判活动有效地保障人权。当任何社会主体实施了侵犯人权的行为时,公权力机关都必须严肃处理,追究其法律责任。

人权原理要求,宪法及宪法以下的法律文件的核心价值必须是尊重和保障人权；立法机关、行政机关、司法机关行使权力必须以尊重和保障人权为核心价值；侵犯人权、阻碍人权进步的所有法律文件、所有制度均应因违反宪法而无效。

人权原理要求，所有的领导干部都必须清晰地认识到，我国社会未来发展的方向只有一个，那就是越来越尊重和保障人权。在清晰地认识到这一点之后，必须明确两点：一是基于中国社会的发展阶段、特殊国情，要通过积极努力而不懈地工作以达到要求。二是不得制定与尊重和保障人权要求背道而驰的制度。例如，制定违背社会公平的制度、侵犯机会平等的制度、把人区分为“高端”“低端”等。

人权原理要求，所有公权力的运行都是为了尊重和保障人权，不能做借公权力故意使社会成员出丑、侮辱人格的事情；所有的工作都必须是能够推进、促进人权保障的。

但也必须看到，在实践中，某些国家机关及其工作人员对中国共产党尊重和保障人权的执政理念认识不深，对人权自身的理念认识不足，导致在工作中的一些做法与人权保障的方向不一致。笔者认为，问题主要出在以下两个方面。

第一，对人权的固有性缺乏认识。人权即人之为人或人作为人的权利。从人权的来源上说，人权是固有的，而不是宪法和法律赋予的，宪法和法律只是对人所固有的人权通过法律程序予以确认、规定，宪法上和法律上的权利是人权的法定化。因此，人具有作为人的权利是当然的，无需任何理由。反之，宪法和法律如果要对人作为人的法定化的权利进行限制或者禁止，则必须具有正当目的及采取适度的手段，即必须符合比例原则的要求。比例原则是公权力在行使时必须遵守的首要要求，被称为公权力行使的“帝王条款”。公权力机关在通过宪法和法律获得公权力之后，首先必须遵守的即是比例原则。

比例原则的第一个要求是，禁止或者限制权利的目的必须正当。正当目的应当是两个：一是权利的外在限制，即基于保护公共利益、国家安全及维持社会秩序的需要，可以禁止或者限制权利。二是权利的内在限制,即在权利体系内部,特别是宪法规定的公民基本权利体系内部,不同权利之间必然存在一定的冲突。这说明任何权利都不是绝对的,必然存在一定的界限,故而有必要对权利进行限制。换言之,公权力禁止或者限制权利,只有基于这两个方面的目的才是正当的。

比例原则的第二个要求是,禁止或者限制权利的手段必须是必要的,即必要性原则。为了达到禁止或者限制的目的,必须采取一定的措施、手段。这些措施、手段必须是能够达到目的的必要措施、手段,否则构成违法。按照这一要求,先找到禁止或者限制的目的,再将每一项措施、手段分别与目的进行衡量,能够达到目的的手段为合法,不可能达到目的的手段为违法。例如,关于机动车限行措施,如果目的是减轻雾霾,必须证明机动车尾气是造成雾霾的重要因素,则限行才是正当的。如果没有证据证明这一点,限行达不到减轻雾霾的目的,则限行措施就是违法的。

比例原则的第三个要求是,达到目的的措施、手段必须是最低限度的。为了达到目的,在能够选择措施、手段的情况下,必须选择对社会成员侵害最小的措施、手段。因此,这一要求又被称为"最小侵害原则""最小损失原则""最小限制原则"。换言之,如果可以采用更小侵害的措施、手段,却采用了更大侵害的措施、手段,是不妥当的。例如,如果机动车限行的目的是减轻城市交通拥堵,那么应当先采取保证道路畅通的其他措施,在穷尽了所有措施之后,仍然不能保证道路畅通,不得已才可以采取限行措施。因为对机动车采取限行措施,必然对机动车的使用权进行限制。我国《行政强制法》第 5 条规定,行政强制的设定和实施,应当适当。采用非强制手段可以达到行政管理目的的,不得设定和实施行政强制。第 8 条规定,公民、法人或者其他组织因人民法院在强制执行中有违法行为或者扩大强制执行范围受到损害的,有权依法要求赔偿。

第二,对人的尊严的尊重和维护。人的尊严是人权的核心,是人类追求的最高价值。可以说,国家存在的目的、一切国家权力运行的目的、宪法和所有的法律制定和实施的目的、国家机关一切工作的目的，在终极意义上的价值即维护人的尊严。维护和尊重人的尊严、使每一个人能够生活得有尊严，是一切的出发点和归宿。

我国现行《宪法》第 38 条规定："中华人民共和国公民的人格尊严不受侵犯。禁止用任何方法对公民进行侮辱、诽谤和诬告陷害。"以前的我国历部《宪法》并没有这一条款的规定，这是我国现行《宪法》新增加的条款。之所以要增加这一条款，完全是因为"文化大革命"中出现的那些批斗，如"坐飞机""剃阴阳头""挂破鞋"之类侮辱人格的做法，目的在于避免类似的事情在我国再次发生。这一条款的关键词有两个：一个是"公民"，另一个是"任何方法"。其基本含义有以下三点：

一是任何公民都享有人格尊严，人格尊严是人的绝对自由和权利。即任何人只要是中华人民共和国公民，于任何情况下、任何时候在我国都享有人格尊严。换言之，即使是违法分子、犯罪分子，只要他们是公民，就都享有人格尊严，不得对他们进行侮辱、羞辱。他们的违法、犯罪行为无论是否受到法律的追究，对他们进行精神上、人格上的羞辱，都违反了宪法上关于人格尊严不受侵犯的规定。

二是任何人的人格尊严是完全相同的。绝不能因为身份、地位、金钱等方面的差异，而存在人格尊严上的区别。有的部门在确定标准时，区分出口标准与国内标准，即出口标准严于国内标准。这一做法将中国人与外国人在人格尊严上划分出等级，是违背任何人的人格尊严是完全相同的这一内涵的。

三是享有人格尊严并不能依照人数上的多寡，即一个人的尊严与多数人的尊严是完全相同的，并不能牺牲一个人的尊严而保全多数人的尊严。尊严的主体是个人，多数人的尊严也是一个个人的尊严，不能将多数人的尊严进行相加。通过牺牲个人或者少数人的尊严而保全多数人尊严的思维，并不是把个人或者少数人当作主体予以尊重和保护，而是把个人或者少数人当作保全多数人的客体予以对待的。在这一意义上，这违背人是宪法上的主体的价值要求。

某些地方的公检法机关召开公捕公判大会、将失足女游街示众,一些执法人员在执法过程中故意让当事人“出丑”等,都违反了宪法这一核心价值。任何人的行为违反了法律,公权力机关必须依据法律的相应规定追究其法律责任,但不可以“任何方法”侵犯其人格尊严。公权力存在和运行的终极目的在于尊重和保障人的尊严,宪法条款的效力首先是要求公权力自身必须尊重人的尊严。

(二)政府行政权力界限原理

习近平总书记指出,各级领导干部尤其要弄明白法律规定我们怎么用权,什么事能干、什么事不能干,心中高悬法律的明镜,手中紧握法律的戒尺,知晓为官做事的尺度。习近平总书记在2020年11月召开的中央全面依法治国工作会议上强调:“全面依法治国是一个系统工程,要整体谋划,更加注重系统性、整体性、协同性。法治政府建设是重点任务和主体工程,要率先突破,用法治给行政权力定规矩、划界限,规范行政决策程序,加快转变政府职能。”

法治政府首先必须确定政府行政权力的法律界限,只有有权力界限的政府才有可能是法治政府。在计划经济体制下,不仅经济领域的事务由政府处理,而且个人的事务、企业的事务均是由政府处理。在这一体制下,政府的权力不会受到来自法律的规范和限制。政府行使权力的依据是政策,而政策既由政府自己制定,也由政府自己执行。40余年前,我国开始实行改革开放,改革开放的过程实际上是政府简政放权的过程,相应地,也是个人和社会获得更多权利和自由的过程。特别是在实行社会主义市场经济体制以后,市场对社会资源的配置作用越来越大、功能越来越多。这样,实际上呈现出政府、社会、个人的分离。换言之,要在政府处理的事务、社会处理的事务、个人处理的事务之间进行必要的分工。在此前提下,必须明确地、清晰地划分政府、社会、个人之间的界限,特别是权力与权利之间的界限。而划分这一界限的主要目的和功能在于确定政府的权力范围,避免其越界。

以宪法和法律的形式界定政府的权力范围,政府必须在法律授权的范围内行使权力,受法律的约束和监督。政府制定的行政法规、规章必须符合法律,政府制定的实施性政策也必须合法。政府不得超越职权,不得违反法定程序,适用法律必须适当,作为行政行为必须有充分确凿的证据,行政行为必须合理。行政管理相对人如果认为政府的行政行为违法或者不合理,则可以提起行政复议或者行政诉讼,寻求行政救济和司法救济;如果行政行为被认定为违法并且造成了当事人的损失,则当事人有权依据《国家赔偿法》规定的程序,请求国家赔偿。因此,法治的基本要求之一是政府既是行政权力有界限的政府,又是能够在行政权力范围内发挥有效作用的政府。

政府行政权力界限原理主要包含四点基本内容。

第一,政府行政权力的法律界限。在人民主权原则下,国家的一切权力属于人民。人民通过宪法和法律赋予或者授予政府权力。换言之,政府的权力是人民通过宪法和法律授予的。政府的权力是由人民赋予的,这一说法仅仅是从政治上回答了政府权力的来源;而在法治社会,还必须回答政府权力的法律来源。政府权力的法律来源,决定了政府权力的法律界限。

在分析政府权力的法律来源时,必须首先分析个人权利的来源。人权是人之为人的权利。因此,个人的权利是与生俱来的,是人所应当具有的,是先于宪法和法律而自然存在的,而不是宪法和法律所赋予的。宪法和法律只是对个人应当具有的人权作出了法律上的确认。换言之,即便宪法和法律对人所应当具有的人权不予以确认,其仍然是存在的。人不仅是个体意义上的人,还是社会意义上的人。作为个体意义上的人,人权是绝对的、固有的、不受限制的;但作为社会意义上的人,即社会共同体中的一员,人的权利必然要受到限制。宪法和法律对个人权利的限制,要受到比例原则的约束。在此前提下,对于宪法和法律对个人权利的合法、正当限制,个人不可以作为。除此之外,个人享有其他权利和自由。因此,界定个人权利和自由范围的基本原则是,法无禁止即自由,即个人不得做法律禁止的事情,除此之外的事情个人都是可以作为的。

个人可以做法律不禁止的事情,既包括宪法和法律明确确认为权利和自由的行为,也包括宪法和法律没有明确规定的个人的权利和自由的行为。其区别在于,宪法和法律明确确认为个人权利时,义务主体为国家,即国家有义务保障个人权利的实现。在宪法和法律未明确规定为个人权利时,国家没有义务保障其实现,而由个人自身依据能力来实现;只有当个人的这些权利和自由受到侵犯时,国家才有义务予以救济。

相反,政府的权力由宪法和法律赋予,即只有宪法和法律赋予了权力,政府才有此权力;若宪法和法律没有赋予,政府即不具有此权力。因此,界定政府行政权力范围的基本原则是,法有授权即可为,法无授权不可为,法无授权即禁止。换言之,政府只能做法律授权的事情,不得做法律未授权的事情。政府在作出行政行为之前,必须清楚法律是否授权。

为了保证法治政府的建设,近年来,党中央、国务院大力推行政府的权力清单制度。2015 年中共中央办公厅、国务院办公厅发布的《关于推行地方各级政府工作部门权力清单制度的指导意见》指出:分门别类进行全面彻底梳理行政职权,逐项列明设定依据;对没有法定依据的行政职权,应及时取消;依法逐条逐项进行合法性、合理性和必要性审查;在审查过程中,要广泛听取基层、专家学者和社会公众的意见;公布权力清单;积极推进责任清单工作。

政府权力清单,实际上是将分布在宪法及不同法律、法规、规章中授予政府的权力集中到一个清单上。政府部门的权力清单也是如此。即便没有政府权力清单制度,实际上政府也是有权力清单的,只是分布在宪法和不同的法律、法规、规章中。

因为政府的行政权力范围为宪法和法律明确授权的部分,所以政府权力清单只能是正面清单,即宪法和法律明确规定的政府权力、职责。换言之,政府可以做的事情在清单上可以列明,而政府不能做的事情在清单上是无法一一列明的。相应地,对于个人权利和企业权利,如果需要列明清单,则只能是负面清单而不可能是正面清单。个人和企业可以做的事情在清单上无法一一列明,而只能将不能做的事情列明。

政府权力清单制度的意义在于:(1)明确政府权力、职责的事项,国家机关工作人员不需要查找相关的法律规定,即一目了然;(2)可以了解哪些权力和职责是可以简化的;(3)可以了解哪些授权需要进一步明晰。政府的“放管服”改革,就是在政府权力清单的基础上进行的。

宪法和法律对政府的权力采用的是赋权原则或授权原则。授权原则的含义非常丰富,包括为政府权力提供合法性依据和界定政府权力的范围:(1)授予权力意味着政府只限于享有宪法和法律所授予的权力,政府不享有未被授予的权力,从而限定了政府权力的范围。(2)宪法和法律授予哪些权力,政府只能享有所授予的权力,这限定了政府权力的类别。(3)宪法和法律授予某个国家机关以某种特定的权力,意味着只有该国家机关享有此权力,从而排除了其他国家机关享有该权力,即所谓的“授权其一,排除其他”。(4)宪法和法律规定国家机关行使该国家权力的条件、程序等内容,则该国家机关必须严格依照宪法和法律的规定行使该权力。

在政府行政权力存在界限的情况下,再负责任的政府也只能做宪法和法律赋予的权力范围内的事情。宪法和法律没有授予的权力,政府是不能行使的。人民没有通过宪法和法律赋予其权力,意味着人民不需要该国家机关对此事负责。如果人民的利益因此而遭受损失,则是人民自愿选择的结果。人民可以通过修改宪法和法律以授予国家机关某项权力。

第二,以行为是否具有社会危害性为标准。在法治社会,政府必须依法治理。“依法治理”首要的是依法律治理。而法律只是行为规范,只调整社会成员的行为,并不调整社会成员的思想,也不调整社会成员的身份。法律面前人人平等,意味着在法律面前任何身份的人都是平等的。因此,政府在具有宪法和法律授权的情况下,能否实际行使权力,必须以相对人是否实施了行为为条件。在当事人还没有做出行为的情况下,政府不能仅以当事人的思想或者具有某种身份为由而行使权力。

法律不仅是行为规范,由法律规范和调整的行为通常为具有社会危害性的行为。社会成员的某个行为在不具有社会危害性时,法律通常并不对其进行调整。国家对某些虽不具有社会危害性但国家需要特别要求的社会成员的行为也进行调整,但此类行为只是特例。例如,对适龄国民义务教育的强制性规范、对机动车驾驶员必须系安全带的强制性要求等。法律所规范和调整的主要是那些对社会具有危害性的行为。因为这些行为具有社会危害性,所以必须加以限制或者禁止并予以惩罚。法律依据行为的社会危害性的类型及危害程度,分别追究民事责任、行政责任和刑事责任。

第三,政府只处理社会公共事务。在国家、社会、个人三者分离的背景下,政府的职能只是处理社会公共事务,而无权处理私人事务。所谓私人事务,即个人或者企业、事业单位、社会团体等主体实施的并不涉及他人合法权益的事务。换言之,是指个人、企业、事业单位、社会团体等主体实施的法律并不禁止的事务。所谓公共事务,即涉及社会共同体的多数人的事务。只有当个人、企业、事业单位、社会团体的行为涉及公共利益或者可能损害他人合法利益时,该事务才可能成为社会公共事务。

政府最重要的基本职能之一是维持各类秩序,包括维持社会秩序、经济秩序、政治秩序等,使社会运行保持有序状态。法律由原则和规则组成,其内容是不同利益主体经过博弈形成的权利义务关系,其制定目的在于维持秩序。立法机关在民意得到充分表达的基础上,经过民主程序和民主机制,制定规则(主要为法律);行政机关依据法律实施管理;司法机关依据法律裁判案件。政府(行政机关)的角色定位就是依据法律充当裁判员。政府的职权主要有:(1)行政规范制定权,包括制定行政法规、规章,规定行政措施,编制计划、规划和预算。(2)行政决定权,包括通过赋予、限制或者剥夺等方式处理行政相对人的具体权利和义务。(3)行政命令权,即依法要求行政相对人为一定行为或者不为一定行为的职权。(4)行政措施实施权,即依法采取人身约束措施、查封财产措施、强制执行措施等。(5)行政确认权,即对已经存在的行政法律关系依法予以确认。(6)行政裁判权,即调处裁决行政纠纷和部分民事纠纷的职权。(7)行政制裁权,即依法对行政公务人员的违法行政行为和行政相对人违反行政法的行为进行处分或者处罚的职权。(8)行政救济权,即依法变更、撤销违法或者不当行政行为,对行政相对人的合法权益受到的损害或者损失进行补救的职权。可以说,政府依法行使的所有权力,都是为了维持秩序。

政府另一项重要职能是为社会提供必要的公共产品和公共服务。所谓“必要的”,即个人、社会、市场均无力、不愿、不能解决但为了维持秩序又属必要的情形。实际上,政府提供必要的公共产品和公共服务的基本目的也是更好地维持秩序。

例如,2013 年 12 月 27 日,某省政府作出政办(2013)45 号“某省人民政府办公厅转发省安全监管局等部门关于烟花爆竹生产企业整体退出意见(以下简称《退出意见》)的通知”(以下简称 45 号通知)。《退出意见》限定全省 75 家烟花爆竹生产企业必须在 2014 年年底前整体退出,分两批进行。

生产企业不服,向法院起诉。在本案中,被告提供的证据除政办(2010)61 号文件外,其余均是 45 号通知作出后形成的证据,不能作为证明 45 号通知合法的证据使用。同时,政办(2010)61 号文件也只能证明被告在作出 45 号通知前将烟花爆竹生产企业有序退出纳入产业政策调整范畴,而不能证明 45 号通知合法。被告作出 45 号通知的行为,主要证据不足,依法应予撤销。

2015 年 4 月 20 日,某市中级人民法院作出一审判决,确认某省人民政府作出的要求烟花爆竹企业整体退出的行政行为违法,并要求省政府于判决生效后 60 日内采取相应的补救措施。

第四,政府是处理社会公共事务的最后选择。政府只能处理社会公共事务,同时,政府又是处理社会公共事务的最后选择。我们知道,政府权力的最大特点是控制最重要的社会资源和具有强制力。所以,由政府处理社会公共事务最有效、最有力,又有可能效率最低、成本最高,并可能出现腐败。换言之,由政府处理社会公共事务是一把“双刃剑”,政府只是在不得已的情况下,才出手处理社会公共事务,而不是第一选择。

党的十八届三中全会《决定》指出,使市场在资源配置中起决定性作用和更好发挥政府作用。市场决定资源配置是市场经济的一般规律,健全社会主义市场经济体制必须遵循这条规律,着力解决市场体系不完善、政府干预过多和监管不到位问题。政府的职责和作用主要是保持宏观经济稳定,加强和优化公共服务,保障公平竞争,加强市场监管,维护市场秩序,推动可持续发展,促进共同富裕,弥补市场失灵。该决定的主要内容是全面深化改革,其中基本内容是经济改革。经济改革的基本方向是尽可能地发挥市场在资源配置方面的决定性作用,减少政府在资源配置方面的作用,政府只是在市场失灵的情况下,起到弥补作用。

党的十九大报告要求,转变政府职能,深化简政放权,创新监管方式,增强政府公信力和执行力,建设人民满意的服务型政府。党的十九届四中全会《决定》要求,要优化政府职责体系。完善政府经济调节、市场监管、社会管理、公共服务、生态环境保护等职能,实行政府权责清单制度,厘清政府和市场、政府和社会的关系。深入推进简政放权、放管结合、优化服务,深化行政审批制度改革,改善营商环境,激发各类市场主体活力。

《行政许可法》第 13 条规定,本法第 12 条所列事项,通过下列方式能够予以规范的,可以不设行政许可:(1)公民、法人或者其他组织能够自主决定的;(2)市场竞争机制能够有效调节的;(3)行业组织或者中介机构能够自律管理的;(4)行政机关采用事后监督等其他行政管理方式能够解决的。这一条款虽然是就设定行政许可的必要性作出的规定,但实际上对政府行使权力具有一般的指导意义。上述条款实际隐含两个意思:

(1)政府管什么,或者说什么是政府该管的?按照这一条款的规定,只有在具备以下 3 个必要条件时,才属于政府处理的事务:一是公民、法人或者其他组织无法自主决定的事务;二是通过市场竞争机制无法有效调节的事务;三是行业组织或者中介机构无法自律管理的事务。在上述三者中,如果能满足其中一个条件而得到处理的事务,就不属于政府处理的事务。换言之,政府如果提出某一项事务应当通过立法授予政府处理,那么政府就应当提出3个条件均无法满足的证据。

(2)在属于政府处理的事务中,政府应当在什么阶段介入?按照这一条款的规定,政府必须首先采用事后监督的方式。只有在采用事后监督的方式仍然无法有效处理的情况下,政府才可以采用事前准入的方式处理。所谓事前准入的方式,即政府通过立法设定从事某项行为的资格、条件、资质、门槛,规定准入制度。这样的管理方式势必对企业和个人增加限制,影响其发展。因此,政府的管理方法是,以事后监督为主、以事前准入为辅。

(三)平等原理

平等是人类始终不懈追求的理想目标。争取平等是中国共产党的一面旗帜和奋斗目标,中国共产党自成立以来,在革命不同历史阶段的宪法和法律文件中都明确规定了平等。在新中国成立以后的第一部宪法即1954年《宪法》中就明确规定了“中华人民共和国公民在法律上一律平等”,特别是现行《宪法》不仅明确规定了法律面前人人平等,更是将平等作为宪法的一项基本原则,指导宪法制度和宪法规范的设计。

1. 平等与社会公平正义

平等实现的最重要表现是社会公平正义。而社会公平正义是社会主义制度的本质特征、社会主义制度追求的价值理念、社会主义制度的最大优越性,也是社会主义战胜资本主义的最强大武器。我国进入新时代以来,党中央特别注重实现社会公平正义。

关于实现社会公平正义,党的十九大报告多处进行了论述、提出要求:(1)加大全民普法力度,建设社会主义法治文化,树立宪法法律至上、法律面前人人平等的法治理念。(2)中国特色社会主义进入新时代,我国社会主要矛盾已经转化为人民日益增长的美好生活需要和不平衡不充分的发展之间的矛盾。(3)人民平等参与、平等发展权利得到充分保障。不断促进社会公平正义,形成有效的社会治理、良好的社会秩序,使人民获得感、幸福感、安全感更加充实、更有保障、更可持续。坚决打赢脱贫攻坚战。让贫困人口和贫困地区同全国一道进入全面小康社会是我们党的庄严承诺。(4)增进民生福祉是发展的根本目的。必须多谋民生之利、多解民生之忧,在发展中补齐民生短板、促进社会公平正义,在幼有所育、学有所教、劳有所得、病有所医、老有所养、住有所居、弱有所扶上不断取得新进展,深入开展脱贫攻坚,保证全体人民在共建共享发展中有更多获得感,不断促进人的全面发展、全体人民共同富裕。(5)毫不动摇巩固和发展公有制经济,毫不动摇鼓励、支持、引导非公有制经济发展,使市场在资源配置中起决定性作用。(6)全面实施市场准入负面清单制度,清理废除妨碍统一市场和公平竞争的各种规定和做法,支持民营企业发展,激发各类市场主体活力。

党的十九届四中全会《决定》着眼于实现国家治理体系和治理能力现代化。作为社会主义国家的中国,国家治理现代化的一项重要目标就是实现社会公平正义。因此,该决定对如何实现社会公平正义,作出了深刻的阐述:(1)作为社会主义制度的13项显著优势中,与实现社会公平正义直接相关联的就包括三项:坚持全面依法治国,建设社会主义法治国家,切实保障社会公平正义和人民权利的显著优势;坚持各民族一律平等,铸牢中华民族共同体意识,实现共同团结奋斗、共同繁荣发展的显著优势;坚持以人民为中心的发展思想,不断保障和改善民生、增进人民福祉,走共同富裕道路的显著优势。(2)健全社会公平正义法治保障制度。(3)毫不动摇巩固和发展公有制经济,毫不动摇鼓励、支持、引导非公有制经济发展。营造各种所有制主体依法平等使用资源要素、公开公平公正参与竞争、同等受到法律保护的市场环境。建设高标准市场体系,完善公平竞争制度。健全以公平为原则的产权保护制度。促进内外资企业公平竞争。(4)增进人民福祉、促进人的全面发展是我们党立党为公、执政为民的本质要求。创新公共服务提供方式，鼓励支持社会力量兴办公益事业，满足人民多层次多样化需求，使改革发展成果更多更公平惠及全体人民。(5)坚持和完善共建共治共享的社会治理制度。建设人人有责、人人尽责、人人享有的社会治理共同体，确保人民安居乐业、社会安定有序，建设更高水平的平安中国。

2. 平等与平等权

(1)我国宪法和法律关于平等的规定

我国现行《宪法》在前三部《宪法》关于平等规定的基础上，作出了更为具体和明确的规定。

首先，现行《宪法》对平等作出了一般性的规定。其第 33 条第 2 款规定，中华人民共和国公民在法律面前一律平等；第 4 款规定，任何公民享有宪法和法律规定的权利，同时必须履行宪法和法律规定的义务。其第 5 条规定，任何组织或者个人都不得有超越宪法和法律的特权。

其次，现行《宪法》对平等在特定领域作出了比较具体的规定。主要为三个方面：①民族平等。《宪法》序言规定："中华人民共和国是全国各族人民共同缔造的统一的多民族国家。平等团结互助和谐的社会主义民族关系已经确立，并将继续加强。在维护民族团结的斗争中，要反对大民族主义，主要是大汉族主义，也要反对地方民族主义。国家尽一切努力，促进全国各民族的共同繁荣。第 4 条规定，中华人民共和国各民族一律平等。国家保障各少数民族的合法的权利和利益，维护和发展各民族的平等团结互助和谐关系。禁止对任何民族的歧视和压迫，禁止破坏民族团结和制造民族分裂的行为"。②男女平等。第 48 条规定："中华人民共和国妇女在政治的、经济的、文化的、社会的和家庭的生活等各方面享有同男子平等的权利。国家保护妇女的权利和利益，实行男女同工同酬，培养和选拔妇女干部。"③选举权和被选举权平等。第 34 条规定："中华人民共和国年满十八周岁的公民，不分民族、种族、性别、职业、家庭出身、宗教信仰、教育程度、财产状况、居住期限，都有选举权和被选举权；但是依照法律被剥夺政治权利的人除外。"

现行《宪法》的其他条款虽然未明确使用“平等”,但体现了平等的精神。例如,第33条规定,凡具有中华人民共和国国籍的人都是中华人民共和国公民。第36条规定,中华人民共和国公民有宗教信仰自由。任何国家机关、社会团体和个人不得强制公民信仰宗教或者不信仰宗教,不得歧视信仰宗教的公民和不信仰宗教的公民。第38条规定,中华人民共和国公民的人格尊严不受侵犯。禁止用任何方法对公民进行侮辱、诽谤和诬告陷害。第41条规定,中华人民共和国公民对于任何国家机关和国家工作人员,有提出批评和建议的权利;对于任何国家机关和国家工作人员的违法失职行为,有向有关国家机关提出申诉、控告或者检举的权利,但是不得捏造或者歪曲事实进行诬告陷害。第49条规定,夫妻双方有实行计划生育的义务。第51条规定,中华人民共和国公民在行使自由和权利的时候,不得损害国家的、社会的、集体的利益和其他公民的合法的自由和权利。

我国在法律层面对平等作出了更多的明确规定。

《劳动法》第3条规定,劳动者享有平等就业和选择职业的权利、取得劳动报酬的权利、休息休假的权利、获得劳动安全卫生保护的权利、接受职业技能培训的权利、享受社会保险和福利的权利、提请劳动争议处理的权利以及法律规定的其他劳动权利;第12条规定,劳动者就业,不因民族、种族、性别、宗教信仰不同而受歧视;第13条规定,妇女享有与男子平等的就业权利。在录用职工时,除国家规定的不适合妇女的工种或者岗位外,不得以性别为由拒绝录用妇女或者提高对妇女的录用标准。

《人民法院组织法》第5条规定,人民法院审判案件在适用法律上一律平等,不允许任何组织和个人有超越法律的特权,禁止任何形式的歧视。《人民检察院组织法》第5条规定,人民检察院行使检察权在适用法律上一律平等,不允许任何组织和个人有超越法律的特权,禁止任何形式的歧视。《刑事诉讼法》第6条规定,人民法院、人民检察院和公安机关进行刑事诉讼,必须依靠群众,必须以事实为根据,以法律为准绳。对于一切公民,在适用法律上一律平等,在法律面前,不允许有任何特权。《民事诉讼法》第8条规定,民事诉讼当事人有平等的诉讼权利。人民法院审理民事案件,应当保障和便利当事人行使诉讼权利,对当事人在适用法律上一律平等。《行政诉讼法》第8条规定,当事人在行政诉讼中的法律地位平等。

《民族区域自治法》第9条规定:"上级国家机关和民族自治地方的自治机关维护和发展各民族的平等、团结、互助的社会主义民族关系。禁止对任何民族的歧视和压迫,禁止破坏民族团结和制造民族分裂的行为。"第48条规定,民族自治地方的自治机关保障本地方内各民族都享有平等权利。

《妇女权益保障法》第1条规定,为了保障妇女的合法权益,促进男女平等,充分发挥妇女在社会主义现代化建设中的作用,根据宪法和我国的实际情况,制定本法。第2条规定,妇女在政治的、经济的、文化的、社会的和家庭的生活等各方面享有同男子平等的权利。实行男女平等是国家的基本国策。国家采取必要措施,逐步完善保障妇女权益的各项制度,消除对妇女一切形式的歧视。第9条规定,国家保障妇女享有与男子平等的政治权利。第11条规定,妇女享有与男子平等的选举权和被选举权。第15条规定,国家保障妇女享有与男子平等的文化教育权利。第16条规定,学校和有关部门应当执行国家有关规定,保障妇女在入学、升学、毕业分配、授予学位、派出留学等方面享有与男子平等的权利。学校在录取学生时,除特殊专业外,不得以性别为由拒绝录取女性或者提高对女性的录取标准。第22条规定,国家保障妇女享有与男子平等的劳动权利和社会保障权利。第23条规定,各单位在录用职工时,除不适合妇女的工种或者岗位外,不得以性别为由拒绝录用妇女或者提高对妇女的录用标准。第24条规定,实行男女同工同酬。妇女在享受福利待遇方面享有与男子平等的权利。第25条规定,在晋职、晋级、评定专业技术职务等方面,应当坚持男女平等的原则,不得歧视妇女。第30条规定,国家保障妇女享有与男子平等的财产权利。第32条规定,妇女在农村土地承包经营、集体经济组织收益分配、土地征收或者征用补偿费使用以及宅基地使用等方面,享有与男子平等的权利。第33条规定,任何组织和个人不得以妇女未婚、结婚、离婚、丧偶等为由,侵害妇女在农村集体经济组织中的各项权益。因结婚男方到女方住所落户的,男方和子女享有与所在地农村集体经济组织成员平等的权益。第34条规定,妇女享有的与男子平等的财产继承权受法律保护。在同一顺序法定继承人中,不得歧视妇女。第36条规定,国家保障妇女享有与男子平等的人身权利。第43条规定,国家保障妇女享有与男子平等的婚姻家庭权利。第49条规定,父母双方对未成年子女享有平等的监护权。

《民法典》第4条规定,民事主体在民事活动中的法律地位一律平等;第14条规定,自然人的民事权利能力一律平等;第206条规定,国家实行社会主义市场经济,保障一切市场主体的平等法律地位和发展权利;第207条规定,国家、集体、私人的物权和其他权利人的物权受法律平等保护,任何组织或者个人不得侵犯;第1041条规定,实行婚姻自由、一夫一妻、男女平等的婚姻制度;第1043条规定,夫妻应当互相忠实,互相尊重,互相关爱;家庭成员应当敬老爱幼,互相帮助,维护平等、和睦、文明的婚姻家庭关系;第1055条规定,夫妻在婚姻家庭中地位平等;第1126条规定,继承权男女平等。

(2)平等的内涵与平等权的特点

人们通常将平等的内涵理解为:同样情况同样对待,不同情况不同对待;对任何人同等地保护、同等地惩罚。平等是在两个以上主体之间相互关系的前提下,才能体现出其具体内涵。实际上,平等是一个多样化的概念,依据不同的标准,可以作出不同的分类。

第一,作为原则的平等和作为权利的平等。平等作为一项宪法和法律原则,要求在宪法制度、宪法规范和法律制度、法律规范设计上,必须贯彻平等的理念、原理和精神。因此,任何制度和规范对任何人都必须平等对待,不得歧视或者予以特权。同时,对所有国家权力及国家机关形成约束,也对其他社会主体形成约束。立法机关、行政机关、监察机关、审判机关和检察机关在行使各自的国家权力时,对任何人都必须平等对待;其他社会主体在处理社会关系时,也必须平等对待。平等作为一项宪法和法律权利,表现为一项请求权。平等作为一项宪法权利,公民有权向国家和国家机关提出平等对待的要求。平等作为一项法律权利,个人、法人或者其他组织有权向其他社会主体提出平等对待的要求。

平等权与其他权利相比较,其并不是一项独立的权利,而是一项概括性权利,即其是一项附随于其他权利的权利,公民的任何一项权利中均包含着平等权。

第二,立法上的平等和适用上的平等。所谓立法上的平等,是指立法机关在创设法律制度和法律规范时,以平等原则为指导,平等对待任何人。换言之,宪法上的平等原则约束立法机关,立法机关在立法内容上体现平等理念、原则和精神。所谓适用上的平等,是指即使立法上作出了差别对待的规定,监察机关、司法机关和行政机关也必须严格按照立法上的规定进行适用。我国 1954 年《宪法》关于平等一般规定采用了"中华人民共和国公民在法律上一律平等"的表述,通常认为,这一规定既体现了立法上的平等,也体现了适用上的平等。而我国现行《宪法》则采用了"中华人民共和国公民在法律面前一律平等"的表述。对于这一表述,通常认为,人民与敌人在立法上可以不平等,而只是监察机关、司法机关和行政机关在适用上一律平等。

在我国现行《宪法》修改过程中,法学界围绕着人人平等是仅指适用上的平等还是包括立法上的平等这一重大问题争议不断。因这一争议并未有结论,现行《宪法》采用了现有的比较模糊的表述。现行《宪法》颁行以来,这一争议逐渐明朗化:(1)宪法规范和调整的对象主要是国家与公民之间的关系,公民是宪法上与国家相对应的重要主体。而"公民"这一身份,在宪法上意味着平等。(2)如果在立法上不平等,仅仅在适用上平等,则不可能从根本上达到真正意义上的平等。(3)如果在立法上可以针对不同的公民作出不平等的规定,则实际上意味着宪法上的平等对立法机关不产生约束力。目前的通说认为,平等既包括立法内容上的平等,也包括法律适用上的平等。

第三,形式平等、绝对平等和实质平等。所谓形式平等,是指为了保护自由竞争,任何人在机会上的平等。形式平等意味着保障任何人在竞争起点上的平等,其基本前提是保证任何人在人格上和身份上的平等。任何人在人格上和身份上的平等性,决定了不能根据身份上的差别而作出限制。形式平等是反封建的产物,在历史上是巨大进步。自由竞争要求竞争者不得有人身依附关系,必须在身份上是独立、平等的。形式平等同时承认,人们在个体上的差异及分配结果上的差异。

所谓绝对平等,是指任何人无论在个体条件及能力上存在多大的差异,在分配结果上是完全相同的。这种平等又称为结果的平均主义。

所谓实质平等,是指在形式平等的基础上,国家通过财富的二次分配对弱势群体进行照顾,或者提高普遍的公共产品和公共服务水平,以缩小社会的贫富差距。形式平等主要意味着机会平等,即在竞争起点上的平等,但因社会成员个体之间在能力上的差异,而必然会形成分配结果上的差别,而且这种差别会呈现越来越大的趋势。为了维护社会的稳定和社会共同体的利益,国家必须努力缩小这种贫富之间的差距。

以跑步比赛为例,形式平等的要求是任何人如果愿意都有资格同时起跑(机会均等),而不能规定有人有资格跑、有人没有资格跑,或者有人可以先跑、有人必须后跑,但必须承认和保护每一个人最终的跑步结果。绝对平等的要求是,无论跑不跑、跑得快还是跑得慢,其最终的分配结果都是相同的。实质平等要求在形式平等的基础上,对于跑得慢的人,政府给予一定的帮助,缩短慢与快之间的距离。

在目前的社会发展阶段,所能够实行的平等观只能是,以形式平等为主、以实质平等为辅,而不具备实现绝对平等的客观条件。

我们常常听到有人发出这样的感慨:人与人之间怎么可能是平等的呢?的确如此。人与人之间由于家庭背景、财产状况、受教育程度、个人努力程度等因素,必然地存在一定的差异,而目前只能实行以形式平等为主的平等观,而这一平等观是以承认社会成员先天的差异及后天的努力程度为前提的。因此,人与人之间在本质上是不平等的。

我们同时也常常听到有人发出这样的感慨:人与人之间怎么可能不是平等的呢?也的确如此。人与人之间无论存在多大的差异,近代以后,应当实现人格平等、身份平等和机会平等。这一意义上,人与人之间又是平等的。

另外,在形式平等之下,即使人与人之间在机会上实现了平等,表面上,机会对于每一个人是公平的,而实际上,“机会总是留给有准备的人”。而所谓有准备的人,实质上,就是有能力的人。有能力的人总是有机会或者有更好的机会,没有能力的人总是没有机会或者只能是不太好的机会。长此以往,社会必然呈现贫富巨大的差距,形成两极分化的结构,也必然对社会秩序的维持带来巨大的压力。

因此,以形式平等为主、以实质平等为辅是现阶段只能采用的平等观。这一平等观的基本要求是:(1)保证每一个人在机会上平等,不能因为身份、地位、家庭背景等因素,而在竞争机会上存在差异;平等享有权利、平等履行义务、平等保护、平等处罚。(2)国家普遍地提供公共产品和公共服务、社会保障,在贫富差距可能危及社会稳定时,国家对高收入者高额征税,并为穷人提供社会救济,保障其基本的生存权,缩小贫富差距。

以形式平等为主、以实质平等为辅的平等观,只能在社会主义制度的条件下真正实现。我国现行《宪法》序言和第1条关于坚持中国共产党领导的规定,第6条关于中华人民共和国的社会主义经济制度的基础是生产资料的社会主义公有制和实行各尽所能、按劳分配的原则的规定,都是社会主义制度下实现社会公平正义的保障。

3. 平等与差别对待

在形式平等下,基于某些特殊情况,可能存在差别对待。差别对待可以分为两类:合理的差别对待与不合理的差别对待。合理的差别对待与平等是相融的,并不违反平等,只有不合理的差别对待才构成特权或者歧视,违反平等。

(1)我国现行《宪法》上关于差别对待的规定

现行《宪法》在明确规定平等及在平等思维指导下设计宪法制度和宪法规范的同时,也作出了一些差别对待的规定。

第4条规定,中华人民共和国各民族一律平等。国家保障各少数民族的合法的权利和利益,维护和发展各民族的平等团结互助和谐关系。禁止对任何民族的歧视和压迫,禁止破坏民族团结和制造民族分裂的行为。国家根据各少数民族的特点和需要,帮助各少数民族地区加速经济和文化的发展。

第31条规定,国家在必要时得设立特别行政区。在特别行政区内实行的制度按照具体情况由全国人民代表大会以法律规定。

第34条规定,中华人民共和国年满18周岁的公民,不分民族、种族、性别、职业、家庭出身、宗教信仰、教育程度、财产状况、居住期限,都有选举权和被选举权;但是依照法律被剥夺政治权利的人除外。

第65条规定,全国人民代表大会常务委员会组成人员中,应当有适当名额的少数民族代表。全国人民代表大会常务委员会的组成人员不得担任国家行政机关、监察机关、审判机关和检察机关的职务。

第66条规定,委员长、副委员长连续任职不得超过两届。

第74条规定,全国人民代表大会代表,非经全国人民代表大会会议主席团许可,在全国人民代表大会闭会期间非经全国人民代表大会常务委员会许可,不受逮捕或者刑事审判。

第75条规定,全国人民代表大会代表在全国人民代表大会各种会议上的发言和表决,不受法律追究。

第79条规定,有选举权和被选举权的年满四十五周岁的中华人民共和国公民可以被选为中华人民共和国主席、副主席。

第87条规定,总理、副总理、国务委员连续任职不得超过两届。

第103条规定,县级以上的地方各级人民代表大会常务委员会的组成人员不得担任国家行政机关、监察机关、审判机关和检察机关的职务。

第113条规定,自治区、自治州、自治县的人民代表大会中,除实行区域自治的民族的代表外,其他居住在本行政区域内的民族也应当有适当名额的代表。自治区、自治州、自治县的人民代表大会常务委员会中应当有实行区域自治的民族的公民担任主任或者副主任。

第114条规定,自治区主席、自治州州长、自治县县长由实行区域自治的民族的公民担任。

第115条规定,自治区、自治州、自治县的自治机关行使宪法第三章第五节规定的地方国家机关的职权,同时依照宪法、民族区域自治法和其他法律规定的权限行使自治权,根据本地方实际情况贯彻执行国家的法律、政策。

第124条规定,国家监察委员会主任连续任职不得超过两届。

第129条规定,最高人民法院院长每届任期同全国人民代表大会每届任期相同,连续任职不得超过两届。

第135条规定,最高人民检察院检察长每届任期同全国人民代表大会每届任期相同,连续任职不得超过两届。

(2)合理差别与不合理差别的判断标准

允许合理的差别与禁止不合理的差别是形式平等下的两个互相联系的方面。差别对待是否具有合理性,一般而言,其判断的标准包括根据的合理性和限度的合理性。

①差别对待的"根据"的合理性

在法律、制度、政策中作出限制性或者照顾性差别对待时,其首先必须具有合理根据。换言之,首先必须回答"为什么要作出限制"或者"为什么要进行照顾"?实践中的情形千差万别,难以穷尽。例如,民族、种族、性别、职业、家庭出身、宗教信仰、受教育程度、财产状况等,均可能成为作出差别的事由。这些事由是否构成合理根据,需要在个案中进行确定。

例如,现行《宪法》关于人大代表的人身特别保护权的规定。第37

条规定,任何公民,非经人民检察院批准或者决定或者人民法院决定,并由公安机关执行,不受逮捕。禁止非法拘禁和以其他方法非法剥夺或者限制公民的人身自由,禁止非法搜查公民的身体。而在这一规定的基础上,对人大代表的人身自由作出了特别保护性规定,全国人大代表非经全国人大会议主席团许可,在全国人大闭会期间非经全国人大常委会许可,不受逮捕或者刑事审判。对人大代表的人身自由作出比公民更为严格的程序保护,其根据在于,人大的重要职责是监督其他国家机关,包括人民检察院、人民法院及公安机关,为了保证人大代表履行监督职责,必须有特殊程序保护规定。因此,其根据是合理的。

又如,现行《宪法》规定,公民有言论自由,但同时规定公民在行使自由和权利的时候,不得损害国家的、社会的、集体的利益和其他公民的合法的自由和权利。可见,公民的言论自由并不是绝对的。现行《宪法》规定,全国人大代表在全国人大各种会议上的发言和表决,不受法律追究。对人大代表发表言论的这一特殊保护的根据在于,作为民意代表的人大代表,其职责是充分反映民意、表达民意,并代表人民制定法律、作出重大决定;倘若人大代表发表言论受到限制,势必畏首畏尾,难以履行人大代表的职责。

②差别对待的“限度”的合理性

法律、制度、政策在作出差别规定时,有时会作出限度的规定。限度是否合理也会影响差别规定的合理性。例如,在作出限制性规定时限制的限度,或者在作出照顾性规定时照顾的限度,都会影响差别规定的合理性。如果限度不合理,则差别规定就是不合理的,构成歧视或者特权。

我国 1953 年第一部《选举法》规定,全国人大代表所代表的人口数城乡比例为 1∶8,即农村代表所代表的人口数 8 倍于城市代表,对于省级、县级人大代表所代表的人口数未作出明确规定;1979 年《选举法》规定,自治州、县、自治县人大农村每一代表所代表的人口数 4 倍于城市每一代表所代表的人口数,省、自治区人大为 5∶1,全国人大为 8∶1;1995 年修改《选举法》规定,全国人大、省级人大、市级人大、县级人大农村代表所代表的人口数一律4倍于城市代表;2010年修改《选举法》规定,实行城乡按相同人口比例选举人大代表。农村代表与城市代表所代表的人口数比例从8∶1到4∶1,再到1∶1完全相同比例,判断这一差别比例限度的演变是否具有合理性,需要根据改革开放过程中,我国城乡之间人口数构成的演变发展。从选举权平等性出发,要求一人一票、每票同值,但我国属于农业大国,农村人口始终占据着人口的大多数,为了保证人大代表构成中城市工人阶级的代表占据大多数,以保证工人阶级的领导地位,选举法伴随着我国城乡人口结构的变化,在所代表的人口比例上作出相应的变化,直至达到相同比例,应当说是在合理的限度之内。

例如,陕西某市发放消费代金券引发争议事件。为帮扶企业共渡难关,某市发放近亿元"惠民生、促发展"消费代金券,释放居民消费潜力,推动服务业全面复苏。发放、使用期为2020年4月20日至7月20日。该消费代金券分为惠民消费代金券、专项消费代金券及企业类消费代金券三类,在符合规定的餐饮、住宿及文化旅游三大行业内各自意向合作商户中使用。

其中,惠民消费代金券200元/人,资金由市财政负责筹集,免费发放给参加某市合作医疗的居民(严重失信人员限制领取);专项消费代金券1000元/人,从年度绩效考核奖中列支,发放给党政机关、事业单位工作人员;企业类消费代金券200~500元/人,规模以上工业企业和金融类企业根据实际情况确定具体金额与发放形式,发放给本企业员工。

某市发放消费代金券存在的主要问题是:(1)针对不同群体发放消费代金券的根据是什么?如果都是公共财政支出,为什么要区分群体?如果普通居民部分为公共财政支出,党政机关、事业单位工作人员部分由个人支出,企业部分由企业支出,某市无权决定个人支出部分和企业支出部分。(2)如果全部为公共财政支出,那么,普通居民、党政机关和事业单位工作人员及企业员工的发放数额差异的根据是什么?即为什么普通居民为200元、党政机关和事业单位工作人员为1000元、企业员工为200~500元?(3)严重失信人员限制领取的根据是什么?目前,按照对严重失信人员的处理是,如果纳入严重失信人员名单,则不得进行高消费。而消费代金券的消费是否属于高消费?依照平等思维,某市针对不同群体发放消费代金券的根据是不合理的,针对不同群体发放不同数额的消费代金券是不合理的,不给予严重失信人员发放消费代金券是缺乏根据的。

又如,“河南人”应聘遭拒事件。小闫是河南人,大学专业是法学。2019年7月3日,在一家求职网站上看到,浙江喜来登度假村有限公司在招人,遂投递了简历,应聘该公司的“法务”和“董事长助理”两个职位。7月4日,收到了该公司回复,不适合原因一栏只写了“河南人”3个字。小闫不服,向杭州互联网法院提起诉讼。

2019年11月26日上午,杭州互联网法院公开开庭审理此案。法院审理认为,被告浙江喜来登度假村有限公司存在就业歧视的行为,侵害了原告平等就业机会,当庭宣判被告浙江喜来登度假村有限公司向小闫赔偿精神抚慰金9000元及合理维权费用损失,共计10,000元;向小闫口头道歉,并在《法制日报》公开登报赔礼道歉。

被告不服,向杭州市中级人民法院提起上诉。杭州市中级人民法院经审理认为,平等就业权作为法律赋予劳动者的一项基本权利,是法律面前人人平等原则在劳动就业领域的具体体现,其实质为劳动者可以自主选择用人单位并平等获得就业机会和相应待遇,不因民族、种族、性别、宗教信仰等因素而受到差别对待。用人单位如无正当理由,基于劳动者的性别、户籍、外貌等与工作内在要求没有必然联系的先天形成的因素,而非学历、工作经验等与工作内在要求密切相关的后天获取的因素对劳动者进行差别对待的,应当认定构成就业歧视行为。

浙江喜来登度假村有限公司以“河南人”为由拒绝给予小闫就业机会的行为已经构成就业歧视,损害了小闫作为劳动者的人格尊严,原审判决据此认定该公司构成对小闫平等就业权的侵害,应属妥当。

总之,差别对待是否合理,判断的标准有两个:一是差别对待是否具有合理的根据;二是差别对待是否在合理限度内。如果差别对待具有合理根据,在合理限度内,即是合理的,是平等所包容的,并不违反平等。否则,即属于不合理的差别对待,违反平等,或者构成特权,或者构成歧视。

实践中,某些国家机关制定的政策是否违反平等,已经引起了社会的普遍关注。例如,在公务员招聘时所设定的条件不具有合理根据和合理限度,关于性别、身高、户籍、生理状况、疾病类型、学历等是其中的焦点。又如,在招生、招聘中的各种加分项目,是否具有合理根据和合理限度,也是社会关注的热点。

附录

一、中华人民共和国宪法及修正案

（一）中华人民共和国宪法

（1982年12月4日第五届全国人民代表大会第五次会议通过　1982年12月4日全国人民代表大会公告公布施行

根据1988年4月12日第七届全国人民代表大会第一次会议通过的《中华人民共和国宪法修正案》、1993年3月29日第八届全国人民代表大会第一次会议通过的《中华人民共和国宪法修正案》、1999年3月15日第九届全国人民代表大会第二次会议通过的《中华人民共和国宪法修正案》、2004年3月14日第十届全国人民代表大会第二次会议通过的《中华人民共和国宪法修正案》和2018年3月11日第十三届全国人民代表大会第一次会议通过的《中华人民共和国宪法修正案》修正）

目　　录

序　言

中国是世界上历史最悠久的国家之一。中国各族人民共同创造了光辉灿烂的文化,具有光荣的革命传统。

一八四〇年以后,封建的中国逐渐变成半殖民地、半封建的国家。中国人民为国家独立、民族解放和民主自由进行了前仆后继的英勇奋斗。

二十世纪,中国发生了翻天覆地的伟大历史变革。

一九一一年孙中山先生领导的辛亥革命,废除了封建帝制,创立了中华民国。但是,中国人民反对帝国主义和封建主义的历史任务还没有完成。

一九四九年,以毛泽东主席为领袖的中国共产党领导中国各族人民,在经历了长期的艰难曲折的武装斗争和其他形式的斗争以后,终于推翻了帝国主义、封建主义和官僚资本主义的统治,取得了新民主主义革命的伟大胜利,建立了中华人民共和国。从此,中国人民掌握了国家的权力,成为国家的主人。

中华人民共和国成立以后,我国社会逐步实现了由新民主主义到社会主义的过渡。生产资料私有制的社会主义改造已经完成,人剥削人的制度已经消灭,社会主义制度已经确立。工人阶级领导的、以工农联盟为基础的人民民主专政,实质上即无产阶级专政,得到巩固和发展。中国人民和中国人民解放军战胜了帝国主义、霸权主义的侵略、破坏和武装挑衅,维护了国家的独立和安全,增强了国防。经济建设取得了重大的成就,独立的、比较完整的社会主义工业体系已经基本形成,农业生产显著提高。教育、科学、文化等事业有了很大的发展,社会主义思想教育取得了明显的成效。广大人民的生活有了较大的改善。

中国新民主主义革命的胜利和社会主义事业的成就,是中国共产党领导中国各族人民,在马克思列宁主义、毛泽东思想的指引下,坚持真理,修正错误,战胜许多艰难险阻而取得的。我国将长期处于社会主义初级阶段。国家的根本任务是,沿着中国特色社会主义道路,集中力量进行社会主义现代化建设。中国各族人民将继续在中国共产党领导下,在马克思列宁主义、毛泽东思想、邓小平理论、"三个代表"重要思想、科学发展观、习近平新时代中国特色社会主义思想指引下,坚持人民民主专政,坚持社会主义道路,坚持改革开放,不断完善社会主义的各项制度,发展社会主义市场经济,发展社会主义民主,健全社会主义法治,贯彻新发展理念,自力更生,艰苦奋斗,逐步实现工业、农业、国防和科学技术的现代化,推动物质文明、政治文明、精神文明、社会文明、生态文明协调发展,把我国建设成为富强民主文明和谐美丽的社会主义现代化强国,实现中华民族伟大复兴。

在我国,剥削阶级作为阶级已经消灭,但是阶级斗争还将在一定范围内长期存在。中国人民对敌视和破坏我国社会主义制度的国内外的敌对势力和敌对分子,必须进行斗争。

台湾是中华人民共和国的神圣领土的一部分。完成统一祖国的大业是包括台湾同胞在内的全中国人民的神圣职责。

社会主义的建设事业必须依靠工人、农民和知识分子,团结一切可以团结的力量。在长期的革命、建设、改革过程中,已经结成由中国共产党领导的,有各民主党派和各人民团体参加的,包括全体社会主义劳动者、社会主义事业的建设者、拥护社会主义的爱国者、拥护祖国统一和致力于中华民族伟大复兴的爱国者的广泛的爱国统一战线,这个统一战线将继续巩固和发展。中国人民政治协商会议是有广泛代表性的统一战线组织,过去发挥了重要的历史作用,今后在国家政治生活、社会生活和对外友好活动中,在进行社会主义现代化建设、维护国家的统一和团结的斗争中,将进一步发挥它的重要作用。中国共产党领导的多党合作和政治协商制度将长期存在和发展。

中华人民共和国是全国各族人民共同缔造的统一的多民族国家。平等团结互助和谐的社会主义民族关系已经确立,并将继续加强。在维护民族团结的斗争中,要反对大民族主义,主要是大汉族主义,也要反对地方民族主义。国家尽一切努力,促进全国各民族的共同繁荣。

中国革命、建设、改革的成就是同世界人民的支持分不开的。中国的前途是同世界的前途紧密地联系在一起的。中国坚持独立自主的对外政策,坚持互相尊重主权和领土完整、互不侵犯、互不干涉内政、平等互利、和平共处的五项原则,坚持和平发展道路,坚持互利共赢开放战略,发展同各国的外交关系和经济、文化交流,推动构建人类命运共同体;坚持反对帝国主义、霸权主义、殖民主义,加强同世界各国人民的团结,支持被压迫民族和发展中国家争取和维护民族独立、发展民族经济的正义斗争,为维护世界和平和促进人类进步事业而努力。

本宪法以法律的形式确认了中国各族人民奋斗的成果,规定了国家的根本制度和根本任务,是国家的根本法,具有最高的法律效力。全国各族人民、一切国家机关和武装力量、各政党和各社会团体、各企业事业组织,都必须以宪法为根本的活动准则,并且负有维护宪法尊严、保证宪法实施的职责。

第一章　总　　纲

第一条　中华人民共和国是工人阶级领导的、以工农联盟为基础的人民民主专政的社会主义国家。

社会主义制度是中华人民共和国的根本制度。中国共产党领导是中国特色社会主义最本质的特征。禁止任何组织或者个人破坏社会主义制度。

第二条 中华人民共和国的一切权力属于人民。

人民行使国家权力的机关是全国人民代表大会和地方各级人民代表大会。

人民依照法律规定,通过各种途径和形式,管理国家事务,管理经济和文化事业,管理社会事务。

第三条 中华人民共和国的国家机构实行民主集中制的原则。

全国人民代表大会和地方各级人民代表大会都由民主选举产生,对人民负责,受人民监督。

国家行政机关、监察机关、审判机关、检察机关都由人民代表大会产生,对它负责,受它监督。

中央和地方的国家机构职权的划分,遵循在中央的统一领导下,充分发挥地方的主动性、积极性的原则。

第四条 中华人民共和国各民族一律平等。国家保障各少数民族的合法的权利和利益,维护和发展各民族的平等团结互助和谐关系。禁止对任何民族的歧视和压迫,禁止破坏民族团结和制造民族分裂的行为。

国家根据各少数民族的特点和需要,帮助各少数民族地区加速经济和文化的发展。

各少数民族聚居的地方实行区域自治,设立自治机关,行使自治权。各民族自治地方都是中华人民共和国不可分离的部分。

各民族都有使用和发展自己的语言文字的自由,都有保持或者改革自己的风俗习惯的自由。

第五条 中华人民共和国实行依法治国,建设社会主义法治国家。

国家维护社会主义法制的统一和尊严。

一切法律、行政法规和地方性法规都不得同宪法相抵触。

一切国家机关和武装力量、各政党和各社会团体、各企业事业组织都必须遵守宪法和法律。一切违反宪法和法律的行为,必须予以追究。

任何组织或者个人都不得有超越宪法和法律的特权。

第六条 中华人民共和国的社会主义经济制度的基础是生产资料的社会主义公有制，即全民所有制和劳动群众集体所有制。社会主义公有制消灭人剥削人的制度，实行各尽所能、按劳分配的原则。

国家在社会主义初级阶段，坚持公有制为主体、多种所有制经济共同发展的基本经济制度，坚持按劳分配为主体、多种分配方式并存的分配制度。

第七条 国有经济，即社会主义全民所有制经济，是国民经济中的主导力量。国家保障国有经济的巩固和发展。

第八条 农村集体经济组织实行家庭承包经营为基础、统分结合的双层经营体制。农村中的生产、供销、信用、消费等各种形式的合作经济，是社会主义劳动群众集体所有制经济。参加农村集体经济组织的劳动者，有权在法律规定的范围内经营自留地、自留山、家庭副业和饲养自留畜。

城镇中的手工业、工业、建筑业、运输业、商业、服务业等行业的各种形式的合作经济，都是社会主义劳动群众集体所有制经济。

国家保护城乡集体经济组织的合法的权利和利益，鼓励、指导和帮助集体经济的发展。

第九条 矿藏、水流、森林、山岭、草原、荒地、滩涂等自然资源，都属于国家所有，即全民所有；由法律规定属于集体所有的森林和山岭、草原、荒地、滩涂除外。

国家保障自然资源的合理利用，保护珍贵的动物和植物。禁止任何组织或者个人用任何手段侵占或者破坏自然资源。

第十条 城市的土地属于国家所有。

农村和城市郊区的土地，除由法律规定属于国家所有的以外，属于集体所有；宅基地和自留地、自留山，也属于集体所有。

国家为了公共利益的需要，可以依照法律规定对土地实行征收或者征用并给予补偿。

任何组织或者个人不得侵占、买卖或者以其他形式非法转让土地。

土地的使用权可以依照法律的规定转让。

一切使用土地的组织和个人必须合理地利用土地。

第十一条 在法律规定范围内的个体经济、私营经济等非公有制经济,是社会主义市场经济的重要组成部分。

国家保护个体经济、私营经济等非公有制经济的合法的权利和利益。国家鼓励、支持和引导非公有制经济的发展,并对非公有制经济依法实行监督和管理。

第十二条 社会主义的公共财产神圣不可侵犯。

国家保护社会主义的公共财产。禁止任何组织或者个人用任何手段侵占或者破坏国家的和集体的财产。

第十三条 公民的合法的私有财产不受侵犯。

国家依照法律规定保护公民的私有财产权和继承权。

国家为了公共利益的需要,可以依照法律规定对公民的私有财产实行征收或者征用并给予补偿。

第十四条 国家通过提高劳动者的积极性和技术水平,推广先进的科学技术,完善经济管理体制和企业经营管理制度,实行各种形式的社会主义责任制,改进劳动组织,以不断提高劳动生产率和经济效益,发展社会生产力。

国家厉行节约,反对浪费。

国家合理安排积累和消费,兼顾国家、集体和个人的利益,在发展生产的基础上,逐步改善人民的物质生活和文化生活。

国家建立健全同经济发展水平相适应的社会保障制度。

第十五条 国家实行社会主义市场经济。

国家加强经济立法,完善宏观调控。

国家依法禁止任何组织或者个人扰乱社会经济秩序。

第十六条 国有企业在法律规定的范围内有权自主经营。

国有企业依照法律规定,通过职工代表大会和其他形式,实行民主管理。

第十七条 集体经济组织在遵守有关法律的前提下,有独立进行经济活动的自主权。

集体经济组织实行民主管理,依照法律规定选举和罢免管理人员,决定经营管理的重大问题。

第十八条 中华人民共和国允许外国的企业和其他经济组织或者个人依照中华人民共和国法律的规定在中国投资,同中国的企业或者其他经济组织进行各种形式的经济合作。

在中国境内的外国企业和其他外国经济组织以及中外合资经营的企业,都必须遵守中华人民共和国的法律。它们的合法的权利和利益受中华人民共和国法律的保护。

第十九条 国家发展社会主义的教育事业,提高全国人民的科学文化水平。

国家举办各种学校,普及初等义务教育,发展中等教育、职业教育和高等教育,并且发展学前教育。

国家发展各种教育设施,扫除文盲,对工人、农民、国家工作人员和其他劳动者进行政治、文化、科学、技术、业务的教育,鼓励自学成才。

国家鼓励集体经济组织、国家企业事业组织和其他社会力量依照法律规定举办各种教育事业。

国家推广全国通用的普通话。

第二十条 国家发展自然科学和社会科学事业,普及科学和技术知识,奖励科学研究成果和技术发明创造。

第二十一条 国家发展医疗卫生事业,发展现代医药和我国传统医药,鼓励和支持农村集体经济组织、国家企业事业组织和街道组织举办各种医疗卫生设施,开展群众性的卫生活动,保护人民健康。

国家发展体育事业,开展群众性的体育活动,增强人民体质。

第二十二条 国家发展为人民服务、为社会主义服务的文学艺术事业、新闻广播电视事业、出版发行事业、图书馆博物馆文化馆和其他文化事业,开展群众性的文化活动。

国家保护名胜古迹、珍贵文物和其他重要历史文化遗产。

第二十三条 国家培养为社会主义服务的各种专业人才,扩大知识分子的队伍,创造条件,充分发挥他们在社会主义现代化建设中的作用。

第二十四条 国家通过普及理想教育、道德教育、文化教育、纪律和法制教育,通过在城乡不同范围的群众中制定和执行各种守则、公约,加强社会主义精神文明的建设。

国家倡导社会主义核心价值观,提倡爱祖国、爱人民、爱劳动、爱科学、爱社会主义的公德,在人民中进行爱国主义、集体主义和国际主义、共产主义的教育,进行辩证唯物主义和历史唯物主义的教育,反对资本主义的、封建主义的和其他的腐朽思想。

第二十五条 国家推行计划生育,使人口的增长同经济和社会发展计划相适应。

第二十六条 国家保护和改善生活环境和生态环境,防治污染和其他公害。

国家组织和鼓励植树造林,保护林木。

第二十七条 一切国家机关实行精简的原则,实行工作责任制,实行工作人员的培训和考核制度,不断提高工作质量和工作效率,反对官僚主义。

一切国家机关和国家工作人员必须依靠人民的支持,经常保持同人民的密切联系,倾听人民的意见和建议,接受人民的监督,努力为人民服务。

国家工作人员就职时应当依照法律规定公开进行宪法宣誓。

第二十八条 国家维护社会秩序,镇压叛国和其他危害国家安全的犯罪活动,制裁危害社会治安、破坏社会主义经济和其他犯罪的活动,惩办和改造犯罪分子。

第二十九条 中华人民共和国的武装力量属于人民。它的任务是巩固国防,抵抗侵略,保卫祖国,保卫人民的和平劳动,参加国家建设事业,努力为人民服务。

国家加强武装力量的革命化、现代化、正规化的建设，增强国防力量。

第三十条 中华人民共和国的行政区域划分如下：

(一)全国分为省、自治区、直辖市；

(二)省、自治区分为自治州、县、自治县、市；

(三)县、自治县分为乡、民族乡、镇。

直辖市和较大的市分为区、县。自治州分为县、自治县、市。

自治区、自治州、自治县都是民族自治地方。

第三十一条 国家在必要时得设立特别行政区。在特别行政区内实行的制度按照具体情况由全国人民代表大会以法律规定。

第三十二条 中华人民共和国保护在中国境内的外国人的合法权利和利益，在中国境内的外国人必须遵守中华人民共和国的法律。

中华人民共和国对于因为政治原因要求避难的外国人，可以给予受庇护的权利。

第二章 公民的基本权利和义务

第三十三条 凡具有中华人民共和国国籍的人都是中华人民共和国公民。

中华人民共和国公民在法律面前一律平等。

国家尊重和保障人权。

任何公民享有宪法和法律规定的权利，同时必须履行宪法和法律规定的义务。

第三十四条 中华人民共和国年满十八周岁的公民，不分民族、种族、性别、职业、家庭出身、宗教信仰、教育程度、财产状况、居住期限，都有选举权和被选举权；但是依照法律被剥夺政治权利的人除外。

第三十五条 中华人民共和国公民有言论、出版、集会、结社、游行、示威的自由。

第三十六条 中华人民共和国公民有宗教信仰自由。

任何国家机关、社会团体和个人不得强制公民信仰宗教或者不信仰宗教,不得歧视信仰宗教的公民和不信仰宗教的公民。

国家保护正常的宗教活动。任何人不得利用宗教进行破坏社会秩序、损害公民身体健康、妨碍国家教育制度的活动。

宗教团体和宗教事务不受外国势力的支配。

第三十七条 中华人民共和国公民的人身自由不受侵犯。

任何公民,非经人民检察院批准或者决定或者人民法院决定,并由公安机关执行,不受逮捕。

禁止非法拘禁和以其他方法非法剥夺或者限制公民的人身自由,禁止非法搜查公民的身体。

第三十八条 中华人民共和国公民的人格尊严不受侵犯。禁止用任何方法对公民进行侮辱、诽谤和诬告陷害。

第三十九条 中华人民共和国公民的住宅不受侵犯。禁止非法搜查或者非法侵入公民的住宅。

第四十条 中华人民共和国公民的通信自由和通信秘密受法律的保护。除因国家安全或者追查刑事犯罪的需要,由公安机关或者检察机关依照法律规定的程序对通信进行检查外,任何组织或者个人不得以任何理由侵犯公民的通信自由和通信秘密。

第四十一条 中华人民共和国公民对于任何国家机关和国家工作人员,有提出批评和建议的权利;对于任何国家机关和国家工作人员的违法失职行为,有向有关国家机关提出申诉、控告或者检举的权利,但是不得捏造或者歪曲事实进行诬告陷害。

对于公民的申诉、控告或者检举,有关国家机关必须查清事实,负责处理。任何人不得压制和打击报复。

由于国家机关和国家工作人员侵犯公民权利而受到损失的人,有依照法律规定取得赔偿的权利。

第四十二条 中华人民共和国公民有劳动的权利和义务。

国家通过各种途径,创造劳动就业条件,加强劳动保护,改善劳动条件，并在发展生产的基础上，提高劳动报酬和福利待遇。

劳动是一切有劳动能力的公民的光荣职责。国有企业和城乡集体经济组织的劳动者都应当以国家主人翁的态度对待自己的劳动。国家提倡社会主义劳动竞赛，奖励劳动模范和先进工作者。国家提倡公民从事义务劳动。

国家对就业前的公民进行必要的劳动就业训练。

第四十三条 中华人民共和国劳动者有休息的权利。

国家发展劳动者休息和休养的设施，规定职工的工作时间和休假制度。

第四十四条 国家依照法律规定实行企业事业组织的职工和国家机关工作人员的退休制度。退休人员的生活受到国家和社会的保障。

第四十五条 中华人民共和国公民在年老、疾病或者丧失劳动能力的情况下，有从国家和社会获得物质帮助的权利。国家发展为公民享受这些权利所需要的社会保险、社会救济和医疗卫生事业。

国家和社会保障残废军人的生活，抚恤烈士家属，优待军人家属。

国家和社会帮助安排盲、聋、哑和其他有残疾的公民的劳动、生活和教育。

第四十六条 中华人民共和国公民有受教育的权利和义务。

国家培养青年、少年、儿童在品德、智力、体质等方面全面发展。

第四十七条 中华人民共和国公民有进行科学研究、文学艺术创作和其他文化活动的自由。国家对于从事教育、科学、技术、文学、艺术和其他文化事业的公民的有益于人民的创造性工作，给以鼓励和帮助。

第四十八条 中华人民共和国妇女在政治的、经济的、文化的、社会的和家庭的生活等各方面享有同男子平等的权利。

国家保护妇女的权利和利益，实行男女同工同酬，培养和选拔妇女干部。

第四十九条 婚姻、家庭、母亲和儿童受国家的保护。

夫妻双方有实行计划生育的义务。

父母有抚养教育未成年子女的义务,成年子女有赡养扶助父母的义务。

禁止破坏婚姻自由,禁止虐待老人、妇女和儿童。

第五十条 中华人民共和国保护华侨的正当的权利和利益,保护归侨和侨眷的合法的权利和利益。

第五十一条 中华人民共和国公民在行使自由和权利的时候,不得损害国家的、社会的、集体的利益和其他公民的合法的自由和权利。

第五十二条 中华人民共和国公民有维护国家统一和全国各民族团结的义务。

第五十三条 中华人民共和国公民必须遵守宪法和法律,保守国家秘密,爱护公共财产,遵守劳动纪律,遵守公共秩序,尊重社会公德。

第五十四条 中华人民共和国公民有维护祖国的安全、荣誉和利益的义务,不得有危害祖国的安全、荣誉和利益的行为。

第五十五条 保卫祖国、抵抗侵略是中华人民共和国每一个公民的神圣职责。

依照法律服兵役和参加民兵组织是中华人民共和国公民的光荣义务。

第五十六条 中华人民共和国公民有依照法律纳税的义务。

第三章 国家机构

第一节 全国人民代表大会

第五十七条 中华人民共和国全国人民代表大会是最高国家权力机关。它的常设机关是全国人民代表大会常务委员会。

第五十八条 全国人民代表大会和全国人民代表大会常务委员会行使国家立法权。

第五十九条 全国人民代表大会由省、自治区、直辖市、特别行政区和军队选出的代表组成。各少数民族都应当有适当名额的代表。

全国人民代表大会代表的选举由全国人民代表大会常务委员会主持。

全国人民代表大会代表名额和代表产生办法由法律规定。

第六十条 全国人民代表大会每届任期五年。

全国人民代表大会任期届满的两个月以前,全国人民代表大会常务委员会必须完成下届全国人民代表大会代表的选举。如果遇到不能进行选举的非常情况,由全国人民代表大会常务委员会以全体组成人员的三分之二以上的多数通过,可以推迟选举,延长本届全国人民代表大会的任期。在非常情况结束后一年内,必须完成下届全国人民代表大会代表的选举。

第六十一条 全国人民代表大会会议每年举行一次,由全国人民代表大会常务委员会召集。如果全国人民代表大会常务委员会认为必要,或者有五分之一以上的全国人民代表大会代表提议,可以临时召集全国人民代表大会会议。

全国人民代表大会举行会议的时候,选举主席团主持会议。

第六十二条 全国人民代表大会行使下列职权:

(一)修改宪法;

(二)监督宪法的实施;

(三)制定和修改刑事、民事、国家机构的和其他的基本法律;

(四)选举中华人民共和国主席、副主席;

(五)根据中华人民共和国主席的提名,决定国务院总理的人选;根据国务院总理的提名,决定国务院副总理、国务委员、各部部长、各委员会主任、审计长、秘书长的人选;

(六)选举中央军事委员会主席;根据中央军事委员会主席的提名,决定中央军事委员会其他组成人员的人选;

(七)选举国家监察委员会主任;

(八)选举最高人民法院院长;

(九)选举最高人民检察院检察长;

(十)审查和批准国民经济和社会发展计划和计划执行情况的报告;

(十一)审查和批准国家的预算和预算执行情况的报告;

(十二)改变或者撤销全国人民代表大会常务委员会不适当的决定;

(十三)批准省、自治区和直辖市的建置;

(十四)决定特别行政区的设立及其制度;

(十五)决定战争和和平的问题;

(十六)应当由最高国家权力机关行使的其他职权。

第六十三条 全国人民代表大会有权罢免下列人员:

(一)中华人民共和国主席、副主席;

(二)国务院总理、副总理、国务委员、各部部长、各委员会主任、审计长、秘书长;

(三)中央军事委员会主席和中央军事委员会其他组成人员;

(四)国家监察委员会主任;

(五)最高人民法院院长;

(六)最高人民检察院检察长。

第六十四条 宪法的修改,由全国人民代表大会常务委员会或者五分之一以上的全国人民代表大会代表提议,并由全国人民代表大会以全体代表的三分之二以上的多数通过。

法律和其他议案由全国人民代表大会以全体代表的过半数通过。

第六十五条 全国人民代表大会常务委员会由下列人员组成:

委员长,

副委员长若干人,

秘书长,

委员若干人。

全国人民代表大会常务委员会组成人员中,应当有适当名额的少数民族代表。

全国人民代表大会选举并有权罢免全国人民代表大会常务委员会的组成人员。

全国人民代表大会常务委员会的组成人员不得担任国家行政机关、监察机关、审判机关和检察机关的职务。

第六十六条 全国人民代表大会常务委员会每届任期同全国人民代表大会每届任期相同,它行使职权到下届全国人民代表大会选出新的常务委员会为止。

委员长、副委员长连续任职不得超过两届。

第六十七条 全国人民代表大会常务委员会行使下列职权:

(一)解释宪法,监督宪法的实施;

(二)制定和修改除应当由全国人民代表大会制定的法律以外的其他法律;

(三)在全国人民代表大会闭会期间,对全国人民代表大会制定的法律进行部分补充和修改,但是不得同该法律的基本原则相抵触;

(四)解释法律;

(五)在全国人民代表大会闭会期间,审查和批准国民经济和社会发展计划、国家预算在执行过程中所必须作的部分调整方案;

(六)监督国务院、中央军事委员会、国家监察委员会、最高人民法院和最高人民检察院的工作;

(七)撤销国务院制定的同宪法、法律相抵触的行政法规、决定和命令;

(八)撤销省、自治区、直辖市国家权力机关制定的同宪法、法律和行政法规相抵触的地方性法规和决议;

(九)在全国人民代表大会闭会期间,根据国务院总理的提名,决定部长、委员会主任、审计长、秘书长的人选;

(十)在全国人民代表大会闭会期间,根据中央军事委员会主席的提名,决定中央军事委员会其他组成人员的人选;

(十一)根据国家监察委员会主任的提请,任免国家监察委员会副主任、委员；

(十二)根据最高人民法院院长的提请，任免最高人民法院副院长、审判员、审判委员会委员和军事法院院长；

(十三)根据最高人民检察院检察长的提请，任免最高人民检察院副检察长、检察员、检察委员会委员和军事检察院检察长，并且批准省、自治区、直辖市的人民检察院检察长的任免；

(十四)决定驻外全权代表的任免；

(十五)决定同外国缔结的条约和重要协定的批准和废除；

(十六)规定军人和外交人员的衔级制度和其他专门衔级制度；

(十七)规定和决定授予国家的勋章和荣誉称号；

(十八)决定特赦；

(十九)在全国人民代表大会闭会期间，如果遇到国家遭受武装侵犯或者必须履行国际间共同防止侵略的条约的情况，决定战争状态的宣布；

(二十)决定全国总动员或者局部动员；

(二十一)决定全国或者个别省、自治区、直辖市进入紧急状态；

(二十二)全国人民代表大会授予的其他职权。

第六十八条 全国人民代表大会常务委员会委员长主持全国人民代表大会常务委员会的工作，召集全国人民代表大会常务委员会会议。副委员长、秘书长协助委员长工作。

委员长、副委员长、秘书长组成委员长会议，处理全国人民代表大会常务委员会的重要日常工作。

第六十九条 全国人民代表大会常务委员会对全国人民代表大会负责并报告工作。

第七十条 全国人民代表大会设立民族委员会、宪法和法律委员会、财政经济委员会、教育科学文化卫生委员会、外事委员会、华侨委员会和其他需要设立的专门委员会。在全国人民代表大会闭会期间，各专门委员会受全国人民代表大会常务委员会的领导。

各专门委员会在全国人民代表大会和全国人民代表大会常务委员会领导下，研究、审议和拟订有关议案。

第七十一条 全国人民代表大会和全国人民代表大会常务委员会认为必要的时候，可以组织关于特定问题的调查委员会，并且根据调查委员会的报告，作出相应的决议。

调查委员会进行调查的时候，一切有关的国家机关、社会团体和公民都有义务向它提供必要的材料。

第七十二条 全国人民代表大会代表和全国人民代表大会常务委员会组成人员，有权依照法律规定的程序分别提出属于全国人民代表大会和全国人民代表大会常务委员会职权范围内的议案。

第七十三条 全国人民代表大会代表在全国人民代表大会开会期间，全国人民代表大会常务委员会组成人员在常务委员会开会期间，有权依照法律规定的程序提出对国务院或者国务院各部、各委员会的质询案。受质询的机关必须负责答复。

第七十四条 全国人民代表大会代表，非经全国人民代表大会会议主席团许可，在全国人民代表大会闭会期间非经全国人民代表大会常务委员会许可，不受逮捕或者刑事审判。

第七十五条 全国人民代表大会代表在全国人民代表大会各种会议上的发言和表决，不受法律追究。

第七十六条 全国人民代表大会代表必须模范地遵守宪法和法律，保守国家秘密，并且在自己参加的生产、工作和社会活动中，协助宪法和法律的实施。

全国人民代表大会代表应当同原选举单位和人民保持密切的联系，听取和反映人民的意见和要求，努力为人民服务。

第七十七条 全国人民代表大会代表受原选举单位的监督。原选举单位有权依照法律规定的程序罢免本单位选出的代表。

第七十八条 全国人民代表大会和全国人民代表大会常务委员会的组织和工作程序由法律规定。

第二节　中华人民共和国主席

第七十九条　中华人民共和国主席、副主席由全国人民代表大会选举。

有选举权和被选举权的年满四十五周岁的中华人民共和国公民可以被选为中华人民共和国主席、副主席。

中华人民共和国主席、副主席每届任期同全国人民代表大会每届任期相同。

第八十条　中华人民共和国主席根据全国人民代表大会的决定和全国人民代表大会常务委员会的决定,公布法律,任免国务院总理、副总理、国务委员、各部部长、各委员会主任、审计长、秘书长,授予国家的勋章和荣誉称号,发布特赦令,宣布进入紧急状态,宣布战争状态,发布动员令。

第八十一条　中华人民共和国主席代表中华人民共和国,进行国事活动,接受外国使节;根据全国人民代表大会常务委员会的决定,派遣和召回驻外全权代表,批准和废除同外国缔结的条约和重要协定。

第八十二条　中华人民共和国副主席协助主席工作。

中华人民共和国副主席受主席的委托,可以代行主席的部分职权。

第八十三条　中华人民共和国主席、副主席行使职权到下届全国人民代表大会选出的主席、副主席就职为止。

第八十四条　中华人民共和国主席缺位的时候,由副主席继任主席的职位。

中华人民共和国副主席缺位的时候,由全国人民代表大会补选。

中华人民共和国主席、副主席都缺位的时候,由全国人民代表大会补选;在补选以前,由全国人民代表大会常务委员会委员长暂时代理主席职位。

第三节　国　务　院

第八十五条　中华人民共和国国务院，即中央人民政府，是最高国家权力机关的执行机关，是最高国家行政机关。

第八十六条　国务院由下列人员组成：

总理，

副总理若干人，

国务委员若干人，

各部部长，

各委员会主任，

审计长，

秘书长。

国务院实行总理负责制。各部、各委员会实行部长、主任负责制。

国务院的组织由法律规定。

第八十七条　国务院每届任期同全国人民代表大会每届任期相同。

总理、副总理、国务委员连续任职不得超过两届。

第八十八条　总理领导国务院的工作。副总理、国务委员协助总理工作。

总理、副总理、国务委员、秘书长组成国务院常务会议。

总理召集和主持国务院常务会议和国务院全体会议。

第八十九条　国务院行使下列职权：

（一）根据宪法和法律，规定行政措施，制定行政法规，发布决定和命令；

（二）向全国人民代表大会或者全国人民代表大会常务委员会提出议案；

（三）规定各部和各委员会的任务和职责，统一领导各部和各委员会的工作，并且领导不属于各部和各委员会的全国性的行政工作；

（四）统一领导全国地方各级国家行政机关的工作，规定中央和省、

自治区、直辖市的国家行政机关的职权的具体划分;

(五)编制和执行国民经济和社会发展计划和国家预算;

(六)领导和管理经济工作和城乡建设、生态文明建设;

(七)领导和管理教育、科学、文化、卫生、体育和计划生育工作;

(八)领导和管理民政、公安、司法行政等工作;

(九)管理对外事务,同外国缔结条约和协定;

(十)领导和管理国防建设事业;

(十一)领导和管理民族事务,保障少数民族的平等权利和民族自治地方的自治权利;

(十二)保护华侨的正当的权利和利益,保护归侨和侨眷的合法的权利和利益;

(十三)改变或者撤销各部、各委员会发布的不适当的命令、指示和规章;

(十四)改变或者撤销地方各级国家行政机关的不适当的决定和命令;

(十五)批准省、自治区、直辖市的区域划分,批准自治州、县、自治县、市的建置和区域划分;

(十六)依照法律规定决定省、自治区、直辖市的范围内部分地区进入紧急状态;

(十七)审定行政机构的编制,依照法律规定任免、培训、考核和奖惩行政人员;

(十八)全国人民代表大会和全国人民代表大会常务委员会授予的其他职权。

第九十条 国务院各部部长、各委员会主任负责本部门的工作;召集和主持部务会议或者委员会会议、委务会议,讨论决定本部门工作的重大问题。

各部、各委员会根据法律和国务院的行政法规、决定、命令,在本部门的权限内,发布命令、指示和规章。

第九十一条 国务院设立审计机关,对国务院各部门和地方各级政府的财政收支,对国家的财政金融机构和企业事业组织的财务收支,进行审计监督。

审计机关在国务院总理领导下,依照法律规定独立行使审计监督权,不受其他行政机关、社会团体和个人的干涉。

第九十二条 国务院对全国人民代表大会负责并报告工作;在全国人民代表大会闭会期间,对全国人民代表大会常务委员会负责并报告工作。

第四节 中央军事委员会

第九十三条 中华人民共和国中央军事委员会领导全国武装力量。

中央军事委员会由下列人员组成:

主席,

副主席若干人,

委员若干人。

中央军事委员会实行主席负责制。

中央军事委员会每届任期同全国人民代表大会每届任期相同。

第九十四条 中央军事委员会主席对全国人民代表大会和全国人民代表大会常务委员会负责。

第五节 地方各级人民代表大会和地方各级人民政府

第九十五条 省、直辖市、县、市、市辖区、乡、民族乡、镇设立人民代表大会和人民政府。

地方各级人民代表大会和地方各级人民政府的组织由法律规定。

自治区、自治州、自治县设立自治机关。自治机关的组织和工作根据宪法第三章第五节、第六节规定的基本原则由法律规定。

第九十六条 地方各级人民代表大会是地方国家权力机关。

县级以上的地方各级人民代表大会设立常务委员会。

第九十七条 省、直辖市、设区的市的人民代表大会代表由下一级的人民代表大会选举;县、不设区的市、市辖区、乡、民族乡、镇的人民代表大会代表由选民直接选举。

地方各级人民代表大会代表名额和代表产生办法由法律规定。

第九十八条 地方各级人民代表大会每届任期五年。

第九十九条 地方各级人民代表大会在本行政区域内,保证宪法、法律、行政法规的遵守和执行;依照法律规定的权限,通过和发布决议,审查和决定地方的经济建设、文化建设和公共事业建设的计划。

县级以上的地方各级人民代表大会审查和批准本行政区域内的国民经济和社会发展计划、预算以及它们的执行情况的报告;有权改变或者撤销本级人民代表大会常务委员会不适当的决定。

民族乡的人民代表大会可以依照法律规定的权限采取适合民族特点的具体措施。

第一百条 省、直辖市的人民代表大会和它们的常务委员会,在不同宪法、法律、行政法规相抵触的前提下,可以制定地方性法规,报全国人民代表大会常务委员会备案。

设区的市的人民代表大会和它们的常务委员会,在不同宪法、法律、行政法规和本省、自治区的地方性法规相抵触的前提下,可以依照法律规定制定地方性法规,报本省、自治区人民代表大会常务委员会批准后施行。

第一百零一条 地方各级人民代表大会分别选举并且有权罢免本级人民政府的省长和副省长、市长和副市长、县长和副县长、区长和副区长、乡长和副乡长、镇长和副镇长。

县级以上的地方各级人民代表大会选举并且有权罢免本级监察委员会主任、本级人民法院院长和本级人民检察院检察长。选出或者罢免人民检察院检察长,须报上级人民检察院检察长提请该级人民代表大会常务委员会批准。

第一百零二条 省、直辖市、设区的市的人民代表大会代表受原选举单位的监督；县、不设区的市、市辖区、乡、民族乡、镇的人民代表大会代表受选民的监督。

地方各级人民代表大会代表的选举单位和选民有权依照法律规定的程序罢免由他们选出的代表。

第一百零三条 县级以上的地方各级人民代表大会常务委员会由主任、副主任若干人和委员若干人组成，对本级人民代表大会负责并报告工作。

县级以上的地方各级人民代表大会选举并有权罢免本级人民代表大会常务委员会的组成人员。

县级以上的地方各级人民代表大会常务委员会的组成人员不得担任国家行政机关、监察机关、审判机关和检察机关的职务。

第一百零四条 县级以上的地方各级人民代表大会常务委员会讨论、决定本行政区域内各方面工作的重大事项；监督本级人民政府、监察委员会、人民法院和人民检察院的工作；撤销本级人民政府的不适当的决定和命令；撤销下一级人民代表大会的不适当的决议；依照法律规定的权限决定国家机关工作人员的任免；在本级人民代表大会闭会期间，罢免和补选上一级人民代表大会的个别代表。

第一百零五条 地方各级人民政府是地方各级国家权力机关的执行机关，是地方各级国家行政机关。

地方各级人民政府实行省长、市长、县长、区长、乡长、镇长负责制。

第一百零六条 地方各级人民政府每届任期同本级人民代表大会每届任期相同。

第一百零七条 县级以上地方各级人民政府依照法律规定的权限，管理本行政区域内的经济、教育、科学、文化、卫生、体育事业、城乡建设事业和财政、民政、公安、民族事务、司法行政、计划生育等行政工作，发布决定和命令，任免、培训、考核和奖惩行政工作人员。

乡、民族乡、镇的人民政府执行本级人民代表大会的决议和上级国家行政机关的决定和命令，管理本行政区域内的行政工作。

省、直辖市的人民政府决定乡、民族乡、镇的建置和区域划分。

第一百零八条 县级以上的地方各级人民政府领导所属各工作部门和下级人民政府的工作,有权改变或者撤销所属各工作部门和下级人民政府的不适当的决定。

第一百零九条 县级以上的地方各级人民政府设立审计机关。地方各级审计机关依照法律规定独立行使审计监督权,对本级人民政府和上一级审计机关负责。

第一百一十条 地方各级人民政府对本级人民代表大会负责并报告工作。县级以上的地方各级人民政府在本级人民代表大会闭会期间,对本级人民代表大会常务委员会负责并报告工作。

地方各级人民政府对上一级国家行政机关负责并报告工作。全国地方各级人民政府都是国务院统一领导下的国家行政机关,都服从国务院。

第一百一十一条 城市和农村按居民居住地区设立的居民委员会或者村民委员会是基层群众性自治组织。居民委员会、村民委员会的主任、副主任和委员由居民选举。居民委员会、村民委员会同基层政权的相互关系由法律规定。

居民委员会、村民委员会设人民调解、治安保卫、公共卫生等委员会,办理本居住地区的公共事务和公益事业,调解民间纠纷,协助维护社会治安,并且向人民政府反映群众的意见、要求和提出建议。

第六节 民族自治地方的自治机关

第一百一十二条 民族自治地方的自治机关是自治区、自治州、自治县的人民代表大会和人民政府。

第一百一十三条 自治区、自治州、自治县的人民代表大会中,除实行区域自治的民族的代表外,其他居住在本行政区域内的民族也应当有适当名额的代表。

自治区、自治州、自治县的人民代表大会常务委员会中应当有实行区域自治的民族的公民担任主任或者副主任。

第一百一十四条 自治区主席、自治州州长、自治县县长由实行区域自治的民族的公民担任。

第一百一十五条 自治区、自治州、自治县的自治机关行使宪法第三章第五节规定的地方国家机关的职权，同时依照宪法、民族区域自治法和其他法律规定的权限行使自治权，根据本地方实际情况贯彻执行国家的法律、政策。

第一百一十六条 民族自治地方的人民代表大会有权依照当地民族的政治、经济和文化的特点，制定自治条例和单行条例。自治区的自治条例和单行条例，报全国人民代表大会常务委员会批准后生效。自治州、自治县的自治条例和单行条例，报省或者自治区的人民代表大会常务委员会批准后生效，并报全国人民代表大会常务委员会备案。

第一百一十七条 民族自治地方的自治机关有管理地方财政的自治权。凡是依照国家财政体制属于民族自治地方的财政收入，都应当由民族自治地方的自治机关自主地安排使用。

第一百一十八条 民族自治地方的自治机关在国家计划的指导下，自主地安排和管理地方性的经济建设事业。

国家在民族自治地方开发资源、建设企业的时候，应当照顾民族自治地方的利益。

第一百一十九条 民族自治地方的自治机关自主地管理本地方的教育、科学、文化、卫生、体育事业，保护和整理民族的文化遗产，发展和繁荣民族文化。

第一百二十条 民族自治地方的自治机关依照国家的军事制度和当地的实际需要，经国务院批准，可以组织本地方维护社会治安的公安部队。

第一百二十一条 民族自治地方的自治机关在执行职务的时候，依照本民族自治地方自治条例的规定，使用当地通用的一种或者几种语言文字。

第一百二十二条 国家从财政、物资、技术等方面帮助各少数民族加速发展经济建设和文化建设事业。

国家帮助民族自治地方从当地民族中大量培养各级干部、各种专业人才和技术工人。

第七节 监察委员会

第一百二十三条 中华人民共和国各级监察委员会是国家的监察机关。

第一百二十四条 中华人民共和国设立国家监察委员会和地方各级监察委员会。

监察委员会由下列人员组成：

主任，

副主任若干人，

委员若干人。

监察委员会主任每届任期同本级人民代表大会每届任期相同。国家监察委员会主任连续任职不得超过两届。

监察委员会的组织和职权由法律规定。

第一百二十五条 中华人民共和国国家监察委员会是最高监察机关。

国家监察委员会领导地方各级监察委员会的工作，上级监察委员会领导下级监察委员会的工作。

第一百二十六条 国家监察委员会对全国人民代表大会和全国人民代表大会常务委员会负责。地方各级监察委员会对产生它的国家权力机关和上一级监察委员会负责。

第一百二十七条 监察委员会依照法律规定独立行使监察权，不受行政机关、社会团体和个人的干涉。

监察机关办理职务违法和职务犯罪案件，应当与审判机关、检察机关、执法部门互相配合，互相制约。

第八节　人民法院和人民检察院

第一百二十八条　中华人民共和国人民法院是国家的审判机关。

第一百二十九条　中华人民共和国设立最高人民法院、地方各级人民法院和军事法院等专门人民法院。

最高人民法院院长每届任期同全国人民代表大会每届任期相同，连续任职不得超过两届。

人民法院的组织由法律规定。

第一百三十条　人民法院审理案件，除法律规定的特别情况外，一律公开进行。被告人有权获得辩护。

第一百三十一条　人民法院依照法律规定独立行使审判权，不受行政机关、社会团体和个人的干涉。

第一百三十二条　最高人民法院是最高审判机关。

最高人民法院监督地方各级人民法院和专门人民法院的审判工作，上级人民法院监督下级人民法院的审判工作。

第一百三十三条　最高人民法院对全国人民代表大会和全国人民代表大会常务委员会负责。地方各级人民法院对产生它的国家权力机关负责。

第一百三十四条　中华人民共和国人民检察院是国家的法律监督机关。

第一百三十五条　中华人民共和国设立最高人民检察院、地方各级人民检察院和军事检察院等专门人民检察院。

最高人民检察院检察长每届任期同全国人民代表大会每届任期相同，连续任职不得超过两届。

人民检察院的组织由法律规定。

第一百三十六条　人民检察院依照法律规定独立行使检察权，不受行政机关、社会团体和个人的干涉。

第一百三十七条　最高人民检察院是最高检察机关。

最高人民检察院领导地方各级人民检察院和专门人民检察院的工作,上级人民检察院领导下级人民检察院的工作。

第一百三十八条 最高人民检察院对全国人民代表大会和全国人民代表大会常务委员会负责。地方各级人民检察院对产生它的国家权力机关和上级人民检察院负责。

第一百三十九条 各民族公民都有用本民族语言文字进行诉讼的权利。人民法院和人民检察院对于不通晓当地通用的语言文字的诉讼参与人,应当为他们翻译。

在少数民族聚居或者多民族共同居住的地区,应当用当地通用的语言进行审理;起诉书、判决书、布告和其他文书应当根据实际需要使用当地通用的一种或者几种文字。

第一百四十条 人民法院、人民检察院和公安机关办理刑事案件,应当分工负责,互相配合,互相制约,以保证准确有效地执行法律。

第四章 国旗、国歌、国徽、首都

第一百四十一条 中华人民共和国国旗是五星红旗。

中华人民共和国国歌是《义勇军进行曲》。

第一百四十二条 中华人民共和国国徽,中间是五星照耀下的天安门,周围是谷穗和齿轮。

第一百四十三条 中华人民共和国首都是北京。

(二)中华人民共和国宪法修正案

(1988年4月12日第七届全国人民代表大会第一次会议通过 1988年4月12日第七届全国人民代表大会第一次会议主席团公告第八号公布施行)

第一条 宪法第十一条增加规定:“国家允许私营经济在法律规定的范围内存在和发展。私营经济是社会主义公有制经济的补充。国家保护私营经济的合法的权利和利益,对私营经济实行引导、监督和管理。”

第二条 宪法第十条第四款“任何组织或者个人不得侵占、买卖、出租或者以其他形式非法转让土地。”修改为:“任何组织或者个人不得侵占、买卖或者以其他形式非法转让土地。土地的使用权可以依照法律的规定转让。”

(三)中华人民共和国宪法修正案

(1993年3月29日第八届全国人民代表大会第一次会议通过 1993年3月29日中华人民共和国全国人民代表大会公告第八号公布施行)

第三条 宪法序言第七自然段后两句:“今后国家的根本任务是集中力量进行社会主义现代化建设。中国各族人民将继续在中国共产党领导下,在马克思列宁主义、毛泽东思想指引下,坚持人民民主专政,坚持社会主义道路,不断完善社会主义的各项制度,发展社会主义民主,健全社会主义法制,自力更生,艰苦奋斗,逐步实现工业、农业、国防和科学技术的现代化,把我国建设成为高度文明、高度民主的社会主义国家。”修改为:“我国正处于社会主义初级阶段。国家的根本任务是,根据建设有中国特色社会主义的理论,集中力量进行社会主义现代化建设。中国各族人民将继续在中国共产党领导下,在马克思列宁主义、毛泽东思想指引下,坚持人民民主专政,坚持社会主义道路,坚持改革开放,不断完善社会主义的各项制度,发展社会主义民主,健全社会主义法制,自力更生,艰苦奋斗,逐步实现工业、农业、国防和科学技术的现代化,把我国建设成为富强、民主、文明的社会主义国家。”

第四条 宪法序言第十自然段末尾增加:“中国共产党领导的多党合作和政治协商制度将长期存在和发展。”

第五条 宪法第七条:“国营经济是社会主义全民所有制经济,是国民经济中的主导力量。国家保障国营经济的巩固和发展。”修改为:“国有经济,即社会主义全民所有制经济,是国民经济中的主导力量。

国家保障国有经济的巩固和发展。”

第六条 宪法第八条第一款:“农村人民公社、农业生产合作社和其他生产、供销、信用、消费等各种形式的合作经济,是社会主义劳动群众集体所有制经济。参加农村集体经济组织的劳动者,有权在法律规定的范围内经营自留地、自留山、家庭副业和饲养自留畜。”修改为:“农村中的家庭联产承包为主的责任制和生产、供销、信用、消费等各种形式的合作经济,是社会主义劳动群众集体所有制经济。参加农村集体经济组织的劳动者,有权在法律规定的范围内经营自留地、自留山、家庭副业和饲养自留畜。”

第七条 宪法第十五条:“国家在社会主义公有制基础上实行计划经济。国家通过经济计划的综合平衡和市场调节的辅助作用,保证国民经济按比例地协调发展。”“禁止任何组织或者个人扰乱社会经济秩序,破坏国家经济计划。”修改为:“国家实行社会主义市场经济。”“国家加强经济立法,完善宏观调控。”“国家依法禁止任何组织或者个人扰乱社会经济秩序。”

第八条 宪法第十六条:“国营企业在服从国家的统一领导和全面完成国家计划的前提下,在法律规定的范围内,有经营管理的自主权。”“国营企业依照法律规定,通过职工代表大会和其他形式,实行民主管理。”修改为:“国有企业在法律规定的范围内有权自主经营。”“国有企业依照法律规定,通过职工代表大会和其他形式,实行民主管理。”

第九条 宪法第十七条:“集体经济组织在接受国家计划指导和遵守有关法律的前提下,有独立进行经济活动的自主权。”“集体经济组织依照法律规定实行民主管理,由它的全体劳动者选举和罢免管理人员,决定经营管理的重大问题。”修改为:“集体经济组织在遵守有关法律的前提下,有独立进行经济活动的自主权。”“集体经济组织实行民主管理,依照法律规定选举和罢免管理人员,决定经营管理的重大问题。”

第十条 宪法第四十二条第三款:“劳动是一切有劳动能力的公民的光荣职责。国营企业和城乡集体经济组织的劳动者都应当以国家主人翁的态度对待自己的劳动。国家提倡社会主义劳动竞赛,奖励劳动模范和先进工作者。国家提倡公民从事义务劳动。"修改为:"劳动是一切有劳动能力的公民的光荣职责。国有企业和城乡集体经济组织的劳动者都应当以国家主人翁的态度对待自己的劳动。国家提倡社会主义劳动竞赛,奖励劳动模范和先进工作者。国家提倡公民从事义务劳动。"

第十一条 宪法第九十八条:"省、直辖市、设区的市的人民代表大会每届任期五年。县、不设区的市、市辖区、乡、民族乡、镇的人民代表大会每届任期三年。"修改为:"省、直辖市、县、市、市辖区的人民代表大会每届任期五年。乡、民族乡、镇的人民代表大会每届任期三年。"

(四)中华人民共和国宪法修正案

(1999年3月15日第九届全国人民代表大会第二次会议通过 1999年3月15日中华人民共和国全国人民代表大会公告公布施行)

第十二条 宪法序言第七自然段:"中国新民主主义革命的胜利和社会主义事业的成就,都是中国共产党领导中国各族人民,在马克思列宁主义、毛泽东思想的指引下,坚持真理,修正错误,战胜许多艰难险阻而取得的。我国正处于社会主义初级阶段。国家的根本任务是,根据建设有中国特色社会主义的理论,在马克思列宁主义、毛泽东思想指引下,坚持人民民主专政,坚持社会主义道路,坚持改革开放,不断完善社会主义的各项制度,发展社会主义民主,健全社会主义法制,自力更生,艰苦奋斗,逐步实现工业、农业、国防和科学技术的现代化,把我国建设成为富强、民主、文明的社会主义国家。"修改为:"中国新民主主义革命的胜利和社会主义事业的成就,是中国共产党领导中国各族人民,在马克思列宁主义、毛泽东思想的指引下,坚持真理,修正错误,战胜许多艰难险阻而取得的。我国将长期处于社会主义初级阶段。国家的根本任务是,沿着建设有中国特色社会主义的道路,在马克思列宁主义、毛泽东思想、邓小平理论指引下,坚持人民民主专政,坚持社会主义道路,坚持改革开放,不断完善社会主义的各项制度,发展社会主义市场经济,发展社会主义民主,健全社会主义法制,自力更生,艰苦奋斗,逐步实现工业、农业、国防和科学技术的现代化,把我国建设成为富强、民主、文明的社会主义国家。”

第十三条 宪法第五条增加一款,作为第一款,规定:“中华人民共和国实行依法治国,建设社会主义法治国家。”

第十四条 宪法第六条:“中华人民共和国的社会主义经济制度的基础是生产资料的社会主义公有制,即全民所有制和劳动群众集体所有制。”“社会主义公有制消灭人剥削人的制度,实行各尽所能,按劳分配的原则。”修改为:“中华人民共和国的社会主义经济制度的基础是生产资料的社会主义公有制,即全民所有制和劳动群众集体所有制。社会主义公有制消灭人剥削人的制度,实行各尽所能、按劳分配的原则。”“国家在社会主义初级阶段,坚持公有制为主体、多种所有制经济共同发展的基本经济制度,坚持按劳分配为主体、多种分配方式并存的分配制度。”

第十五条 宪法第八条第一款:“农村中的家庭联产承包为主的责任制和生产、供销、信用、消费等各种形式的合作经济,是社会主义劳动群众集体所有制经济。参加农村集体经济组织的劳动者,有权在法律规定的范围内经营自留地、自留山、家庭副业和饲养自留畜。”修改为:“农村集体经济组织实行家庭承包经营为基础、统分结合的双层经营体制。农村中的生产、供销、信用、消费等各种形式的合作经济,是社会主义劳动群众集体所有制经济。参加农村集体经济组织的劳动者,有权在法律规定的范围内经营自留地、自留山、家庭副业和饲养自留畜。”

第十六条 宪法第十一条:“在法律规定范围内的城乡劳动者个体经济,是社会主义公有制经济的补充。国家保护个体经济的合法的权利和利益。”“国家通过行政管理,指导、帮助和监督个体经济。”“国家允许私营经济在法律规定的范围内存在和发展。私营经济是社会主义公有制经济的补充。国家保护私营经济的合法的权利和利益,对私营经济实行引导、监督和管理。”修改为：“在法律规定范围内的个体经济、私营经济等非公有制经济，是社会主义市场经济的重要组成部分。”“国家保护个体经济、私营经济的合法的权利和利益。国家对个体经济、私营经济实行引导、监督和管理。”

第十七条 宪法第二十八条：“国家维护社会秩序，镇压叛国和其他反革命的活动，制裁危害社会治安、破坏社会主义经济和其他犯罪的活动，惩办和改造犯罪分子。”修改为：“国家维护社会秩序，镇压叛国和其他危害国家安全的犯罪活动，制裁危害社会治安、破坏社会主义经济和其他犯罪的活动，惩办和改造犯罪分子。”

（五）中华人民共和国宪法修正案

（2004年3月14日第十届全国人民代表大会第二次会议通过 2004年3月14日全国人民代表大会公告施行）

第十八条 宪法序言第七自然段中“在马克思列宁主义、毛泽东思想、邓小平理论指引下”修改为“在马克思列宁主义、毛泽东思想、邓小平理论和‘三个代表’重要思想指引下”，“沿着建设有中国特色社会主义的道路”修改为“沿着中国特色社会主义道路”，“逐步实现工业、农业、国防和科学技术的现代化”之后增加“推动物质文明、政治文明和精神文明协调发展”。这一自然段相应地修改为：“中国新民主主义革命的胜利和社会主义事业的成就，是中国共产党领导中国各族人民，在马克思列宁主义、毛泽东思想的指引下，坚持真理，修正错误，战胜许多艰难险阻而取得的。我国将长期处于社会主义初级阶段。国家的根本任务是，沿着中国特色社会主义道路，集中力量进行社会主义现代化建设。中国各族人民将继续在中国共产党领导下，在马克思列宁主义、毛泽东思想、邓小平理论和‘三个代表’重要思想指引下，坚持人民民主专政，坚持社会主义道路，坚持改革开放，不断完善社会主义的各项制度，发展社会主义市场经济，发展社会主义民主，健全社会主义法制，自力更生，艰苦奋斗,逐步实现工业、农业、国防和科学技术的现代化,推动物质文明、政治文明和精神文明协调发展,把我国建设成为富强、民主、文明的社会主义国家。"

第十九条 宪法序言第十自然段第二句"在长期的革命和建设过程中,已经结成由中国共产党领导的,有各民主党派和各人民团体参加的,包括全体社会主义劳动者、拥护社会主义的爱国者和拥护祖国统一的爱国者的广泛的爱国统一战线,这个统一战线将继续巩固和发展。"修改为:"在长期的革命和建设过程中,已经结成由中国共产党领导的,有各民主党派和各人民团体参加的,包括全体社会主义劳动者、社会主义事业的建设者、拥护社会主义的爱国者和拥护祖国统一的爱国者的广泛的爱国统一战线,这个统一战线将继续巩固和发展。"

第二十条 宪法第十条第三款"国家为了公共利益的需要,可以依照法律规定对土地实行征用。"修改为:"国家为了公共利益的需要,可以依照法律规定对土地实行征收或者征用并给予补偿。"

第二十一条 宪法第十一条第二款"国家保护个体经济、私营经济的合法的权利和利益。国家对个体经济、私营经济实行引导、监督和管理。"修改为:"国家保护个体经济、私营经济等非公有制经济的合法的权利和利益。国家鼓励、支持和引导非公有制经济的发展,并对非公有制经济依法实行监督和管理。"

第二十二条 宪法第十三条"国家保护公民的合法的收入、储蓄、房屋和其他合法财产的所有权。""国家依照法律规定保护公民的私有财产的继承权。"修改为:"公民的合法的私有财产不受侵犯。""国家依照法律规定保护公民的私有财产权和继承权。""国家为了公共利益的需要,可以依照法律规定对公民的私有财产实行征收或者征用并给予补偿。"

第二十三条 宪法第十四条增加一款,作为第四款:"国家建立健全同经济发展水平相适应的社会保障制度。"

第二十四条 宪法第三十三条增加一款,作为第三款:"国家尊重和保障人权。”第三款相应地改为第四款。

第二十五条 宪法第五十九条第一款“全国人民代表大会由省、自治区、直辖市和军队选出的代表组成。各少数民族都应当有适当名额的代表。”修改为:“全国人民代表大会由省、自治区、直辖市、特别行政区和军队选出的代表组成。各少数民族都应当有适当名额的代表。”

第二十六条 宪法第六十七条全国人民代表大会常务委员会职权第二十项“(二十)决定全国或者个别省、自治区、直辖市的戒严”修改为“(二十)决定全国或者个别省、自治区、直辖市进入紧急状态”。

第二十七条 宪法第八十条“中华人民共和国主席根据全国人民代表大会的决定和全国人民代表大会常务委员会的决定,公布法律,任免国务院总理、副总理、国务委员、各部部长、各委员会主任、审计长、秘书长,授予国家的勋章和荣誉称号,发布特赦令,发布戒严令,宣布战争状态,发布动员令。”修改为:“中华人民共和国主席根据全国人民代表大会的决定和全国人民代表大会常务委员会的决定,公布法律,任免国务院总理、副总理、国务委员、各部部长、各委员会主任、审计长、秘书长,授予国家的勋章和荣誉称号,发布特赦令,宣布进入紧急状态,宣布战争状态,发布动员令。”

第二十八条 宪法第八十一条“中华人民共和国主席代表中华人民共和国,接受外国使节;根据全国人民代表大会常务委员会的决定,派遣和召回驻外全权代表,批准和废除同外国缔结的条约和重要协定。”修改为:“中华人民共和国主席代表中华人民共和国,进行国事活动,接受外国使节;根据全国人民代表大会常务委员会的决定,派遣和召回驻外全权代表,批准和废除同外国缔结的条约和重要协定。”

第二十九条 宪法第八十九条国务院职权第十六项“(十六)决定省、自治区、直辖市的范围内部分地区的戒严”修改为“(十六)依照法律规定决定省、自治区、直辖市的范围内部分地区进入紧急状态”。

第三十条 宪法第九十八条“省、直辖市、县、市、市辖区的人民代表大会每届任期五年。乡、民族乡、镇的人民代表大会每届任期三年。”

修改为:“地方各级人民代表大会每届任期五年。”

第三十一条 宪法第四章章名“国旗、国徽、首都”修改为“国旗、国歌、国徽、首都”。宪法第一百三十六条增加一款,作为第二款:“中华人民共和国国歌是《义勇军进行曲》。”

(六)中华人民共和国宪法修正案

(2018 年 3 月 11 日第十三届全国人民代表大会第一次会议通过)

第三十二条 宪法序言第七自然段中“在马克思列宁主义、毛泽东思想、邓小平理论和‘三个代表’重要思想指引下”修改为“在马克思列宁主义、毛泽东思想、邓小平理论、‘三个代表’重要思想、科学发展观、习近平新时代中国特色社会主义思想指引下”;“健全社会主义法制”修改为“健全社会主义法治”;在“自力更生,艰苦奋斗”前增写“贯彻新发展理念”;“推动物质文明、政治文明和精神文明协调发展,把我国建设成为富强、民主、文明的社会主义国家”修改为“推动物质文明、政治文明、精神文明、社会文明、生态文明协调发展,把我国建设成为富强民主文明和谐美丽的社会主义现代化强国,实现中华民族伟大复兴”。这一自然段相应修改为:“中国新民主主义革命的胜利和社会主义事业的成就,是中国共产党领导中国各族人民,在马克思列宁主义、毛泽东思想的指引下,坚持真理,修正错误,战胜许多艰难险阻而取得的。我国将长期处于社会主义初级阶段。国家的根本任务是,沿着中国特色社会主义道路,集中力量进行社会主义现代化建设。中国各族人民将继续在中国共产党领导下,在马克思列宁主义、毛泽东思想、邓小平理论、‘三个代表’重要思想、科学发展观、习近平新时代中国特色社会主义思想指引下,坚持人民民主专政,坚持社会主义道路,坚持改革开放,不断完善社会主义的各项制度,发展社会主义市场经济,发展社会主义民主,健全社会主义法治,贯彻新发展理念,自力更生,艰苦奋斗,逐步实现工业、农业、国防和科学技术的现代化,推动物质文明、政治文明、精神文明、社会文明、生态文明协调发展，把我国建设成为富强民主文明和谐美丽的社会主义现代化强国，实现中华民族伟大复兴。”

第三十三条 宪法序言第十自然段中“在长期的革命和建设过程中”修改为“在长期的革命、建设、改革过程中”；“包括全体社会主义劳动者、社会主义事业的建设者、拥护社会主义的爱国者和拥护祖国统一的爱国者的广泛的爱国统一战线”修改为“包括全体社会主义劳动者、社会主义事业的建设者、拥护社会主义的爱国者、拥护祖国统一和致力于中华民族伟大复兴的爱国者的广泛的爱国统一战线”。这一自然段相应修改为：“社会主义的建设事业必须依靠工人、农民和知识分子，团结一切可以团结的力量。在长期的革命、建设、改革过程中，已经结成由中国共产党领导的，有各民主党派和各人民团体参加的，包括全体社会主义劳动者、社会主义事业的建设者、拥护社会主义的爱国者、拥护祖国统一和致力于中华民族伟大复兴的爱国者的广泛的爱国统一战线，这个统一战线将继续巩固和发展。中国人民政治协商会议是有广泛代表性的统一战线组织，过去发挥了重要的历史作用，今后在国家政治生活、社会生活和对外友好活动中，在进行社会主义现代化建设、维护国家的统一和团结的斗争中，将进一步发挥它的重要作用。中国共产党领导的多党合作和政治协商制度将长期存在和发展。”

第三十四条 宪法序言第十一自然段中“平等、团结、互助的社会主义民族关系已经确立，并将继续加强。”修改为：“平等团结互助和谐的社会主义民族关系已经确立，并将继续加强。”

第三十五条 宪法序言第十二自然段中“中国革命和建设的成就是同世界人民的支持分不开的”修改为“中国革命、建设、改革的成就是同世界人民的支持分不开的”；“中国坚持独立自主的对外政策，坚持互相尊重主权和领土完整、互不侵犯、互不干涉内政、平等互利、和平共处的五项原则”后增加“坚持和平发展道路，坚持互利共赢开放战略”；“发展同各国的外交关系和经济、文化的交流”修改为“发展同各国的外交关系和经济、文化交流，推动构建人类命运共同体”。这一自然段相应修改为:“中国革命、建设、改革的成就是同世界人民的支持分不开的。中国的前途是同世界的前途紧密地联系在一起的。中国坚持独立自主的对外政策,坚持互相尊重主权和领土完整、互不侵犯、互不干涉内政、平等互利、和平共处的五项原则,坚持和平发展道路,坚持互利共赢开放战略,发展同各国的外交关系和经济、文化交流,推动构建人类命运共同体;坚持反对帝国主义、霸权主义、殖民主义,加强同世界各国人民的团结,支持被压迫民族和发展中国家争取和维护民族独立、发展民族经济的正义斗争,为维护世界和平和促进人类进步事业而努力。”

第三十六条 宪法第一条第二款“社会主义制度是中华人民共和国的根本制度。”后增写一句,内容为:“中国共产党领导是中国特色社会主义最本质的特征。”

第三十七条 宪法第三条第三款“国家行政机关、审判机关、检察机关都由人民代表大会产生,对它负责,受它监督。”修改为:“国家行政机关、监察机关、审判机关、检察机关都由人民代表大会产生,对它负责,受它监督。”

第三十八条 宪法第四条第一款中“国家保障各少数民族的合法的权利和利益,维护和发展各民族的平等、团结、互助关系。”修改为:“国家保障各少数民族的合法的权利和利益,维护和发展各民族的平等团结互助和谐关系。”

第三十九条 宪法第二十四条第二款中“国家提倡爱祖国、爱人民、爱劳动、爱科学、爱社会主义的公德”修改为“国家倡导社会主义核心价值观,提倡爱祖国、爱人民、爱劳动、爱科学、爱社会主义的公德”。这一款相应修改为:“国家倡导社会主义核心价值观,提倡爱祖国、爱人民、爱劳动、爱科学、爱社会主义的公德,在人民中进行爱国主义、集体主义和国际主义、共产主义的教育,进行辩证唯物主义和历史唯物主义的教育,反对资本主义的、封建主义的和其他的腐朽思想。”

第四十条 宪法第二十七条增加一款,作为第三款:“国家工作人员就职时应当依照法律规定公开进行宪法宣誓。”

第四十一条 宪法第六十二条“全国人民代表大会行使下列职权”中增加一项，作为第七项“（七）选举国家监察委员会主任”，第七项至第十五项相应改为第八项至第十六项。

第四十二条 宪法第六十三条“全国人民代表大会有权罢免下列人员”中增加一项，作为第四项“（四）国家监察委员会主任”，第四项、第五项相应改为第五项、第六项。

第四十三条 宪法第六十五条第四款“全国人民代表大会常务委员会的组成人员不得担任国家行政机关、审判机关和检察机关的职务。”修改为：“全国人民代表大会常务委员会的组成人员不得担任国家行政机关、监察机关、审判机关和检察机关的职务。”

第四十四条 宪法第六十七条“全国人民代表大会常务委员会行使下列职权”中第六项“（六）监督国务院、中央军事委员会、最高人民法院和最高人民检察院的工作”修改为“（六）监督国务院、中央军事委员会、国家监察委员会、最高人民法院和最高人民检察院的工作”；增加一项，作为第十一项“（十一）根据国家监察委员会主任的提请，任免国家监察委员会副主任、委员”，第十一项至第二十一项相应改为第十二项至第二十二项。

宪法第七十条第一款中“全国人民代表大会设立民族委员会、法律委员会、财政经济委员会、教育科学文化卫生委员会、外事委员会、华侨委员会和其他需要设立的专门委员会。”修改为：“全国人民代表大会设立民族委员会、宪法和法律委员会、财政经济委员会、教育科学文化卫生委员会、外事委员会、华侨委员会和其他需要设立的专门委员会。”

第四十五条 宪法第七十九条第三款“中华人民共和国主席、副主席每届任期同全国人民代表大会每届任期相同，连续任职不得超过两届。”修改为：“中华人民共和国主席、副主席每届任期同全国人民代表大会每届任期相同。”

第四十六条 宪法第八十九条“国务院行使下列职权”中第六项“（六）领导和管理经济工作和城乡建设”修改为“（六）领导和管理经济

工作和城乡建设、生态文明建设”;第八项“(八)领导和管理民政、公安、司法行政和监察等工作”修改为“(八)领导和管理民政、公安、司法行政等工作”。

第四十七条 宪法第一百条增加一款,作为第二款:“设区的市的人民代表大会和它们的常务委员会,在不同宪法、法律、行政法规和本省、自治区的地方性法规相抵触的前提下,可以依照法律规定制定地方性法规,报本省、自治区人民代表大会常务委员会批准后施行。”

第四十八条 宪法第一百零一条第二款中“县级以上的地方各级人民代表大会选举并且有权罢免本级人民法院院长和本级人民检察院检察长。”修改为:“县级以上的地方各级人民代表大会选举并且有权罢免本级监察委员会主任、本级人民法院院长和本级人民检察院检察长。”

第四十九条 宪法第一百零三条第三款“县级以上的地方各级人民代表大会常务委员会的组成人员不得担任国家行政机关、审判机关和检察机关的职务。”修改为:“县级以上的地方各级人民代表大会常务委员会的组成人员不得担任国家行政机关、监察机关、审判机关和检察机关的职务。”

第五十条 宪法第一百零四条中“监督本级人民政府、人民法院和人民检察院的工作”修改为“监督本级人民政府、监察委员会、人民法院和人民检察院的工作”。这一条相应修改为:“县级以上的地方各级人民代表大会常务委员会讨论、决定本行政区域内各方面工作的重大事项;监督本级人民政府、监察委员会、人民法院和人民检察院的工作;撤销本级人民政府的不适当的决定和命令;撤销下一级人民代表大会的不适当的决议;依照法律规定的权限决定国家机关工作人员的任免;在本级人民代表大会闭会期间,罢免和补选上一级人民代表大会的个别代表。”

第五十一条 宪法第一百零七条第一款“县级以上地方各级人民政府依照法律规定的权限,管理本行政区域内的经济、教育、科学、文化、卫生、体育事业、城乡建设事业和财政、民政、公安、民族事务、司法行政、监察、计划生育等行政工作,发布决定和命令,任免、培训、考核和奖惩行政工作人员。”修改为:“县级以上地方各级人民政府依照法律规定的权限,管理本行政区域内的经济、教育、科学、文化、卫生、体育事业、城乡建设事业和财政、民政、公安、民族事务、司法行政、计划生育等行政工作,发布决定和命令,任免、培训、考核和奖惩行政工作人员。”

第五十二条 宪法第三章“国家机构”中增加一节,作为第七节“监察委员会”;增加五条,分别作为第一百二十三条至第一百二十七条。内容如下:

第七节 监察委员会

第一百二十三条 中华人民共和国各级监察委员会是国家的监察机关。

第一百二十四条 中华人民共和国设立国家监察委员会和地方各级监察委员会。

监察委员会由下列人员组成:

主任,

副主任若干人,

委员若干人。

监察委员会主任每届任期同本级人民代表大会每届任期相同。国家监察委员会主任连续任职不得超过两届。

监察委员会的组织和职权由法律规定。

第一百二十五条 中华人民共和国国家监察委员会是最高监察机关。

国家监察委员会领导地方各级监察委员会的工作,上级监察委员会领导下级监察委员会的工作。

第一百二十六条 国家监察委员会对全国人民代表大会和全国人民代表大会常务委员会负责。地方各级监察委员会对产生它的国家权力机关和上一级监察委员会负责。

第一百二十七条 监察委员会依照法律规定独立行使监察权,不受行政机关、社会团体和个人的干涉。

监察机关办理职务违法和职务犯罪案件,应当与审判机关、检察机关、执法部门互相配合,互相制约。

第七节相应改为第八节,第一百二十三条至第一百三十八条相应改为第一百二十八条至第一百四十三条。

二、宪法宣誓誓词

(2015 年 7 月 1 日第十二届全国人民代表大会常务委员会第十五次会议表决通过 2018 年 2 月 24 日全国人民代表大会常务委员会修订)

我宣誓:忠于中华人民共和国宪法,维护宪法权威,履行法定职责,忠于祖国、忠于人民,恪尽职守、廉洁奉公,接受人民监督,为建设富强民主文明和谐美丽的社会主义现代化强国努力奋斗!

图书在版编目(CIP)数据

新时代宪法发展与依宪治国 / 胡锦光著. -- 2 版
. -- 北京 : 法律出版社, 2021
ISBN 978 - 7 - 5197 - 5440 - 2

Ⅰ. ①新… Ⅱ. ①胡… Ⅲ. ①宪法－研究－中国
Ⅳ. ①D921.04

中国版本图书馆 CIP 数据核字(2021)第 061581 号

新时代宪法发展与依宪治国(第二版)
XINSHIDAI XIANFA FAZHAN YU YIXIAN ZHIGUO (DI-ER BAN)

胡锦光 著

策划编辑 沈小英
责任编辑 程王刚
装帧设计 李 瞻

出版 法律出版社
总发行 中国法律图书有限公司
经销 新华书店
印刷 固安华明印业有限公司
责任校对 毛镜澄
责任印制 吕亚莉

编辑统筹 法治与经济出版分社
开本 710 毫米 × 1000 毫米 1/16
印张 14.75
字数 217 千
版本 2021 年 5 月第 2 版
印次 2021 年 5 月第 1 次印刷

法律出版社/北京市丰台区莲花池西里 7 号(100073)
网址/www.lawpress.com.cn
投稿邮箱/info@lawpress.com.cn
举报维权邮箱/jbwq@lawpress.com.cn
销售热线/400 - 660 - 8393
咨询电话/010 - 63939796

中国法律图书有限公司/北京市丰台区莲花池西里 7 号(100073)
全国各地中法图分、子公司销售电话:
统一销售客服/400 - 660 - 8393/6393
第一法律书店/010 - 83938432/8433 西安分公司/029 - 85330678 重庆分公司/023 - 67453036
上海分公司/021 - 62071639/1636 深圳分公司/0755 - 83072995

书号:ISBN 978 - 7 - 5197 - 5440 - 2 **定价**:58.00 元